KB075833

세키 히로노(關曠野)
1944년 도쿄에서 태어나 와세다대학 문학부를 졸업하고
교도통신에 입사해 나고야 지사, 국제국 해외부 등을 거쳐
1980년부터는 자유기고가로 활동하고 있다. 주로 사상사와
경제 분야의 논문과 에세이를 발표해 왔다. 저서로『플라톤과
자본주의』,『햄릿 쪽으로』,『민족이란 무엇인가』,『후쿠시마 이후:
에너지·통화·주권』등이 있으며, 힐레어 벨록의『노예국가』를
일본어로 옮겼다.

후지사와 유이치로(藤澤雄一郎)
1957년 나가노현 아즈미노시에서 태어나 도쿄수산대학(현
도쿄해양대학)을 졸업한 유기농업가. 현재 오리농법으로 술쌀이나
고시히카리를 재배하며, 비료와 농약을 쓰지 않고 가공용 토마토,
밀, 보리, 콩, 쌀 등을 기르고 있다.

최연희
성균관대학교를 졸업한 후 한울 등의 출판사에서 편집 및 기획 일을
해 왔다. 옮긴 책으로『전쟁과 농업』,『성경 읽는 법』,『자급을 다시
생각한다』(공역),『거장들의 녹음현장』등이 있다.

글로벌리즘의 종언

글로벌리즘의 종언

경제학적 문명에서
지리학적 문명으로

세키 히로노 · 후지사와 유이치로 지음

최연희 옮김

유유

일러두기
— 지은이주(°)와 옮긴이주(*)는 구분해 표기했다.

한국의 독자들에게

2021년 여름, 지구 온난화에 따른 이상기후로 세계 곳곳에서 세상의 종말과 같은 광경이 펼쳐지고 있다. 섭씨 50도에 가까운 열파가 미국 북서부를 덮쳐 오리건주나 캘리포니아주에서는 산불이 번지는가 하면, 송전망을 손상시켜 대규모 정전도 일어났다. 서부 일대에서는 가뭄이 발생했고, 콜로라도주 등지에서는 수원이 고갈되었다. 이 참혹한 상황에 텍사스주 등지로 몸을 피하는 사람이 늘고 있다고 한다. 산불은 미국뿐 아니라 그리스, 터키, 알제리 등 지중해 연안 국가들과 시베리아 동부에서도 발생하고 있다. 한편 중국에서는 동북지방 이외의 거의 모든 성省이 홍수로 막대한 피해를 입었다. 게다가 이상기후 탓에 농작물이 흉작을 면치 못해 세계적으로 식료품 가격이 크게 오르고 있다. 남반구 국가들은 사태가 더욱 심각하다. 마다가스카르에서는 3년간 이어진 가뭄으로 수백만 명이 기아에 직면해 있으며, 브라질에는 서리가 내려 주요 수출 품목인 커피 원두가 큰 타격을 입었다. 온난화는 기온 상승에 그치지 않는다. 기온 상승은 지구상의 대기와 물이 순환하는 양상을 변화시키기 때문에 기존 패턴에서 벗어난 이런 이상한 움직임을 예측하기 매우 어렵게 한다. 이렇듯 온난화는 안정되고 예측 가능한 기후라는 농업의 대전제를 위태롭게 한다.

이 책을 쓰던 2014년 당시 나는 기후 변동에 의한 이상기후가 이 정도로 파괴적일 줄은 예상치 못했다. 그러므로 이 책에서는 오로지 피크 오일이라는 한계에 부닥친 석유 자본주의의 위기를 이야기했을 뿐이다. 이 위기는 현재진행형이다. 코로나19가 발생하기 직전인 2019년 말에 국제통화기금IMF은 '세계 경제가 공황 전야의 양상을 드러내고 있다'는 요지의 보고를 내놓았다. 최근 20년간 각국의 중앙은행은 대량으로 통화를 발행하여 서민의 빈곤에는 아랑곳하지 않고 부유층과 대기업을 이롭게 할 뿐인 버블을 발생시키고는 그것이 번영과 경제성장의 징조인 양 가장해 왔다. 그러나 아무리 지폐를 발행한들 절망적인 소득 격차로 제자리걸음하고 있는 실물경제의 상황이 나아지지는 않는다. 오늘날 선진국이 겪는 인플레이션과 식료품 등의 물자 부족은 이러한 중앙은행의 사기술이 더는 먹히지 않게 되었다는 사실을 보여 준다. 다만 정치가와 언론이 코로나19의 위협을 목청껏 떠들어 대는 탓에 세상 사람들이 석유 자본주의가 최종적으로 붕괴하고 있다는 좀 더 큰 그림을 보지 못하고 있을 따름이다.

21세기는 기후 변동 아래 이미 물과 식료가 위기에 처한 채로 시작되었다는 사실을 우리는 직시해야만 한다. 인간은 석유 없이는 살 수 있어도 물 없이는 살 수 없다. 그러나 온난화로 지구상의 물의 순환이 왜곡되는 상황에서는 균형을 잃은 물의 순환이 홍수와 가뭄을 일으키므로 물을 안정적으로 이용하기도 어려워진다. 그리고 물을 안정적으로 이용하지 못하면 농업은 더는 존속할 수 없다.

그렇기에 21세기에는 피크 오일이 아닌 '피크 워터'가 새로운 문제로 떠오를 것이다. 지구상에는 방대한 양의 물이 존재하지만, 그 대부분은 해수와 극지방의 빙하이며 인간이 이용할 수 있는 담수는 전체의 1퍼센트가 채 안 된다. 그럼에도 인간은 이 얼마 되지 않는 물마저 함부로 다뤄 왔고, 오늘날에는 인구 증가와 환경오염 등의 문제까지 겹쳐 물을 안전하고 손쉽게 이용하기가 점점 어려워지고 있다. 이러한 사태가 바로 피크 워터다. 예컨대 인도에서는 많은 농민이 여전히 우물물을 길어다 생활용수로 쓰고 있는데, 강우로는 물이 보충되지 않아 한정된 양의 심층 지하수를 퍼 올려 쓰는 경우가 많다. 그 결과 많은 우물이 고갈되었고 그 여파로 농민 자살이 늘었다고 한다. 이 역시 인도 정부가 적절한 수자원 관리를 게을리했기 때문이라고 볼 수 있다. 이렇듯 기후 변동은 각지에 잠재되어 있던 피크 워터 문제를 표면 위로 끌어올리므로 정부의 실책과는 무관하게 어떠한 지역에서든 심각한 물 부족을 일으킬 위험이 있다. 고로 오늘날의 세계에서는 수자원 및 농업과 식료의 관리야말로 모든 국민의 관심사가 되어야 할 것이다.

농업이 농작물을 상품으로서 시장에 제공하는, 산업의 한 부문으로 여겨지는 시대는 갔으며 물과 '농'農은 공동체의 존속을 좌우하는 문제가 되었다. 기후 변동에 따른 지난한 상황 속에서 물과 농을 지켜 내는 것이야말로 국민적 과제가 된 것이다. 나아가 농이 그러한 국민적 과제라고 한다면 물과 식료의 이용은 모든 국민의 기본적 권리라는 사실이 널리 인식되어야 한다. 그뿐 아니다. 정부 정책에 의지하지 않고 국민이 스스로의 힘으로 모든 이들에게 물과 식료의 이용이 보장된 사회를 창출해야만 한다. 그리고 7년 전에 쓴 이 책에서 나는 농을 국민적 과제, 민중의 공동사업으로 일구기 위한 구체적 방안을 제시했다. 그것은 전국민이 겸업농가가 되어 부업으로 농사를 짓는 것이다. 그렇게 되면 시장을 상대로 사업을 하는 농가와 농업에 무관심한 일반 시민의 구별이 사라질 테다. 게다가 여기에는 모범적인 선례도 있다. 바로 러시아의 '다차'dacha다.

흐루쇼프 시대의 소련에서는 전 국민에게 세대당 600평방미터의 토지를 무상으로 주었다. 민중의 압력으로 탄생한 이 제도 아래 국민은 시골의 자류지自留地, 즉 다차에 오두막을 짓고 텃밭을 일궜다. 소련에서 다차는 농업 집단화 정책의 실패로 부진했던 농업 사정을 크게 개선했다. 전체 경지의 3퍼센트에 불과한 다차가 전체 농작물의 70퍼센트를 생산한 것이다. 이는 가족농업의 높은 생산성을 보여 준다. 오늘날에도 러시아인의 8할이 다차를 활용하면서 감자의 90퍼센트 이상을 생산하고 있다고 한다. 러시아인이 다차를 토대로 자급자족한 덕에 아사자를 내지 않고 1990년대의 소련 붕괴를 극복한 것은 주목할 만하다. 요컨대 민중의 압력으로 탄생한 제도가 민중을 구한 것이다.

다차는 소련에만 해당하는 특이한 제도라고 봐야 할까? 오히려 다차야말로 농업 본연의 모습을 보여 주는 것은 아닐까? 농약에서 농기계에 이르기까지 온통 석유 일색인 농업은 석유 문명의 종식과 함께 끝이 났다. 그러나 유기농업으로는 공업화된 농업에서처럼 농민 한 사람이 400명에게 식료를 제공할 수 없다. 농업은 다시금 많은 일손이 필요한 노동 집약적 성격을 띠게 된 것이다. 이 역시 전 국민이 겸업농가가 되어야 하는 하나의 이유이다. 그리고 기업화된 농업에 의한, 드넓은 경지에서 이루어지는 시장을 위한 농작물 단작은 기후에 따라서는 작물이 전멸할 위험이 있다. 그러나 가족농업은 다양한 작물을 재배할 수 있으며, 그중에는 기후가 순조롭지 않아도 끄떡없는 작물도 있다.

기후 변동으로 농업은 이제 급변하는 예측 불가능한 상황에 임기응변해야 하는 까다로운 일이 되었다. 하지만 가족농업이라면 사람들은 그러한 유연함을 생활의 지혜로서 갖출 수 있다. 이 사람들은 석유 문명이 산업의 한 부문으로만 여겨 온 농업에서 대지 위에 사는 인간의 지혜로서의 농으로 돌아간다. 실제로 농으로의 복귀 외에 인류가 지구온난화에 대처할 방책은 달리 없다.

2021년 8월
세키 히로노

들어가는 말
세계 무역의 시대는 끝났다

언제부터인지 여기저기서 '농업'과 더불어 '농'農이라는 말을 자주 듣게 되었다. '농업'이 산업의 한 분야를 일컫는 말인 데 비해 '농'은 하늘과 땅을 잇는 인간의 다양한 영위를 의미한다. 따라서 오늘날 도시에서 확대되고 있는 시민 농원도 농의 일례라고 할 수 있다. 역사에는 이런 용어법의 사소한 변화가 실은 커다란 시대적 변동의 징후였던 경우가 적지 않다. 그리고 '농'이 잠재적으로 내포하는 풍부한 의미는 근대 문명을 수송의 문명으로서 다시 파악할 때 한층 더 확실히 다가온다.

문명사는 불의 사용, 농업에 따른 정주定住, 야금술의 출현과 같은 생산의 양상으로 구분되는 것이 보통이라 교통·수송 방식의 변혁은 상대적으로 경시되어 왔다. 그러나 수레바퀴나 돛의 발명, 말의 가축화는 문명사에 결정적인 영향을 끼쳤다. 그리고 근대 문명은 무엇보다도 상품의 대량·신속 수송을 특징으로 하는 문명이다. 경제학은 이와 같은 상품의 대량 수송을 전제로 성립된다. 이 수송의 문명은 1492년 아메리카 대륙을 향한 콜럼버스의 항해와 함께 시작되며, 이후 근대 세계는 해양을 지배한 서유럽이 해외의 부를 수탈하고 무역으로 패권을 구가하는 세계가 되었다. 19세기 영국의 산업혁명은 값싼 상품의 공장제 대량 생산을 가능하게 했는데, 생산품을 수송할 철도와 증기선 없이는 이 혁명도 무의미했을 것이다. 그리고 뒤이은 20세기는 미국이 대표하는 자동차와 비행기의 세기가 되었다.

또한 문명사를 에너지 사용 방식으로 구분한다면 18세기까지는 식물의 광합성 작용을 이용한 농업의 시대, 19세기는 석탄을 사용한 영국의 산업혁명 시대, 20세기는 석유를 원동력으로 한 미국식 대량 소비 사회의 시대였다고 할 수 있을 것이다. 오늘날에도 채굴된 원유의 반은 교통과 수송에 쓰이고 있다. 석유라는 마법의 자원은 콜럼버스의 항해로 시작되는 수송의 문명을 완성시켰다. 그리고 그

점에서 국제에너지기구IEA가 2010년의 정례 보고에서 세계는 이미 2006년에 피크 오일peak oil을 맞이했다고 언명한 것은 문명의 전환을 알리는 일이었다. 앞으로 원유 생산은 유전의 고갈로 점차 감소할 것이다. 타르샌드tar sand 채유採油나 천연가스가 기존의 풍부하고 값싼 원유를 대체할 수도 없다. 그리고 세계 무역에서 상품 수송의 90퍼센트는 여전히 해운이 점하고 있다. 석유 가격이 배럴당 200달러까지 오르면 해운업은 완전히 채산이 맞지 않게 된다는 연구 보고가 이미 나와 있다. 콜럼버스의 항해는 일본의 개국을 불러온 페리 제독의 흑선黑船과 일직선으로 이어져 있었다. 이 근대 세계를 낳은 세계 무역의 종언은 조만간의 일은 아니라 해도 이젠 시간문제가 된 것이다.

세계 무역의 시대가 끝을 고하면 글로벌리즘에서의 탈각과 국민 경제의 재생이 각국의 과제가 된다. 각국 경제는 자급을 원칙으로 하고 무역은 그것의 2차적 보완에 불과해질 것이며, 경제는 지역의 한정된 자원을 현명히 이용하는 지혜를 의미하게 될 것이다. 그뿐만이 아니다. 수송 문명의 종언은 각국의 사회 구조도 바꾼다. 사회는 식량에서 에너지까지 가능한 한 자급자족하는 지역 공동체로 구성되며, 국가는 마을의 연합체가 될 것이다. 이렇게 해서 문명의 기조는 수송에서 거주로 전환되며, 경제학이 아니라 지리학이 원리가 된다. 그리고 거주는 대지를 생활의 장으로 삼기 위한 활동을 의미하게 된다.

그런 활동을 대표해 온 것이 하늘과 땅을 잇는 인간의 영위인 '농'이었다. 지리학적 문명에서는 농에서 유래한 계절 감각이 일본 문화의 구석구석까지 스며들어 있는 것처럼, 농이 다시금 인간의 모든 활동의 규범과 척도가 될 것이다. 이것은 산업혁명 이전 세계로 회귀하는 것을 뜻하지는 않는다. 19세기 이후에도 농업 자체가 공업화된 적은 없었다. 트랙터 같은 기계의 사용이나 농약의 남용 등 공업화의 표면적 영향은 있었을지도 모르지만, 예전에도 지금도 농은 인간의 지식을 초월한 기상이나 지형 같은 자연의 힘에 좌우되며 지역에 대한 애정과 배려 없이는 이어지지 않는 영위이다. 그런 의미에서 농은 만고불변할 문명의 정초와 다르지 않다. 그렇기에 '농업'에서 '농'으로의 용어법의 변화는 공업 사회가 성장의 한계에 부닥치는 가운데 문명의 원리가 수송에서 거주로 전환되고 있음을 드러내는 징표다. 그리고 농이라는 것은 특정한 노동만을 가리키지 않는다. 그것은 농적 활동을 통해 세계 속 인간의 지위를 이해하려고 하는 하나 된 몸과 마음의 작업, 즉 '땅의 문화'agri-culture다.

2013년 12월
세키 히로노

3 경제학에서 지리학으로 121
마에하라 발언의 두 가지 문제
GDP는 풍요의 지표가 아니다
자본주의는 토지와 노동의 자본에 대한 종속
자본의 힘을 비약적으로 증폭한 과학적 지식
수송 문명으로서의 근대 문명
자본주의는 본래 글로벌한 성격을 지니고 있었다
홉스와 로크: 인간을 경제인으로 보는 정치철학
로크의 자유주의는 지금도 미국의 국가 철학이다
경제의 글로벌화와 사상의 글로벌화
글로벌 자본주의와 국민 경제의 시대
땅에 얽힌 기억이 없는 미국
조카마치 히로시마와 붐 타운 디트로이트
지리학적 문명과 경제학적 문명
엔트로피라는 대가를 무시한 근대 산업
에도 시대 일본이라는 모델
문명은 기본적으로 농의 문명이다
수송의 문명에서 거주의 문명으로
'특별한 장소'로서의 도시
'규모의 불경제'에 빠지는 경제학적 문명
지리학적 지역 연합의 나라, 스위스

0

'농업'에서 '농'으로

국민 생활의 미래 모델, 농적 생활

얼마 전부터 기존의 '농업'을 대신해 '농'이라는 말이 사용되는 것을 종종 듣게 되었다. 농업 관계자라면 이 말에 위화감을 느끼는 경우도 있을 것이다. '농'이라는 표현에서는 농사일의 고됨을 모르는, '농업'의 흙내를 싫어하는 도시인의 안이한 로망이 느껴지기 때문이다. '농'다운 일이라고는 베란다의 화분에 허브를 길러 본 정도의 경험밖에 없는 전형적 도시인인 나도 그런 안이한 풍조에는 가담하고 싶지 않다. 그러나 농업 관계자도 도시인에 대해 조금 너그러운 태도로 다음 두 가지를 함께 생각해 주셨으면 한다.

첫째, '농'에는 안이한 로망의 냄새가 난다고는 하지만, 이 말은 동시에 도시인이 농업을 특정 업계의 것이 아닌, 국민 전체가 관심을 가질 만한 것으로 여기기 시작했다는 징표이기도 하다. '농업'에서 '업'이 빠져 '농'이 된 배경에는 사회 밑바닥의 조용한 변화가 자리 잡고 있는 것이다. 둘째, 이 변화는 아마도 일본에서는 역사상 전례가 없는 일일 것이다. 제2차 세계대전 이전 일본에서는 인구의 과반수가 농민이었던 만큼 농업, 즉 농촌 문제나 소작 쟁의 같은 것이 세간의 관심사였다. 그럼에도 농은 소수의 농본주의 사상가가 논하는 것에 지나지 않았다. 그러나 근래에 농은 널리 사람들의 관심을 모으고 있다. 게다가 일본의 낮은 식량자급률을 우려하는 사람이 많다는 데 그치지 않는다. 도시 생활에 회의감을 느낀 젊은 층이나 퇴직을 앞둔 샐러리맨 사이에서 장래 계획으로 귀농을 생각하는 사람이 서서히, 그러나 계속해서 늘고 있다. 도시의 시민 농원도 낯익은 풍경이 되었다.

그런 만큼 시대는 농업 관계자에게도 농업에서 농으로의 발상의 전환을 요구하는 게 아닐까? 농업이라는 말은 영어 'agriculture'의 번역어로서 메이지 시대(1868~1912) 초기에 각지에 창설된 농학교를 통해 보급되었다. 원래 농업이라는 말 자체는 겐로쿠 시대(1688~1704) 미야자키 야스사다의 『농업전서』 등에서 보이듯 일본에는 예부터 있던 말이다. 그러나 생업으로서의 농업을 산업의 한 분야로서의 농업으로 전환시킨 것은 메이지 정부의 식산흥업殖産興業 정책의 일익을 담당한 농학교였다. 일본에서 최초로 근대적 의미에서 농업이라는 말을 쓴 것은 메이지 정부의 위로부터의 근대화와는 다른, 민간 주도의 농업 근대화를 지향한 농학자 쓰다 센이 1876년에 창간한 『농업잡지』였다고 생각된다. 그런가 하면 메이지 정부에서 으뜸가는 실력자이자 식산흥업 정책의 중심인물이었던 오쿠보 도시미치의 주선으로 설립된 고마바농학교駒場農學校*에서는 화학이나 농업 부기를 가르치고 농업을 산업으로서 관리하는 것을 중시하고 있었다. 이러한 학교 용어야말로 일본 농업의 근대화를 위한 첫걸음이었다. 그러나 이 'agriculture'는 라틴어로 밭을 의미하는 'ager'와 경작을 의미하는 'cultura'를 합친 말이며, 사실 그 번역어로는 '농업'보다 예부터 전해져 온 일본어인 '노라시고토'野良仕事** 쪽이 적절할 것이다. 그것을 구태여 '공업'과 대비되는 '농업'으로 이해한 데에 위로부터의 국책에 의해 급하게 추진되는 일본 근대화의 특징이 드러나 있다. 물론 서양의 진보한 농학으로부터 배운 경작법이나 작물의 품종 개량 등만 놓고 봐도 일본 농업의 근대화는 불가피한 것이었다. 그러나 이 메이지 시기의 근대화도 도쿠가와 시대 이래의 독농가篤農家가 축적해온 전통을 기반으로 했기 때문에 가능했다는 것을 잊어서

---

* 도쿄대학 농학부의 전신.
** 밭일, 들일이라는 뜻.

는 안 된다. 그것은 서양에서 직수입된 근대화가 아니었다. 농업 근대화를 추진한 사람들도 일본의 국토나 풍토의 독자적 특성을 간과하는 일은 없었다.

농업이 공업과 같은 산업으로 여겨지게 된 것은 경제의 미국화가 지상 목표가 된 전후戰後의 일이다. 이렇게 해서 농업은 경제 통계상의 데이터가 되며 특정 업계의 일이 되었다. 그리고 공업과 마찬가지로 하나의 산업으로서 비용이나 생산성 등 근대 경제학의 척도로 평가받게 되었다. 농업은 산업이며 특정 업계의 일이라는 이러한 관점은 1960년대 고도 경제성장기 이후 일본 사회에 완전히 고착되었다. 그리고 그로부터 TPP* 추진파인 마에하라 세이지 전 외무장관의 "GDP의 1.5퍼센트를 점할 뿐인 제1차 산업을 지키기 위해 나머지 98.5퍼센트를 희생시켜도 좋다는 것인가?"라는 폭언이 나온다.

물론 정치가의 이런 발언에 대해서 "만약 외국으로부터의 식료 수입이 어려워진다면 일본인은 자동차나 액정 텔레비전을 먹을 것인가?" 하고 반론하기는 쉽다. 그러나

---

* 환태평양경제동반자협정. 2015년 타결된 아시아·태평양 지역의 관세 철폐와 경제 통합을 목표로 한 협력 체제. 2017년 도널드 트럼프 미국 대통령이 갑자기 탈퇴를 선언해 와해 위기에 놓였으나 일본의 주도로 기존 협정문을 그대로 적용하면서 큰 틀에서 합의를 이끌어 냈다. 이때 협정의 명칭을 포괄적·점진적 환태평양경제동반자협정(CPTPP)으로 변경했다. 이로써 인구 5억 이상, 전 세계 GDP의 12.9퍼센트, 교역량의 14.9퍼센트에 해당하는 자유무역 경제권이 출범했으며, 일본은 총 무역 품목의 95퍼센트에 부과되는 관세를 철폐했다.

TPP 문제의 진정한 쟁점은 농업이 비즈니스인지 여부가 아니었을까? 지금은 TPP가 일본 경제 주권 자체의 존폐가 걸린 문제라는 것을 여론도 이해하고 있다. 그러나 당초에는 추진파 언론이 문제의 초점을 '농업 보호'에만 국한하는 바람에 농업 관계자의 TPP 절대 반대의 목소리는 한낱 영세 업계의 이권이 얽힌 움직임으로 간주되었고, 그에 대한 여론의 반응은 차가웠다.

그리고 소수이긴 하지만 농업 관계자 사이에서도 경영 규모를 확대하거나 해외로 농산물 판로를 확장해 농업의 기업화·비즈니스화를 철저히 하면 일본 농업은 TPP에도 끄떡없다는 주장이 나왔다. 그런가 하면 실상을 모르는 도시인 평론가가 "관계자들이 고령화 일로에 있는 일본 농업은 어차피 쇠퇴할 수밖에 없다"라고 난폭한 말을 쏟아낸 일도 있었다. TPP는 공업을 모델로 삼아 농민에게 자본주의적 비즈니스 논리에 대한 순응을 강요해 온 전후의 농업 근대화가 다다른 막다른 지점이며 기로이다.

그렇다면 농업 관계자는 TPP 문제를 오히려 호기로 삼아 농업에서 농으로의 사회적 인식 변화에 기꺼이 합류했어야 하지 않을까? 농업 관계자 쪽도 업계 의식에서 벗어나 농을 둘러싼 국민적 토론에 참여했어야 하지 않을까?

이는 도시인의 안이한 로망에 아첨하는 게 아니다. 오히려 꽤 오래 전부터 농업 자체가 서서히 농으로 변화하고 있었던 건 아닐까? 산직産直 운동*, 그린 투어리즘, 도시 사람들의 농촌 돕기 투어 등 도시와 농촌을 연결하려는 시도는 이제 드물지 않게 보인다. 이런 시도가 현재 농촌에 활기를 불어넣고 있으므로 이제 농업은 단순한 경작이 아니다. 농촌을 재생시키고 있는 것은 종합적 활동으로서의 농인 것이다. 그렇다면 농에 관여하고 있는 사람들을 변함없이 '농민'이나 '농가'라고 부르는 게 적절할까? 잘 알려져 있듯이 고도 경제성장기 이후 일본이 구석구석까지 공업화·도시화되는 가운데 이 나라의 농업을 지탱해 온 주력은 겸업농가다. 그럼에도 특히 샐러리맨이나 공무원이 부업으로 농업을 하는 제2종 겸업농가는 농업의 근대화, 합리화, 비즈니스화에 걸림돌이 된다고 여겨져 근대화 추진파에게 눈엣가시가 되어 왔다.

이처럼 '반농반업'半農半業을 영위하는 사람들은 국토보전이나 식량자급률 향상 면에서 좋게 평가받기는커녕 국가 재정에 부담을 주는 기생충 취급을 받기 일쑤였다. 생각건대 이러한 비난이나 편견이 생기는 원인은 '제2종 겸업농가'라는 용어 자체에 있었다. 이 용어 탓에 짬짬이 농

---

* 산지 직결, 산지 직송, 산지 직매의 약어. 신선 식품이나 특산품 등을 도매 시장 등 통상의 유통 경로를 거치지 않고 생산자가 소비자에게 직접 공급하는 것.

업을 하는 것만으로도 농가로서 보호는 받지만 규정에 맞지 않는, 수상쩍은 농가라는 이미지가 만들어진다. 그렇다면 겸업농가라는 말을 쓰는 걸 그만두면 어떨까? 대신에 예컨대 '농적 생활자'라는 새로운 말을 만들면 좋지 않을까? 농적 생활자는 규정에 맞지 않는 주변적 농가가 아니라 일본 노동의 새로운 범주다.

　농적 생활자는 일본 사회가 온통 도시화되는 가운데 직업 형태의 근대화와 국토·농업의 보전을 양립시키는 존재다. 이는 평소에는 농민이고 유사시에는 병사가 된 예전의 둔전병屯田兵을 거꾸로 뒤집은 것이다. 그리고 나라의 과제는 농적 생활자의 존재를 유의미한 것으로 인식해 이 새로운 취업·노동의 범주에 걸맞은 정책을 입안하는 것이다. 이런 범주가 확립되면 장차 도시 사람들의 지방 이주와 귀농을 크게 촉진할 것이다. 귀농을 거창하게 생각할 것 없이 그저 농적 생활자가 되는 것으로 족하다.

　이렇게 되면 귀농을 염두에 두었더라도 농업 기술 습득에 필요한 시간의 확보나 생계를 꾸려 나갈 전망이 여의치 않은 데 대한 불안 등의 문제로 주저하게 되는 도시인의 걱정은 크게 줄어들 것이다. 그리고 도시에서 새로운 농적 생활자가 잇달아 이주해 온다면 그들이 도시에서 익힌 기능技能에 힘입어 지역 경제도 다양해지고, 일부 대도시로 인구가 집중되는 작금의 심각한 문제도 점차 해소될 것이다. 나는 반농반업은 먹고사는 일의 변칙적 형태가 아니라 장래 국민 생활의 유력한 모델이 될 수 있다고 생각하는데, 이 문제는 뒤에서 다시 다루겠다.

생활양식으로서의 농, 국토에 산다는 것

그리고 '농가'만이 아니라 기존의 '농촌' 개념도 재고해야 하지 않을까? 오늘날 일본에는 농업 생산에 특화된, 전쟁 전과 같은 순수 농촌은 거의 존재하지 않는다. 농촌으로 분류되는 지역도 다양한 도시적 기능이나 편의를 갖추고 있어서 이제는 산촌에 세련된 레스토랑이나 정취 있는 가게가 자리 잡고 있어도 놀라는 사람은 없다. 인터넷은 지방에 살면서도 쉽게 도시적 직업이나 상업에 종사할 수 있게 했다. 따라서 '농촌'을 대신할 새로운 범주가 필요하다. 흙내나는 생산에 종사하는 농촌과 스마트한 소비에 열중하는 도시라는 이분법은 이제 낡은 것이 되었다. 농촌 지역 각지의 농산물 직판장이 이룬 성공은 오늘날 생산은 물론이고 소비나 유통도 농촌의 과제라는 것을 말해 준다. 유럽에서는 작은 촌락도 대도시와 마찬가지로 '코뮌'이라고 불리는 게 보통이다. 이 코뮌에 상당하는 단어를 새롭게 만들어 내는 것이 우리의 과제인지도 모른다.

농업에서 농으로의 사회적 의식 변화는 최근 나타난 새로운 현상이다. 그러나 거기에는 농업이라는 말이 등장하기 이전의 일본 전통으로 회귀하는 흐름도 있다. 근대 이전의 일본에 농업이라는 산업은 없었으며, 농은 생활양식 자체였다. 지배자인 무사 신분은 농민을 식료 생산자로 여겼지만, 실제로 농민은 수공업자나 상인이기도 했으며 자치적 마을의 세계에서는 토목 공사든 뭐든 다 해냈다. 생활양식인 이상 농은 '일하는 것'이라기보다는 '사는 것'이었다. 농민의 권리와 의무는 노동이 아니라 거주하는 데서 파생되고 있었다. 이 점에서 탐욕스러운 상인 등의 부정에 성난 사람들이 '우치코와시'打毀し*를 하거나 사람이 아닌 주거지를 공격한 것은 상징적이다. 그리고 농은 일본인의 섬세한 계절 감각의 원천이 된 미학이기도 했으며, 미술이나 복식 또는 요리에까지 스며들어 있었다. 그런가 하면 봄에 벚꽃놀이를 즐기는 오래된 습속도 벚꽃의 개화를 산신이 마을에 내려와 모내기 준비를 해야 할 때를 알린 것이라 여겨 온 일본의 농사력에서 유래한다.

★ 에도 시대에 흉년이 들 때 빈민들이 관아나 부잣집 등을 때려 부수고 약탈한 소동.

2011년 3월 11일의 동일본 대지진과 후쿠시마 원전의 파국은 일본에 새로운 변화의 계기가 될 것으로 여겨지고 있다. 이 계기는 아마도 쇠퇴하는 산업으로 간주되어 오던 '농업'에서 국민적 관심사인 '농'으로의 변화를 재촉할 것이다. 1990년대 이래 일본인은 '경제의 세계화가 세계를 균질화한다'는 허구의 프로파간다에 휘둘려 왔다. 그러나 동시에 닥친 두 거대한 참화는 일본인으로 하여금 일본이 자신들이 살아 온 땅이라는 것을 다시금 통절히 의식하게 하는 계기가 되었다. 원자력 발전은 본래 위험한 것이므로 그 사고는 순전히 인재다. 그러나 후쿠시마 제1 원자력 발전소 사고가 원자로 6기 중 3기의 멜트다운이라는 가공할 사태로 번진 원인은 지진과 쓰나미가 잦은 일본 국토의 특성을 무시하고 지진에 대한 고려 없이 설계된 미국제 원자력 발전소를 태평양 연안에 건설한 데 있었다. 이번의 원전 사고는 전쟁으로도 잃지 않은 산하를 잃고 주민을 난민으로 만드는 일이라는 것을 일본인은 깨달았다.

물론 대지진과 쓰나미는 천 년에 한 번쯤이나 일어나는 천재天災다. 이런 말을 재난 지역 주민들에게 하기는 뭣하지만, 높은 방파제만 축조하고는 안심하는, 전후 일본을 지배한 불도저와 콘크리트 등 미국식 토목 기술에 대한 과신이 있었던 것은 아닐까? 선조 대대의 지혜는 기소 삼강 木曾三川* 유역의 와주輪中**에 보이는 것처럼 재해에 맞서는 게 아니라 재해를 받아들이면서 치명적인 타격만 교묘히 피하는 것이었다. 일본의 국토를 피부로 알고 있던 옛사람들에게는 감히 재해와 공존하려는 지혜가 있었다.

한편으로 재난 지역 주민들의 향토에 대한 애착은 매우 인상적이었다. 지진과 쓰나미의 위험에도 불구하고 고향을 버리고 타지로 이주하려는 사람은 별로 없었고, 대다수는 쑥대밭으로 변한 고향을 재건하기로 함께 다짐했다. 그뿐만이 아니다. 지진 직후에 규슈 등지의 지자체가 의연금과 피난소를 정성껏 마련했는데도 서일본으로 가는 사람은 거의 없었고, 대다수가 같은 도호쿠東北 지방의 다른 현에 마련된 피난소를 택했다. 주민들은 조금이라도 고향에 가까이 있으려 했다. 이것이 냉해와 흉작의 세월을 살아낸 도호쿠인의 정신일까? 일본 농민의 논밭과 고향에 대한 애착에는 특별한 구석이 있다. 농민에게 농지는 단순한 노동 현장이나 재산이 아니라 선조의 혼이 깃든 장소였다. 도쿠가와 시대의 농민 반란도 그런 장소를 지켜 내기 위한 것이었지 근대 이후 노동조합의 임금 교섭이나 파업과 같은 것이 아니었다.

---

* 일본 중부의 노비평야를 흐르는 기소강, 이비강, 나가라강의 총칭.
** 저습지의 촌락, 농경지를 홍수로부터 보호하기 위해 제방으로 둘러싼 지역. 에도 시대의 것이 많다.

그러나 근대 일본의 공업화·도시화의 역사는 그런 장소가 한낱 부동산으로 변해 간 역사라고 할 만하다. 토지는 차갑고 추상적인 숫자로 표현되는 경제적 가치로 평가받게 되었다. 그리고 지진, 쓰나미, 원전 사고는 일본 경제에 큰 타격을 주는 동시에 토지의 가치를 경제의 척도로 재는 근대인의 편협한 생각을 크게 뒤흔들었다. 그 결과 농민 이외의 많은 사람들도 자신들이 잊고 있었던, 대대로 애정과 경외의 마음을 품고 아껴 온 땅의 존재를 새롭게 의식하게 되었다. 땅은 부동산도 경제적 자원도 아니다. 땅은 그곳을 거처로 삼은 인간에게 은혜와 함께 재난도 가져다준다. 따라서 고대인들에게 토지는 인간이 아니라 신들의 것으로 여겨졌으며, 그로부터 건축 공사에 얽힌 지진제地鎮祭 의식도 시작되었다. 일본을 찾는 외국인을 감탄케 하는 일본 땅의 정묘한 아름다움은 모순되게도 지진, 태풍, 강설, 화산 분화라는 천재가 끊임없이 덮쳐 오는 일본 열도의 지리학적·지질학적 특성과 연관이 있는 것이다.

일본의 자연은 아름답지만 혹독하다. 그 혹독함을 감당하지 못하는 사람은 일본에 살 자격이 없다. 우라늄을 그저 개발과 사용이 가능한 바람직한 자원으로만 보고 그 치명적인 위험은 무시하는, 하늘을 두려워하지 않는 태도가 후쿠시마 사고를 불러왔다. 후쿠시마는 토지를 개발·사용할 수 있는 자원으로만 여기고 땅 위에 거주하는 것의 엄숙함을 망각한, 전후의 일본인이 다다른 파국이었다. 그러므로 동일본 대지진과 후쿠시마 원전 사고는 역사상 커다란 전기가 될 것이다. 많은 사람이 일본 국토의 특질에 대해, 그 위에서 생활하는 것의 의미에 대해 새롭게 생각하기 시작했다. 그리고 국토는 단순한 자원이나 환경이 아니라 일본의 문화나 습속, 정신을 길러 온 존재라고 느끼고 있다. 기억이 되살아나자 그동안 망각해 온 진실에 눈을 뜬 것이다.

이런 각성과 함께 이전부터 막연한 형태로 움트고 있던 농업에서 농으로의 국민 의식의 변화는 더욱 명확한 의미를 띠게 될 것이다. 쇠퇴한, 미래가 없는 산업으로 폄훼되어 온 '농업'은 땅과 함께하는 생활과 몸가짐으로서의 '농'으로 머지않아 대체될 것이다. 대지진과 원전 사고는 모든 면에서 한계에 다다른 일본을 직격했으며, 이제 전후형 기업 경제의 연장선상에는 이 나라의 미래가 없다. 그러나 역사에서 끝은 항상 무언가의 시작이기도 했다. 아니, 일본에서는 이전부터 이미 무언가가 시작되고 있었다. 우리는 이미 생겨나고 있는 농적 문화의 움돋이가 앞으로 멋

지게 성장해 이 나라에 넓고 깊게 뿌리내려 가는 모습을 지
켜보게 될 것이다.

1

세계의 현황
: 시스템 불안정화의 이유

무시된 경고: '성장의 한계'

오일 쇼크를 한 해 앞둔 1972년에 간행된 로마클럽의 보고서 『성장의 한계』는 서양과 일본에서 큰 반향을 불러일으켰다. 이 보고서는 선진국들의 정政·재財·관官·학學계 엘리트로 구성된 싱크탱크인 로마클럽의 의뢰에 따라 매사추세츠공과대학MIT의 데니스 메도스 등이 경제성장을 계속하는 공업 사회의 미래를 컴퓨터로 시뮬레이션한 것이다. 그리고 갖가지 피드백 루프feedback loop*를 시스템 다이내믹스system dynamics**의 수단으로 시뮬레이션해 본 결과는 경제성장이 그대로 계속되다가는 선진국 사회가 21세기 중에 경제성장의 한계에 부닥치며, 그에 따라 세계 인구가 크게 줄어든다는 것이었다. 이 시뮬레이션 결과는 당시 세계에 충격을 주었다. 성장의 한계를 증언한 주체가 쟁쟁한

★ 어떤 시스템에서 처리 결과의 정밀도나 특성 유지를 위해 입력, 처리, 출력, 입력 순으로 결과를 자동적으로 재투입하도록 설정된 순환 회로.
★★ 통계 해석에 의하지 않고 자유롭게 시스템을 구축하는 기법. 사회 시스템을 먼저 그 구성 요소로 분해하고, 요소 간의 관련을 다중의 피드백 루프로 표현하는 것.

엘리트 집단이었던 것도 충격을 키우는 데 일조했다. 그러나 유감스럽게도 이 보고서는 그 후 어떤 반론이나 반박과 마주하는 일도 없이 잊혔다.

그 계기는 뒤이은 1973년의 오일 쇼크다. 미국의 닉슨 대통령이 1971년에 달러와 금의 태환을 정지한 이른바 달러 쇼크의 여파로 원유 수출로 벌어들인 달러화의 가치가 크게 떨어진 데 반발한 중동 산유국들은 석유수출국기구 OPEC라는 카르텔을 형성해, 때마침 터진 제4차 중동전쟁과도 얽혀 이스라엘에 우호적인 선진국에 대한 원유 수출을 금지했다. 이 오일 쇼크로 선진국의 공업 경제는 연료 공급 중단 위기에 직면해 1970년대 내내 원유 가격 상승으로 인한 인플레와 경기 침체를 동시에 겪는 스태그플레이션에 빠졌다. 그리고 경제의 엔진이 급정지할지도 모르는 위기 탓에 불행하게도 선진국 사람들은 로마클럽 보고에 대해 냉정히 따져 볼 여유를 빼앗겨 버렸다. 오히려 선진국들은 그 후로 원유 가격 상승이 경제성장에 부과한 한계를 모종의 바람직하지 않은 대책에 호소해서라도 극복하려는 무리한 노선으로 접어들었다.

그 결과로서 1980년대에 레이건과 대처의 신자유주의의 형태로 등장한 것이, 실질적 경제성장의 부재를 금융 자본의 머니게임과 국가·기업·가계의 은행 부채가 늘어나는 마이너스 성장으로 돌려놓는다고 하는 파탄 날 게 확실한 속임수였다. 경제성장은 은행이 노름판의 주인인 피라미드 계(契)가 되어 버렸다. 그런 의미에서 리먼 쇼크 이후의 세계 경제 파국의 기점은 1970년대 초의 달러 쇼크와 오일 쇼크에 있다고 할 수 있다.

이런 과정을 거치며 성장이 허구가 되어 갈수록 적어도 선진국의 엘리트들 사이에서 경제성장은 유일한 지상 목표가 되었다. 이것은 특정 종교의 토대가 흔들리면 그 안에서 광신적 종파가 나타나는 현상과 비슷하다. 이런 상황에서 로마클럽 보고서 같은 건 철저히 무시되어 아예 존재하지도 않는 양 다루어진다. 그러나 '성장의 한계'는 무시당했을 뿐 반박에 직면한 적이 없다. 요즘에도 간혹 반박 비슷한 것을 발견하곤 하는데, 하나같이 논점을 바꿔치기한 것들이다. 그런 논의에서 공통적인 것은 로마클럽 보고서를 예측으로 바꿔치기해, 예측이 벗어났으므로 성장의한계는 의심스럽다는 시각이다.

예컨대 "2020년까지 원유 생산은 한계점에 도달할 것이다"라는 견해에 대해 1972년 당시에는 존재하지 않았던 새로운 유전이 잇달아 발견된 점을 지적한다. 그러나 보고서는 작성자인 메도스 등이 유의하고 있듯이 예측으로서 제출된 것이 아니다. 보고서는 '현재와 같은 성장이 계속된다면' 하는 전제에서 외삽법外插法*으로 미래 상황을 시뮬레이션한 것인데, 가령 새로운 유전의 발견이나 생각지도 못한 기술 혁신 같은 게 있다 해도 선진국은 곧 불가피하게 성장의 한계에 부닥친다는 것이 시스템 분석의 결론이었다. 이 결론을 반박하려면 무한한 성장이 가능함을 입증하는 수밖에 없을 것이다.

그리고 여기서 놓쳐서는 안 될 것이, 메도스 팀의 의도는 단순히 성장의 한계를 입증하는 게 아니었다는 점이다. 또 하나의 큰 문제는 성장의 한계에 근접하면 시스템이 불안정해진다는 점이다. 자원과 환경에 여유가 있고 경제가 순조롭게 성장하는 동안에는 국가의 통치 기구, 금융, 기업 경제 등 갖가지 하위 시스템은 해당 분야의 경계 안에서 자율적으로 작동한다. 따라서 어느 분야에서 문제가 발생해도 그것이 다른 분야에 영향을 끼치는 일은 거의 없으므로 특정 문제에만 초점을 맞춰 제도적으로 해결할 수 있다. 그러나 성장의 한계가 명확히 드러나면 그런 경계는 불분명해지며, 특정 분야의 위기가 연쇄적으로 다른 분야들로 파급된다. 그러면 수습이 안 된다.

---

* 어떤 변역 안에서 몇 개의 변숫값에 대한 함숫값이 알려져 있을 때 이 변역 외의 변숫값에 대한 함숫값을 추정하는 방법.

이런 사태를 제도적으로 통제하기는 지극히 어렵다. 시스템 불안정화는 기존 제도를 통한 문제 대처 능력을 인간에게서 빼앗는다. 불행히도 우리는 지금 그 실례를 마주하고 있다. 리먼 쇼크로 촉발된 현재의 세계 경제 위기에 대해 각국 정부는 어떤 효과적인 대책도 내놓지 못한 채 오히려 사태를 악화할 뿐인 일시적 응급조치만을 반복하고 있다. 이번에는 사실상 머니게임으로 파산한 금융 자본의 위기가 국가의 통치 기구나 재정, 국제적 통화 무역 체제, 사회적 치안 위기와 연동해 전 세계적 규모로 위기를 낳고 있다. 일본에서도 후쿠시마의 사고는 전후 일본에서 경제성장을 추진해 온 정·재·관 시스템 전체를 뒤흔들며 제도적인 수습이 어려운 상황을 초래했다. 따라서 이는 사고라기보다 시스템의 포괄적 위기다.

　　그러나 이런 혼란을 앞에 두고 망연자실할 필요는 없다. 이미 메도스 팀의 시뮬레이션이 시스템 불안정화의 원인은 성장의 한계에 있다는 것을 밝혀냈다. 이 한계가 부정하기 어려운 엄연한 사실로서 백일하에 드러나는 동시에 경제성장을 전제로 설계된 정치·경제·사회 시스템은 고장이 나서 작동 불능이 되었다. 이런 상황에서는 문제를 해결하기 위해 만들어진 제도 자체가 문제시되기 때문에 제도의 개선이나 수정, 보강을 통한 사태의 타개는 불가능하다. 그것은 펑크 난 타이어에 필사적으로 공기를 주입하려는 무익한 작업일 뿐이다.

　　그러면 어떻게 해야 할까? 우선 기존의 정치·경제·사회 시스템이 회복 불가능한 상태로 붕괴되었다는 것을 깨끗이 인정해야 한다. 둘째로 필요한 것은 시스템의 위기를 초래한 요인이 무엇인지를 정확히 알아내는 일이다. 근저에 있는 문제점을 밝혀낸다면 그것을 해결할 수 있는 제도를 시행착오를 거쳐 새롭게 수립할 수 있을 것이다. 그리고 사실 이 점이 로마클럽 보고서의 결함이었다. 이 보고서는 성장의 한계를 입증했을 뿐, 경제성장을 추진하는 요인은 고찰하지 않았다. 아마도 이 때문에 보고서는 간행 당시의 큰 반향에도 불구하고 이렇다 할 논의를 불러일으키지 못한 채 잊히고 말았을 것이다.

　　그러나 경제성장을 추진하는 요인은 무엇인가 하는 물음에는 이미 1970년대에 답이 나와 있었다. 1971년에 닉슨 대통령이 달러와 금의 태환을 정지함으로써 일어난 달러 쇼크나 1973년 제4차 중동전쟁과 얽혀 발생한 오일 쇼크로 전후 선진국들의 순조로운 경제성장은 끝을 고했기 때문이다. 그 후로 각국 기업의 수익은 감소하고, 1970

년대는 경기 침체와 인플레가 동시에 일어나는 스태그플레이션의 시대가 되었다. 달러 쇼크와 오일 쇼크에 따른 번영의 종언은 전후 선진국들의 안정된 경제성장이 달러와 석유 덕분이었다는 것을 보여 주었다. 따라서 경제성장은 무엇보다도 그것을 가능케 한 통화(달러)와 에너지(원유)라는 관점에서 고찰해야 한다. 고대나 중세에도 문명사회는 항상 에너지와 통화의 공급을 토대로 하고 있었다. 산업혁명 이전의 전통적 문명에서 에너지는 주로 농업에 의해 공급되었으며, 통화는 금과 은 같은 귀금속을 말하는 것이었다. 이에 비해 20세기 선진국의 역사적으로 전례가 없는 경제성장을 가능하게 한 것은 전승국 미국이 전 세계적으로 확장한 원유와 달러에 근거한 경제 체제라는, 에너지와 통화의 새로운 양상이었다.

과잉 발전을 가능케 한 원유

인류 사회의 어떤 경제든 그 밑바탕에는 에너지 수지 문제가 있다. 에너지 수지는 일정량의 에너지를 얻는 데 필요한 에너지의 인풋(입력)과 그에 따라 사용 가능해지는 에너지의 아웃풋(출력)의 차다. 농업을 예로 들면, 작물을 재배하는 농작업에 쓰이는 에너지가 인풋이고, 수확된 작물을 먹고 얻는 칼로리가 아웃풋이다. 이 수지에서 조금이라도 잉여 또는 흑자가 없으면 문명사회는 성립되지 않는다. 그리고 농업에서 이 잉여는 한정된 것이었으므로 정체와 저성장이 전통적 문명의 특징이었다. 역사상의 예외적인 풍요는 로마 제국의 번영이 그렇듯 약탈이나 노예제를 대가로 한 것이었다.

그러나 석탄을 원동력으로 하는 산업혁명과 함께 인류 사회 에너지 수지의 잉여는 비약적으로 증대했다. 인류의 궁극적 에너지원은 태양이다. 그리고 식물은 태양광을 받아 빛 에너지를 화학 에너지로 바꿈으로써 성장한다. 석탄은 태고에 식물이 부패해 분해되기 전에 땅속에 묻혀 화석이 된 것으로, 말하자면 지구가 오랜 시간에 걸쳐 만들어낸 태양 에너지의 저금이다. 따라서 인류에게 석탄 사용은 먼 친척이 남긴 천문학적 액수의 저금이 어느 날 뜻밖에 유산으로 굴러 들어온 것 같은 일이었다.

그러나 석탄을 사용하려면 인간이 지하로 내려가 위험한 중노동을 해야만 한다. 불어나는 석탄을 선별하고 수송하는 것도 쉬운 일이 아니다. 석탄을 원동력으로 한 19세기 영국의 산업혁명을 분석한 마르크스가 노동자 계급 착취에 대해 이야기한 데는 충분한 이유가 있었다고 할 수 있다. 에너지 수지라는 점에서는 석탄이 낳는 잉여에도 한계가 있었다. 산업혁명은 의식주, 즉 사람들의 기본적 필요를 충족시켜 도시의 공중위생을 개선하는 데는 크게 공헌했지만 그 중심지인 영국에서조차 서민 생활은 여전히 넉넉지 못했다.

19세기가 석탄의 시대였다면 20세기는 원유의 시대다. 원유는 유전을 채굴하면 저절로 분출하며, 정제 공정도 철저히 자동화할 수 있다. 액체인 원유는 파이프라인으로 손쉽게 대량으로 운반할 수 있다. 원유의 칼로리는 석탄의 두 배이며, 플라스틱 같은 소재에서 약품에 이르기까지 화학적 응용법의 다양함은 석탄과 비교도 할 수 없을 정도다. 원유 활용으로 인류 사회의 에너지 수지 잉여는 극적으로 증대했다. 20세기에 선진국이 누린 전례 없는 번영은 이 잉여가 가져다준 것이다.

원래 석탄에서 원유로의 전환은 경제의 자연스러운 발전 속에서 이루어진 것이 아니다. 이 전환의 결정적 계기는 제1차 세계대전이었다. 전쟁이 대전으로까지 번진 요인 중 하나는 각국 정부가 개전에 대비해 철도로 대규모 병력을 신속히 동원할 수 있었다는 것이었다. 철도는 석탄에 의해 가동되고 있었지만, 사상 최초의 이 공업 전쟁에 등장한 신무기인 잠수함, 항공기, 탱크 등은 전부 원유를 동력으로 하는 것이었다. 전쟁은 에너지원의 전환을 가속화했다. 이렇게 해서 원유가 물량전의 승패를 좌우하게 되었으며, 이후 열강의 국력은 에너지라는 척도로 평가받게 되었다. 그 때문에 뒤이은 제2차 세계대전은 에너지 전쟁의 양상을 띠었다. 자원이라고는 석탄밖에 없는 일본과 독일은 산유국이기도 한 미국이나 식민지에 유전을 가진 영국과 대립했는데, 일본군이 남양 군도에, 독일군이 캅카스와 북아프리카에 진출한 것은 원유 확보가 목적이었다.

그리고 나중에 원자력 발전으로 이어진 군사 기술의 '평화 이용' 역시 제1차 세계대전의 산물이다. 대전 중에 개발된 군사 관련 기술은 전후에 민간 기술로 전용되어, 미국을 중심으로 항공 여행이나 가전제품, 자동차 대중화의 시대가 본격적으로 시작되었다. 석탄을 기반으로 한 산업혁명은 의복 등 서민의 기본적 필요를 충족하고 철도와 같은 인프라의 정비로 도시 환경을 개선했지만, 그 이상은 불가능했다. 이와 달리 제1차 세계대전은 마법 같은 에너지원인 원유의 시대를 열었으며, 그 후로 차차 개발되어 대량 생산된 획일적 상품의 낭비적 소비를 광고 선전의 힘으로

서민에게 강요하는 '과잉 발전'이 선진국 사회의 특징이 되었다. 광고와 선전의 효과가 보여 주듯 그런 신기한 상품에 대한 수요는 서민들 사이에서 자연스럽게 생긴 것이 아니다. 과잉 발전은 에너지 수지상의 막대한 잉여를 스스로의 부와 권력 증대에 최대한 써먹으려 한 엘리트들의 선택이었다.

엘리트의 이런 전략은 주로 시장에서의 독점과 지배를 지향하는 대기업 형태를 취했다. 기업은 말하자면 에너지 수지상의 잉여를 가능한 한 엘리트의 부와 권력으로 전환하는 장치였다. 이렇게 해서 과잉 발전의 세계에서는 민주주의 국가를 자칭하는 나라에서도 권리와 의무, 책임 의식을 가진 시민은 광고업자와 언론에 휘둘리는 소비자로 전락하는 한편, 기업은 국가의 진로를 좌우하는 사실상의 시민권을 가지기에 이르러 국가와 경제의 실질적 지배자가 되었다.

마르크스가 묘사한 산업혁명기의 자본가에게는 신기한 상품의 연구 개발이라는 발상은 없었으며, 그들은 전통적 상품을 노동자를 착취해 값싸게 생산해 경쟁에서 이기는 데만 혈안이 되어 있었다. 그런데 원유에 의한 과잉 발전의 세계에서는 기업이 사람들의 생활양식을 변경하거나 개조하려 했다. 예컨대 자동차 회사는 자차 없이는 어디에도 가지 못하는 사회를 이상으로 여길 것이다. 이처럼 사람들의 생활양식을 지배하려 든다는 점에서 20세기의 기업은 정치화된 것이다. 그리고 이 정치적 본성 탓에 기업은 정치가를 제 대리인이나 꼭두각시 인형으로 만든다. 단순히 선거 때 행해지는 기업의 정치 헌금이나 기업 로비에 의한 매수 차원의 문제가 아니다. 기업이 정치가에게 부여하는 임무는 국가와 사회의 환경을 기업에 유리한 투자 환경으로 정비해 놓는 것이다. 이처럼 기업에 의해 사회생활은 빈틈없이 기업의 영향 아래 놓이며 기업의 과제인 에너지 수지 잉여의 낭비적 소비, 즉 경제성장만이 사회가 따라야 할 원칙이 된다.

은행 돈의 모순

과잉 발전으로 인한 경제성장을 제도적 형태로 가능케 하는 것이 바로 대형 은행이 주도하는 경제의 금융화다. 산업혁명기의 가내공업적 기업의 자본가는 자금을 지인이나 친척 등으로부터 그러모았다. 그러나 20세기의 기업은 거액의 지속적인 설비 투자나 연구 개발 투자를 필요로 하며, 아무리 대기업이라도 은행의 융자 없이는 존속하지 못한다. 그 결과, 은행이 경제의 궁극적 지배자가 되며, 경제는 온통 은행 신용으로 조직된다. 여기서 '화폐'라는 것은 어디까지나 은행의 금융 시스템을 말하며, 개개인의 지갑에 들어 있는 지폐나 동전은 경제 활동에서 그저 몇 퍼센트를 점하는 데 그친다. 이를테면 우리는 인근 슈퍼에서 버터를 살 때 계산대에서 현금을 주고받는다. 그러나 슈퍼와 공급처인 도매상, 도매상과 유제품 회사 간의 거래는 수표나 전자화폐로 이루어진다. 나아가 유제품 회사와 우유 생산 농가나 버터 제조 장치를 만드는 기업의 거래에도 수표나 전자화폐가 쓰일 것이다. 현대 사회의 방대한 경제적 거래 중에서 현금 거래가 차지하는 부분은 아주 작다. 이렇게 은행은 통화의 발행과 유통을 좌우함으로써 경제의 지배자가 되며, 자본주의 국가에서는 국정마저 제 이익에 종속시키는 보이지 않는 정부가 되었다. 그러나 이와 같은 경제의 금융화는 국가와 사회에 지극히 위험한 것이다.

근대 이전에는 황제의 초상이 새겨진 로마의 화폐가 보여 주듯 통화의 발행은 위정자의 권한에 속했으며, 위정자의 권력과 위신이 통화의 인정과 유통을 가능케 했다. 이에 비해 근대의 통화는 은행권이다. 17세기에 잉글랜드은행이 창설된 이래로 근대 국가는 통화 발행권을 사기업인 은행에 양도해 왔다. 그리고 유럽과 미국에서는 19세기 중엽까지 각 은행이 멋대로 통화를 발행해 경제 혼란이 끊이지 않았다. 그래서 은행업계는 과당경쟁에 따른 공멸이나 예금자의 대규모 예금 인출(뱅크런) 등을 예방하기 위해 카르텔(기업 연합)을 형성했다. 그리하여 19세기 후반에서 20세기 초에 걸쳐 선진국에서는 은행업계를 대표하는 '은행의 은행'으로서 일국의 통화 발행권을 독점하는 중앙은행이 창설되었다. 지금도 중앙은행이 곧 국가의 은행이라고 착각하는 사람이 많지만, 모든 국가에서 그런 것은 아니다. 중앙은행은 은행업계가 만든 카르텔을 대표하기도 한다. 일본은행 역시 자본금으로 설립되어 사실상의 주식을 발행하고 있는 사기업이다. 다만 미국의 연방준비은행FRB과 비교하면 일본은행에는 반관반민의 국책 은행의 요소도 짙다. 이는 메이지 유신 이후 관이 주도한 일본의 '위로부터의 자본주의'를 반영하는 것이다.

업계의 중앙집권화에 따라 대형 은행의 경영이 안정화되는 가운데 때마침 기업이 은행으로부터 거액의 융자를 꾸준히 필요로 하는 시대가 시작되면서 경제에 대한 은행의 영향력은 그 후 비약적으로 확대되었다. 그리고 정부 역시 보통선거권이 가져온 대중 민주주의의 시대에는 다양한 이익집단의 요구를 충족시키려면 끊임없는 재정 확대가 필요했기 때문에 국채 구입이라는 형태의 은행 융자 없이는 존속하지 못하게 되었다. 은행은 그야말로 막후의 실력자가 된 것이다.

그러나 이처럼 은행이 경제의 조직적 지배자가 되면서 은행 돈의 숙명적 모순이 드러난다. 1930년대의 미국발 세계 공황은 이 모순이 야기한 것이었다. 은행 돈의 모순은 무엇인가? 단순한 대금업과 달리 중앙은행은 통화 자체를 발행하며, 일국의 경제에 대한 통화 공급을 좌우한다. 현대에는 통계 기술의 발달로 생산과 소비의 원활한 경제 순환을 위해 한 국가가 필요로 하는 통화의 양을 꽤 정확히 추계할 수 있다. 그러나 은행은 그러한 국민 경제 계산 데이터에 근거해서 통화를 발행하지 않는다. 통화의 발행과 융자는 어디까지나 은행업계의 손익 계산에 의해 이루어지며, 이것만으로도 버블 발생 같은 경제 혼란의 원인이 된다. 그러나 많은 사람들은 천 엔 지폐 등에 '일본은행권'이라고 명기되어 있는데도 국가가 발행한 것이라 생각한다.(정부가 발행하는 것은 동전뿐이다.)

그러나 이것은 은행 돈의 모순으로서는 아직 시작에

불과하다. 사람들은 또 은행을 금고 비슷한 것으로 여기며, 은행은 예금자가 맡긴 돈을 자금이 필요한 사람에게 수수료를 받고 빌려주는 중개업자일 뿐이라고 생각한다. 그러나 잉글랜드은행의 발족 이후 은행업의 토대가 된 것은 부분준비제도다. 이 제도 아래에서 은행은 예금자가 일제히 예금을 인출할 가능성은 거의 없다는 것을 활용해서 수중에 있는 예금의 8배에서 10배의 돈을 빌려주고 있다. 이처럼 은행이 빌려주는 돈의 대부분은 존재하지 않는 가상의 것이지만, 머지않아 은행에 진짜 현금으로 들어온다. 이것은 기이한 수법이며, 일종의 사기다. A씨가 은행에서 천만 엔의 사업 자금을 빌린다고 하자. 그 경우에 융자해 주는 은행이 하는 일은 A씨의 예금계좌를 만들고 키보드를 두드려 천만이라는 숫자를 입력하는 것뿐이다. 그러나 부채 변제 기한이 닥친 A씨는 키보드를 두드리는 것이 아니라 땀 흘려 열심히 번 천만 엔에 이자까지 얹어 은행에 입금해야 한다. 불행하게도 변제하지 못하면 자산이나 소득을 은행이 압류해 버린다. 그러나 A씨가 기한 내에 무사히 부채를 갚는다면 그것은 그가 천만 엔의 가치가 있는 부나 서비스를 생산했다는 표시다.

이렇게 경제가 순조롭게 확대되어 가는 한, 부분준비

제도 아래에서 은행의 융자가 멋대로 회수 불능이 되는 일은 없다. 그러나 은행은 생산의 통계적 예측에 근거해 융자를 하는 것이 아니며, 사람들의 부채는 은행에는 자산이 된다. 따라서 은행 돈이 지배하는 경제에는 통화의 과잉 발행에 따른 인플레의 경향이 상존한다. 한 예로 미국에서는 1913년에 연방준비은행이 설립된 이래로 달러의 가치가 85퍼센트 이상 하락했다.

그래도 경제성장의 조건이 갖춰지면 은행 돈은 가속 장치가 된다. 그러나 은행 돈은 이자가 붙은 부채를 말하며, 만약에 이자가 복리라면 원금을 웃도는 이자를 지불해야 하는 경우도 있다. 따라서 일단 불황이 닥치면 1990년대 버블 붕괴 후의 일본처럼 기업이 투자에 쓰려던 자금을 은행 부채 변제에 할당하게 되고, 은행 돈은 경제의 가속 장치에서 제동 장치로 일변한다. 경제에 전면적으로 브레이크가 걸린 상태가 공황이다.

그리고 부채 못지않게 문제인 것이 바로 이자다. 은행이 A씨에게 융자해 준 천만 엔은 그에 걸맞은 부를 낳을 가능성이 있다. 그러나 A씨가 지불할 이자는 어디서 나오는가? 생산된 부에서는 아니다. 그렇다면 A씨는 자신이 판매하는 상품의 가격에 이자분을 덧붙여야만 하며, 결과적으로 소비자로부터 그만큼 소득을 수탈하게 된다. 실제로 독일의 마르그리트 케네디의 연구에 따르면, 평균적으로 상품의 최종 가격의 반은 직간접적으로 은행에 지불하는 이자다.° 이자는 노동이 아니라 그저 '소유'에 대한 보수다. 그것은 일반 근로자가 생산한 부를 은행을 통해 금융 자산을 가진 부유층에게 이전하는 제도이며, 이를 통해 '돈이 돈을 낳는 시스템'으로서의 자본주의가 성립된다. 이 금융 시스템은 실제로 부를 생산하는 실물 경제에 기생하며, 이 두 경제 사이에는 은행의 기회주의를 매개한 우연적 관계밖에 존재하지 않는다. 여기서는 부의 생산과 향유가 아니라 가진 자의 지위를 더욱 강화하고 그들을 더 부유하게 하는 것이 경제의 목적이 된다.

그러나 불황과 공황의 원인이 은행 돈에만 있는 것은 아니다. 실물 경제 쪽에도 중대한 문제가 있다. 근대의 자본주의적 공업 경제에는 구조적 결함이 있다. 20세기 초에 사회신용론을 창시한 영국의 클리퍼드 더글러스는 자신이 군복무 중에 감사를 맡은 기업의 회계를 분석함으로써 이 결함을 밝혀냈다. 근대 기업은 생산 설비나 연구 개발에 대한 지속적인 투자를 필요로 하며, 기업 회계에서 감가상각의 비중이 높아져 간다. 그에 반비례해 회계에서 급여가

° Margrit Kennedy, *Interest and inflation free money*, Seva International, 1995.

차지하는 부분은 축소되어 간다. 그러나 생산 비용 중에서 상대적으로 축소되어 가는 노동자의 임금만이 기업이 생산한 상품을 사들일 구매력이다. 이 때문에 근대 공업 경제에는 끊임없이 생산과 소비의 불균형이 발생해 기업은 과잉 생산, 소비자는 소득 부족에 시달리게 된다.

여기서 근로자뿐만 아니라 기업이나 정부도 구매력을 가지는 게 아닌가 하는 의문이 들지도 모르겠다. 그러나 기업의 구매는 사무용품에서 기계에 이르기까지 전부 생산 비용으로서 상품 가격에 덧붙으므로 구매력이 되기는 커녕 소비를 압박한다. 그런가 하면 정부의 지출은 세수에 기초하며, 세수는 그만큼 근로 국민의 구매력이 줄어든 것을 의미한다. 이 생산과 소비의 불균형에 대한 유일한 타개책은 이른바 자유무역을 통해 타국의 소비 시장을 가로채는 것이다. 이것이 국가 간의 무역 전쟁, 통화 절하 전쟁의 원인이다. 이 구조적 결함을 더욱 심화하는 것이 더글러스의 시대에 이미 진행되고 있던 생산의 자동화다. 자동화로 설비 투자비는 더욱 증대하는 한편, 근로자는 실업이나 불안정 고용에 내몰린다. 그리고 이 문제는 기업 경제에 대한 은행 돈의 개입을 통해 결정적으로 증폭된다.

최종적으로는 과잉 생산과 소득 부족으로 인해 유휴

화한 자본은 투기 자금이 되며, 투기의 버블이 터지면 공황이 발생한다. 일반적으로 경제학에서 시장에서의 상품 가격은 공급과 수요의 균형점을 나타내는 것이라 여겨진다. 그러나 더글러스의 분석에 따르면, 가격은 기업 회계에 내재하는 모순과 은행 돈의 기업 경제에 대한 개입의 결과로 형성되는 것이다. 가격은 공급과 수요의 균형점은커녕 생산과 소비의 심각한 불균형을 나타낸다. 이와 같이 가격을 지표로 움직이는 경제를 시장경제라 부를 수는 없을 것이다.

생산과 소비가 언제나 불균형하며 부유한 소수가 더욱 부유해지는 것이 경제의 목적인 곳에서는 상품이 등가로 자유로이 교환되는 본래 의미의 시장은 존재하지 않는다. 그리고 오늘날 이른바 '시장경제'의 요체를 이루는 것은 중앙은행에 의한 통화 발행권 독점이며, 통화의 가치는 은행이 자신의 손익 계산으로 멋대로 정하는 것이므로 현대 경제는 은행이 지배하는 독점 경제라고 불러야 할 것이다. 시장에서 이루어지는 교환에 의한 통화 흐름을 사람들이 오가는 거리에 비유한다면, 거리 여기저기에 사기업인 은행이 관문을 만들어 부당한 통행료를 걷고 있는 '봉건적' 독점이 이 경제의 특징이다.

기업 회계의 결함과 은행 돈의 모순은 후에 공황의 원인이 되며, 사회의 경제 활동에는 전면적으로 제동을 건다. 이런 상태를 타개하려면 더글러스가 사회신용론에서 논한 대로 은행권을 정부가 통계적 경제 예측에 근거해 무이자로 발행하는 정부 통화로 바꾸고, 시민권을 가진 국민에게만 일률적으로 지급하는 국민배당(기본소득)을 통해 사람들의 소득을 고용 이외의 형태로 보강할 필요가 있다. 이 신용의 사회화와 기본소득 보장의 문제는 나중에 또 다룰 것이다.

방치된 모순을 드러낸 피크 오일

여기서 한 가지 생각해야 할 것은 이와 같은 결함이나 모순이 있는데도 근대 공업 경제는 왜 간단히 붕괴되지 않았는가 하는 점이다. 붕괴는커녕 제2차 세계대전 후 선진국은 전례 없는 번영을 누렸다. 이 물음에 대한 답은 원유라는 마법의 자원에 있다. 원유가 가져온 에너지 수지상의 막대한 잉여에 대해서는 이미 이야기했지만, 이는 경제 시스템의 결함이나 모순을 보충하고도 남는 것이었다. 나아가 무에서 창조한 대량의 돈을 뿌리는 은행 경제는 원유가 낮은 에너지 낭비형 대량 소비 문명에 걸맞은 것이었다. 전쟁 후 선진국에서는 자동차, 전자제품, 교외 주택으로 대표되는 미국식 생활양식이 확대되었는데, 이런 값비싼 내구소비재에 의한 소비의 비약적 증대는 은행의 대출 없이는 불가능했다. 게다가 저렴하고 풍부한 원유 덕분에 경제의 파이가 점점 커지는 세계에서는 부채를 이자까지 얹어 은행에 변제하기도 쉬웠다. 과잉 발전의 세계에서는 원유의 대량 소비와 은행 경제가 완전히 일체화되어 있었다. 거기서 원유는 은행 돈의 모순에서 파생되는 문제를 방치했을 뿐 아니라 오히려 은행의 중개에 의해 경제성장의 원동력이 되었다.

하지만 그렇기 때문에 저렴하고 풍부하고 질 좋은 원유의 시대가 끝나 문명의 에너지 수지가 악화되면 사태는 단순히 전후의 번영이 끝나는 것으로 그치지 않는다. 원유 덕분에 방치할 수 있었던 은행 돈의 모순이 표면화하는 것이다. 21세기 초의 세계 상황을 여러 큰 시스템의 불안정화로 파악한다면, 시스템의 극단적 불안정화의 근저에는 에너지와 통화의 문제가 도사리고 있다는 걸 알 수 있다. 시스템 불안정화의 명백한 사례인 지구온난화의 위협만 해도, 원유의 낭비 없이는 굴러가지 않는 경제 시스템이 낳은 문제다. 또한 2011년 이래로 일본을 뒤흔들고 있는 후쿠시마 원전의 파국은 1970년대 이후 각국의 석유 위기가 촉발한 원자력 발전소 건설 붐과 관련이 있다. 그러므로 에너지와 통화라는 시스템 불안정화의 근본 요인에 제대로 대처하지 않는 한 문제는 해결되지 않으며, 임시방편적 대증요법은 오히려 사태를 악화할 위험이 크다.

그래서 우선 에너지에 대해 말하자면, 이미 국제에너지기구는 "세계는 2006년에 피크 오일에 도달한 것으로 보인다"라고 발표했다. 피크 오일이란 원유의 증산이 한계에 달해 이후로 채굴량이 감소해 가는 원유 생산의 정점을 가리킨다. 그러나 실제로 세계는 이미 1970년대에 피크 오일을 맞았다. 양질의 원유를 용이하게 대량으로 채굴할 수 있었던 건 이때까지다. 그 후로는 유망한 거대 유전의 발견 없이 위험한 해저 유전 개발만이 활발히 이루어졌다. 2010년에 발생해 카리브해의 생태계를 대규모로 파괴한 멕시코만 원유 유출 사고 때 영국의 브리티시 페트롤리엄BP사는 해저 1.5킬로미터의 유전을 채굴하고 있었다. 대량의 에너지를 사용해 기술적으로 힘든 채굴을 감행해도 한정된 양의 질 나쁜 원유밖에 얻을 수 없는 것이 원유 생산의 현재 상황이다.

원유의 대체 자원으로 예견되면서 주목받은 오일샌드나 오일세일*에 대해서도 같은 이야기를 할 수 있다. 채굴과 정제에 따른 심각한 환경 파괴는 제쳐 두더라도, 그 작업에는 많은 에너지 투입이 필요하며 비교적 한정된 양의 원유가 생산될 뿐이므로 에너지 수지상 대단한 플러스는 아니다. 따라서 피크 오일 이후 인류 사회가 에너지 수지의 급속한 악화에 직면하는 것은 불가피하다. 그리고 리먼 쇼크 이래 출구가 보이지 않는 작금의 세계 경제 위기도 근본적으로는 이 수지 악화가 엄연한 사실로서 표면화한 것이라고 할 수 있다. 에너지 위기와 통화 질서의 붕괴는 연동되고 있는 것이다.

20세기 세계에 깊은 상흔을 남긴 1930년대의 대공황과 지금의 경제 위기는 어떻게 다를까? 은행 돈의 모순이 경제 활동에 전면적으로 제동을 건 부채 디플레라는 문제의 구조적 측면에서는 어느 쪽이나 마찬가지다. 그러나 1930년대 당시에는 미국에서조차 석유 문명의 시대가 아직 본격적으로 열리지는 않았다. 공황으로 신음하는 민중을 그린 존 스타인벡의 소설 『분노의 포도』의 주인공이 농민이라는 점은 상징적이다. 선진국에서 석유 문명이 개막하려던 때에 순전한 금융 위기가 그 발목을 잡은 사례가

---

* 고분자화합물을 포함한 공암으로, 건류하면 석유를 얻을 수 있다.

1930년대의 대공황이었다. 그래서 히틀러가 아우토반 건설로 완전 고용을 실현하고 국민차 폭스바겐을 보급해 민심을 사려고 한 것은 전후 석유 문명의 도래를 예고했다고 할 수 있다.

한편 미국에서는 세계대전의 영향으로 군수 경기가 공황을 종식시켜 원유를 바탕으로 한 공업화 과정이 다시 궤도에 올랐다. 그리고 전쟁에서 승리해 패권국이 된 미국은 원유를 낭비하는 미국식 생활양식을 전후 세계에 확산시킨다. 이에 비해 오늘날의 경제 위기의 단초는 석유 파동이 선진국을 뒤흔든 1970년대로 거슬러 올라간다. 에너지 수지의 장기적 악화가 위기의 배경에 있지만, 직접적 원인은 역시 은행 돈의 모순이다. 은행은 경제가 성장의 한계에 부닥쳤다는 사실을 부정하고 융자에 의해 점점 확대되는 경제를 계속 추동했다. 그리고 유망한 투자처를 찾지 못한 미국과 유럽의 은행은 그로 인해 생긴 과잉 자본을 천문학적 액수의 돈이 움직이는 머니게임 쪽으로 유용했다.

그러나 경제성장 없이 융자의 변제는 불가능하다. 그런 탓에 전후의 경제성장은 기업, 국가, 가계의 은행 부채가 늘어날 뿐인 마이너스 성장으로 일변했다. 마이너스 성장은 부채의 증대가 부의 증대처럼 보이는 피라미드 계경제를 말한다. 리먼 쇼크의 계기도 부동산 버블 상황에서 은행이 변제 능력이 없는 저소득층에까지 주택 대출을 감언이설로 강매한 피라미드 계의 파탄에 있었다. 그러한 마이너스 성장이 결국 오늘의 경제 위기로까지 치달은 것이다. 현재 세계의 금융 자본이 떠안고 있는 불량 채권의 액수는 인류 사회 GDP 총계의 14~15배에 달한다고 한다. 이것은 절대 변제할 수 없는 액수다. 성장의 한계를 무시해 온 세계의 금융 자본은 이렇듯 최종적·결정적으로 무너져 버린 것이다. 에너지 수지의 막대한 잉여가 없어지면 은행은 소멸할 수밖에 없다.

은행 경제의 서브시스템인 근대 조세 국가의 해체

오늘날의 경제 위기가 1930년대 대공황과 가장 다른 점은 은행이 국가 재정까지 파탄으로 내몰아 근대적 조세 국가의 해체를 초래하고 있다는 것이다. 1970년대 이후의 저성장 경제에서는 각국의 국채가 은행이 가진 최대 자산이 되었다. 국가는 도산하지 않으며, 만일의 경우에는 국민에 대한 증세를 통해 국채를 상환해 주리라 믿었기 때문이다. 다른 한편에서 의회 정치인 쪽도 저성장에도 불구하고 자신들의 선거 스폰서인 이권 집단에 대한 금권 정치를 계속할 필요가 있으므로 국채를 마구 발행하는 방만 재정으로 나아간다. 지금 세계를 직격하고 있는 국가의 재정 파탄은 은행과 정치인의 합작품인 셈이다. 그리고 이 사실이 근대 조세 국가의 정체를 다시금 폭로하고 있다.

표면적으로는 공공의 복지야말로 국가 조세의 목적이다. 그러나 근대 조세 국가의 본질은 국가가 중앙은행에 통화 발행권을 양도하는 데 있다. 그 때문에 조세 제도는 이 양도에서 생기는 갖가지 경제적·사회적 모순에 맞서 은행 돈의 지배를 보완하는 은행 경제의 서브시스템이라 할 수 있다. 이 조세 제도 탓에 국가는 은행의 시녀가 되었다. 그렇게 보면 1980년대 부동산 버블의 붕괴에 즈음해서 땅 투기 소동 등으로 사회에 커다란 폐를 끼친 대형 은행을 자민당 정권이 세금으로 구제한 것도 이해하지 못할 일은 아니다. 그리고 1990년대 이후 무분별한 공공사업으로 폭발적으로 늘어난 국가와 지자체의 부채도 기본적으로는 버블 붕괴로 장부상의 밸런스가 망가진 은행을 구제하기 위한 것이었다.

현재 일본 GDP의 두 배를 훨씬 웃도는 국가 부채의 원인은 복지 예산에 있지 않다. 물론 막대한 불량 채권을 떠안고 있는 파산 상태의 대형 은행을 도산시켜 버리면 문제는 전부 해결된다. 그러나 의회제 국가와 은행 자본은 운명을 같이하며, 정치가는 은행을 구제하는 것밖에 생각하지 않는다. 시장에서 실패한 자는 퇴장한다는 시장경제의 논리는 은행의 독점 경제에 대해서는 통용되지 않는다. 그러나 국채를 사 모아 국가를 빚더미에 앉힌 결과는 은행으로 되돌아온다. 리먼 쇼크와 함께 은행이 상정하지 못했던 국가 파산이라는 사태가 전 세계적으로 발생한 것이다.

그 전형적인 사례가 지금 세계의 이목을 모으고 있는 유럽연합EU의 주권국 채무sovereign debt 위기다. 주권국 채무라는 금융 용어는 국가가 은행에 통째로 저당잡힌 사태를 뜻한다. 1998년 이래로 EU 국가 간에 이루어진 유로Euro로의 통화 통합은 시장 규모의 확대나 거래 비용 절약, 노동력의 자유로운 이동 등을 통한 경제성장을 의도한 것이었다. 그러나 EU 가맹국들 사이의 국정과 역사적·문화적 차이를 무시하고 은행 자본이 '우등생'인 수출 대국 독일을 우대하는 경제지상주의적 통화 통합은 EU 경제 내부의 왜곡과 불균형을 심화했다.

그 결과 리먼 쇼크의 여파를 뒤집어쓴 재정 기반이 약한 그리스, 스페인, 이탈리아 등은 독일이나 프랑스의 대형 은행에 대한 막대한 부채를 세수로 변제할 전망을 잃어버렸다. 그럼에도 이들 나라 정부는 국민의 처지를 무시한 채 은행에 대한 채무 변제를 국가의 최우선 현안으로 삼아서 국가를 진퇴양난으로 몰아넣었다. 그들은 유럽중앙은행 ECB이나 국제통화기금IMF으로부터의 원조라는, 사실상 외국 대형 은행을 구제하기 위한 긴급 융자를 받아들였는데 이는 더욱 큰 규모의 부채로 만기가 된 부채를 갚는 일이었다. 다른 한편에서 그들은 변제에 쓸 세수를 확보한다는 명목으로 자살자가 속출하는 초긴축 재정, 국유 재산 매각, 공무원 대량 해고 등을 실시했지만 경제 위기는 한층 심각해졌다. 마이너스 성장을 연출해 온 금융 자본은 근대 조세 국가를 파산시켜 버렸다. 은행과 운명을 함께한 국가는 은행과의 동반 자살 상태에 빠져 버린 것이다.

그리스나 스페인은 단지 그 전형적인 사례에 불과하다. EU 국가들에 비하면 아직 상대적으로 안정된 일본의 경우도 은행에 저당잡힌 국가라는 문제의 구조는 마찬가지다. 출구가 보이지 않는 디플레 속에서도 소비세 증세는 정부의 최우선 과제가 되기 때문이다. 에너지와 통화 위기에서 기인한 시스템 불안정화는 이렇게 해서 국가의 파산과 해체, 정치·경제 시스템의 동요와 마비, 그에 따른 사회

혼란이라는 귀결로 내몰렸다. 오늘날의 세계에서는 어느 나라든 정부에 더는 문제 해결 능력이 없다. 그리고 숨은 정부 노릇을 하는 은행도 위기의 한복판을 낙엽처럼 떠다니고 있을 뿐이다. 따라서 정부에 문제 해결 능력이 있다는 것을 전제로 한 근대의 국민주권 개념은 재정의될 필요가 있다. 국민주권의 원칙은 고대 로마의 격언인 '민중의 안녕이 지고의 법이다'salus populi suprema lex esto로 거슬러 올라간다. 그리고 오늘날 국민의 안녕을 보장할 수 있는 주체는 국민 자신뿐이다. 여기서는 스스로의 지혜와 궁리로 사태에 맞서는 풀뿌리 민중이야말로 주권자인 것이다.

2

세계화에서 지역화로

일본은 '무역 입국'을 이루었는가?

2011년에 일본은 동일본 대지진과 원전 사고라는 비상 사태뿐 아니라 TPP 가입 문제로도 크게 요동쳤다. 최초로 TPP 가입 반대 목소리를 낸 쪽은 관세 철폐를 지향하는 TPP로 일본 농업이 괴멸할지도 모른다고 우려한 농업 관계자들이었다. 그러나 점차 많은 사람이 TPP는 관세 자주권의 포기에 그치지 않고 금융, 재정 등 경제 관계 법규를 획일적인 국제 기준으로 통일해 국가 주권을 크게 침해하는 것이라는 사실을 깨닫고 TPP 가입에 반대하게 되었다.

원래 TPP는 싱가포르나 뉴질랜드 등 국내 시장이 작은 소국이 시장 규모 확대를 의도해 맺은 협정이다. 그러나 미국이 나중에 협정에 끼어들면서 TPP는 미국과 일본 간의 경제적 국경이 사라지는 미일자유무역협정의 의미를 갖게 되었다. 원래 미국의 TPP 가입은 고용 문제를 중시해 유권자들의 마음을 사려던 오바마의 선거 전략 요소가 짙으며, 미국 정·재계가 전력을 기울여 추진하는 정책이라고는 할 수 없다. 일본에서도 경제단체연합회의 지원에도 불구하고 TPP 가입 반대의 목소리는 높아져만 가고 있다. 현재로서는 소수파가 협정 가입을 일방적으로 밀어붙이고 있을 뿐이다.

그렇지만 TPP는 일본인에게 무역이 지닌 의미를 재고할 좋은 기회를 제공하기도 했다. 세계은행의 2011년 통계에 따르면, 각국 GDP의 수출 의존도는 독일이 50.2퍼센트, 중국이 31.4퍼센트, 한국이 56.2퍼센트이며, 세계 평균 의존도가 30.4퍼센트인 데 비해 일본은 15.1퍼센트에 그쳤다. 일본보다 의존도가 낮은 주요국으로는 14퍼센트인 미국이 있을 뿐이다. 최근 일본의 의존도도 다소 상승하고는 있지만, 그렇다고 '무역 입국'이라 하기는 어렵다.° 일본 경제는 내수 중심이라서 상품 수출에 사활을 걸지는 않았다. 그러나 패전 후에 무역으로 근근이 벌어들인 외화를 전후 부흥 자금으로 쓸 수밖에 없었던 시대의 기억이 남아 있어서인지 '일본은 무역 입국의 나라'라고 착각하는 사람들이 적지 않다. 그런 착각 탓인지 일본에서 '무역은 국민이 생산한 부를 해외로 돌려 수출을 반기는 일부 대기업만 살찌

° 세계은행이 발표하는 「세계 발전 지표: 상품 및 서비스 수출」(World development indicators: Exports of goods and services) 부문의 데이터를 기준으로 삼았다.

80

운 건 아닌가?' 하는 의문의 목소리가 나오는 일은 거의 없었다. 그 결과 TPP 반대파 사이에서조차 무역을 통한 경제 성장이라는 정·재·관계의 헛된 전략이 부의 불공평한 분배나 격차와 빈곤을 확대시키며, 오늘날의 무역이 한정된 시장을 약탈하는 제로섬게임에 불과하다는 사실을 지적하는 사람은 보이지 않는다. 그리고 역사를 거슬러 올라가 보면, 페리 제독이 몰고 온 흑선의 압박으로 인한 일본의 개국은, 쇄국 상태에서도 아무런 불편 없이 살아오던 일본이 구미 열강이 주도하는 세계 무역 메커니즘에 강제로 편입된 것을 의미한다. 근대 일본의 역사는 일본이 세계 무역의 논리에 과잉 적응해 GDP 세계 2위의 경제 대국이 되기에 이른 역사이기도 하다. 그리고 자유무역이라는 미명 아래 국가 주권을 침해할 위험이 있는 TPP는 이런 문제에 대한 역사적 결산을 일본인에게 요구하고 있다.

'세계 무역'의 기원

세계 무역의 탄생에는 명확한 날짜가 있다. 공동체 간의 단순한 물자 교역은 미개 사회에도 있었다. 고대와 중세 무역의 대표적 사례는 실크로드를 통한 고대 로마와 중국의 교역이다. 그것은 기본적으로 자급자족하는 경제국 사이에서 상류 계급을 위해 사치품이나 이국적인 품목을 교환하는 주변적·예외적인 경제 현상에 불과했다. 그리고 근대의 세계 무역은 1492년에 콜럼버스가 신대륙 아메리카에 당도해 대항해 시대가 열리면서 시작되었다. 이는 세계사에 전례가 없던 사건이었다.

어디든 자급자족이 경제의 통칙이었던 시대에 왜 서유럽만이 세계 무역이라는 미지의 사업에 손을 뻗쳤던 것일까? 거기에는 다양한 요인이 복잡하게 얽혀 있지만, 그중 주된 요인 몇 가지를 살펴보자.

첫째, 로마 제국 멸망 후 알프스 이북의 미개한 서유럽에서 탄생한 중세 문명은 기독교 수도원이 정초한 것이었다. 수도자들은 로마 문명의 유산을 고이 보존해 게르만계 등의 주민에게 전했는데, 그중에는 향신료를 많이 쓰는 로마의 음식 문화도 포함되어 있었다. 그리고 유럽의 풍토는 목축에 적합했으므로 차츰 육식이 보급되었는데, 냉장고가 없던 시대에 고기의 방부·방취를 위해 열대산 향신료, 특히 후추가 불가결해졌다. 이렇듯 유럽은 한랭한 곳에서는 산출되지 않는 물자가 생필품으로서 일상적으로 대량 필요했던 예외적인 지역이었다. 따라서 세계 무역도 우선 열대산 향신료를 구입하기 위한, 바닷길을 통한 원격지 교역으로서 시작되었다.

둘째, 이미 로마인은 인도에 향신료 집적소를 두고 있었는데, 무함마드의 정복으로 지중해가 이슬람의 바다가 된 후로 인도의 향신료는 아랍인 대상隊商에 의해 지중해를 거쳐 유럽으로 들어갔다. 상업 도시국가 베네치아는 이 향신료 무역을 독점함으로써 번영을 누렸다. 그러나 1453년에 동로마 제국의 수도 콘스탄티노플이 함락되고 오스만 튀르크 제국이 수립되자 이 무역 경로에는 높은 통과 관세가 붙게 되어 유럽인이 향신료를 구입하기 어려워졌다. 그러자 유럽인은 지중해에서 대서양으로 눈길을 돌렸다.

셋째, 중세 말기의 유럽은 새로운 경제 발전의 시대를 맞고 있었다. 그러나 유럽에서는 주로 북아프리카산 금밖에 확보하지 못했던 터라 금과 은만이 화폐였던 당대에 경제 발전에 필요한 금이 절대적으로 부족했다. 잘 알려져 있듯이 콜럼버스의 항해 목적에는 향신료 구입은 물론이고 마르코 폴로가 전한 황금의 나라 일본의 발견도 있었다.

넷째, 거대 대륙 국가인 중국과는 달리 유럽에서는 항상 비슷한 규모의 나라들이 치열한 세력 다툼을 벌이고 있었다. 이와 같은 국가 경쟁에서 이기려면 가능한 한 국력을 강화해야 했으며, 해외로부터의 부의 수탈은 그 주된 수단이었다.

세계 무역의 단초는 향신료지만, 그것이 실제로 하나의 시스템으로서 완성된 계기는 콜럼버스의 항해에 뒤이은 유럽인의 신대륙 아메리카 침략과 정복이다. 신대륙 정복은 시스템 확립에 필요한 자본, 시장, 노동이라는 세 요소를 일거에 창출했다.

우선 16세기에 에르난 코르테스와 프란시스코 피사로 같은 스페인 정복자가 아스테카·잉카 제국에서 막대한 금은을 강탈함으로써 유럽의 통화 유통량은 세 배로 늘어났으며, 금 부족은 단번에 해소되었다. 이 대량의 금은 유입은 '가격 혁명'이라고 불리는 대인플레를 야기했고, 그에 따라 봉건적 고정 수입에 의존하던 영주와 그 가신단이 몰락하고 상인 계급이 대두했다. 영국에서는 시중에 금이 많이 나돌자 그 보관을 맡은 금 세공사가 금 보관증을 통화로 유통시킨 것이 근대 은행 제도의 발단이 되었다.

둘째로 신대륙은 담배 같은 새로운 상품을 유럽에 반입했으며, 그때까지 사치품이었던 설탕은 카리브해 섬들의 플랜테이션에서 대량 재배된 덕에 유럽인의 생필품이 되었다. 그런가 하면 신대륙으로 이주한 유럽인도 유럽식 생활양식을 유지하기 위해서는 유럽으로부터 대량의 물자를 들여와야 했다. 그 결과 대서양을 사이에 둔 신·구 두 세계 사이에서 급속히 성장하는 거대한 소비 시장이 출현했다.

셋째로 카리브해나 남미의 플랜테이션은 대량의 값싼 노동력을 필요로 했다. 그래서 유럽의 상인들은 아랍인의 선례를 따라 아프리카의 추장에게서 술이나 장식품과 맞바꾼 노예들을 신대륙으로 보냈다. 아메리카의 원주민은 중노동에 적응하지 못했고, 유럽인이 옮겨 온 병원균 때문에 절멸할 위기에 처해 있었다. 그러나 흑인 노예는 열대의 무더위 속에서도 중노동을 견뎌 냈고, 그들에게는 보수를 지불할 필요도 없었다.

이렇게 해서 세계 무역 시스템은 우선 자본, 시장, 노동이라는 세 요소가 갖추어진 대서양 경제로서 성립되었다. 멀리 열대 지역의 향신료를 찾아 나섰던 옛 모험 상인들의 시도는 아직 무역이 일상에서는 예외적·주변적인 일 확천금의 모험이었던 시대의 흔적일 뿐이었다. 그리고 유럽 음식 문화에 불가결했다고는 하지만, 후추는 역시 통화로서 통용되는 귀중품에 머물렀다. 그런데 대서양 경제 성립 이후 유럽에서는 담배나 초콜릿이 아주 흔한 기호품이 되었다. 이처럼 세계 무역 시스템이 확립됨에 따라 무역은 서민의 일상생활을 좌우하고, 나아가 생활양식 자체를 바꾸었다. 서유럽의 해운업과 해군에 의해 지탱된 대서양 경제는 인류 역사상 처음으로 등장한 세계 시장을 전제로 한 경제였다. 그리고 이 시장은 단순한 상품 교환이 아니라 상품 생산에 의해 성립되었다. 카리브해의 플랜테이션 등이 세계 시장을 위한 상품을 생산함으로써 끝없이 확대되는 소비의 욕망을 충족시키지 못했다면 이 시장은 존속할 수 없었을 것이다. 이렇게 해서 자급자족이라는 경제의 전통적 원칙은 세계 시장의 논리로 대체된다. 그런 의미에서 콜럼버스의 항해는 페리 흑선의 압력이 가져온 일본의 개국과 일직선으로 이어져 있는 것이다.

따라서 자본주의의 탄생은 이러한 대서양 경제 성립일 따름이다. 고대·중세 사회 또는 도쿠가와 시대의 일본에도 상인과 상업은 존재했지만, 정확한 의미의 자본주의는 나타나지 않았다. 자본주의는 어디까지나 신대륙 정복을 계기로, 세계 시장 성립을 조건으로 하여 탄생한 것이다.

이 탄생 경위 자체가 자본주의의 본성을 드러내고 있다. 우선 아스테카와 잉카의 금은을 강탈해 서유럽에 막대한 자본 잉여가 발생하도록 해야 했다. 장기적 투자에 필요한 대량의 잉여 자본 없이 자본주의는 출현할 수 없었다. 하지만 신대륙의 금은 강탈에서 비롯된 근대적 은행 제도가 그런 투자를 가능케 했다. 둘째는 세계 시장인데, 이는 관습적·고정적 수요가 있는 상품이 교환되었을 뿐인 종래의 시장과는 달리, 손쉽게 얻는 큰 이득이 계속 기대되는 전대미문의 시장이었다. 왜냐하면 세계 시장은 신대륙의 자원 개발, 인구 증가, 그리고 유럽인에게는 알려지지 않은 새로운 상품의 등장 등으로 소비가 비약적으로 확대되는 시장이었기 때문이다. 이런 시장은 폭력에 의해서만, 그리고 강력한 국가 조직을 가진 유럽 문명이 기본적으로 '미개한' 아메리카를 정복한 결과로서만 성립될 수 있었다. 아메리카의 원주민에게는 정복자에게 무력으로 저항할 방법조차 없었으므로 유럽인은 풍부한 자원을 가진 넓은 대륙을 거의 아무런 대가 없이 손에 넣었다. 이에 비하면 19세기에 구미 열강이 일본과 중국 시장을 비집고 들어오려 했을 때는 무력이나 무력행사의 위협이 필요했으며, 개국으로 그들이 얻은 이익도 한정적이었다. 유럽인이 다른 문명 사회를 세계 시장에 편입시키는 것은 간단치 않은 일이었다. 영국과 네덜란드는 17세기에 동인도회사를 설립했지만, 인도나 동남아시아의 본격적 식민지화는 산업혁명 이후의 일이다. 쉬이 정복할 수 있었던 '미개한' 아메리카만이 리스크가 적은 장기적 투자와 그에 따른 지속적 이익 발생을 가능케 했다. 그리고 풍부한 자본과 확대되어 가는 시장은 이제 대량의 값싼 노동력을 필요로 했다.

　그러나 자본주의에 노동력 확보는 불가결할지언정 사활이 걸린 문제는 아니었다. 마르크스는 영국 산업혁명을 분석하며 자본주의의 토대에는 노동자 계급 착취가 있다고 논했지만, 사실 노동력은 부수적 사항에 불과하다. 자본주의에서 무엇보다 중요한 것은 신기한 상품에 대한 소비 욕망의 해방이다. 그다음으로 중요한 것은 노동자에게 얼마간의 가처분소득이 주어져서 대량 생산된 상품을 구매하는 것이다. 소비자의 존재에 자본주의의 사활이 걸린 것이다. 따라서 노동자 계급이 약간이라도 부유해지지 못하면 산업혁명은 진전될 수 없었다. 이런 점에서 볼 때 소비자를 낳지 않는 노예제는 장기적으로는 자본주의의 발전에 걸림돌이 되었다. 근대 사상이 자유를 최상의 원리로 추어올린 것도 이와 관련이 있다.

자본주의를 탄생시킨 역사의 '굴러 들어온 호박'

일반적으로 자본주의의 역사와 관련해서는 엄격한 노동 윤리나 업적 윤리, 창의성이나 도전적 기술 혁신 같은 것이 강조되곤 한다. 그러나 신대륙의 금은을 강탈한 것은 유럽 인에게는 순전히 굴러 들어온 호박이었다. 또 그들은 신대 륙의 광대한 땅과 자원을 거의 아무런 대가 없이 손에 넣었 다. 그리고 국왕의 특허장을 얻어 신대륙의 자원을 개발한 회사가 바로 근대적 기업의 원형이 되었다. 아프리카의 흑 인 노예를 술이나 보석으로 저렴하게 살 수 있었던 것도 어 떤 의미에서는 굴러 들어온 호박이었다. 자본주의를 낳은 것은 노력이나 재능이 아니라 역사상 전례가 없는 일련의 '굴러 들어온 호박'이다. 그것은 대가를 치르지 않고는 이 익을 얻지 못했던 전통적 상업의 연장선상에서 생긴 게 아 니었다. 그리고 오늘날에도 자본주의적 투자는 리스크가 적은, 굴러 들어온 호박 같은 돈벌이 건수를 열심히 찾아 나서는 것과 다를 바 없다.

산업혁명도 단지 와트의 발명이 탄생시킨 것은 아니 다. 17세기 이후 영국이 세계 무역으로 축적한 부가 산업 혁명을 일으킬 수 있었다. 그뿐만이 아니다. 산업혁명 자체가 직접적으로 세계 무역의 산물이었다. 작은 섬나라가 세계의 바다를 지배하는 해양 상업 제국이 되면서 영국은 철 주조나 함선 건조를 위해 국내 삼림을 모조리 벌채해 버렸다. 그래서 목재의 대체 자원으로서 철의 주조에 코크스*를 사용하기 시작한 것이 산업혁명의 발단이다.

그러나 섬나라라는 지리학적으로 유리한 조건이 있었다 해도 영국이 온 바다를 지배하는 상업 제국이 되기까지는 우연적인 요소도 제법 작용했다. 유럽에서 최초로 신대륙의 지배자가 된 것은 콜럼버스의 항해를 후원한 스페인이었다. 영국은 신대륙에서 재물을 쌓아 세비야로 돌아가는 스페인 선단을 노린 해적 행위와 '무적함대'에 맞서 거둔 승리로 스페인을 따돌리고 세계의 바다를 지배하는 해양 상업국으로 떠올랐지만, 이는 프로테스탄트 영국과 가톨릭 스페인 사이의 종교전쟁에서 파생된 사건이기도 했다. 그리고 19세기에 영국은 산업혁명으로 세계의 공장이 되면서 해외의 자원과 큰 수출 시장이 필요해졌는데, 이 문제에 대해서는 인도 등을 본격적으로 식민지로 삼아 제국주의적 해결을 본다.

영국의 국제 무역은 기본적으로 본국과 세계 각지에 있는 식민지 사이의 무역이었다. 자유무역이라는 말은 19

---

* 점결탄, 아스팔트, 석유 등 탄소가 주성분인 물질을 가열해 휘발성 분을 없앤 야금용 고체 탄소 연료.

세기 전반에 영국에서 생긴 것이지만, 이 말은 아메리카 대륙에서 값싼 농산물을 수입해 노동자의 임금을 삭감하고자 한 산업자본가와 농산물에 대한 보호관세의 벽을 지키고자 한 귀족적 지주 사이에 벌어진 국내 논쟁의 산물에 불과했다. 자유무역은 영국이 세계를 향해 내건 국제 경제의 원칙 같은 것이 아니었다. 그들에게는 식민지의 시장이 있었다.

군수 산업과 세계 무역에 의한 미국의 세계 전략

자유무역을 사상 최초로 국제 경제의 보편적 원칙으로서 주창한 나라는 미국이다. 그리고 두 차례의 세계대전에서 승리한 강대국 미국에는 이 원칙을 세계적으로 밀어붙일 수 있는 비할 데 없는 패권이 있었다. 미합중국은 유럽에서 온 이주자가 독립혁명 후에 무에서 창출한 나라다. 그리고 구세계가 간섭하고 나설 우려가 없고 미국의 원주민이나 인접국인 캐나다와 멕시코도 위협이 되지 못했으므로 어떤 나라를 세울지는 완전히 미국인의 자유였다. 그래서 그들은 정체政體는 공화제를 따랐지만 경제에 관해서는 당시의 패권국 대영제국을 모델로 삼은 나라를 세웠다. 새 국가의 헌법을 기초한 것은 영국령 식민지 시대에 재산을 모은 자산가들이었다.

　　그리고 전형적인 자산가였던 초대 대통령 조지 워싱턴은 연설에서 '미 제국의 번성'에 관해 이야기했다. 미국은 19세기 전반에 제임스 먼로 대통령의 선언에 따라 앞마당인 중남미에서 유럽 세력을 몰아낸 뒤로는 아편전쟁 이후 유럽 열강이 속속 진출하던 중국 시장에 눈을 돌리기 시작했다. 페리 제독이 이끈 흑선의 내항도 일본을 중국과의 무역 중계 기지로 삼기 위한 것이었다. 그리고 미국의 국내 개발이 완료된 19세기 말에 존 헤이 국무장관이 행한 문호 개방 선언은 중국에 진출한 (일본을 포함한) 열국이 중국 시장을 각국의 이권으로 에워싸고 있는 데 대한 경고이자 미국의 이데올로기로서의 자유무역이 첫발을 뗀 사건이었다. 이 문호 개방 정책을 둘러싸고 미국과 끊임없이 갈등하던 나라가 바로 일본이며, 그것이 나중에 진주만 공격으로 불거졌다고 할 수 있다.

　　7대양을 호령하는 대영제국의 출현이 일련의 우연과 기회주의의 산물이었던 것과 달리, 미국이 영국 경제를 모델로 삼아 수립되었다는 것은 곧 이 나라가 영국을 대체할 해양 상업 제국으로 발돋움하는 것을 국가의 목표로서 의식적·계획적·조직적으로 추구한다는 걸 의미했다. 자유롭고 평등한 행복의 추구라는 미국의 꿈은 제국이 되려는 국가 목표에 종속된 것일 뿐이었다. 그러나 20세기에 들어 세계 무역이 명백히 미국 국가 전략의 핵심이 된 데는 1930년대의 대공황이 결정적 영향을 끼쳤다. 대공황의 원인은 역시 은행 돈의 모순이 낳은 기업의 과잉 생산과 소비자의 소득 부족, 그리고 투기에 쏠린 과잉 자금에 의한 금융 버블이며, 이 버블의 붕괴가 심각한 부채 디플레를 야기했던 것이다.

따라서 공황을 타개해 경제를 재가동하려면 경제의 부채로부터의 해방과 소득의 재분배가 필요했는데, 프랭클린 루스벨트 대통령의 뉴딜 정책은 이 근본 문제를 회피한 채 케인스적 경기자극책이라는 임시변통에 의존한 탓에 좀처럼 성과를 거두지 못했다. 결국 미국을 공황에서 구한 것은 참전에 의한 군수 경기, 국민이 총동원되는 총력전에 의한 완전 고용의 실현이었다. 그런 만큼 전쟁 후 미국에서는 악몽 같은 공황을 다시 초래하지 않는 것이 국가의 최우선 과제가 되었다.

그렇듯 전쟁을 통해 공황에서 벗어난 것을 교훈 삼아 미국이 추진한 것이 핵과 달러 체제, 군수 산업과 세계 무역을 주축으로 한 국가 전략이다. 전시에 비대해진 군수 산업은 머지않아 군산복합체를 형성하게 되었는데, 군수라는 것은 순전한 낭비이므로 과잉 생산의 문제를 야기할 우려가 없었다. 냉전의 연출과 미국이 전 세계에 전개한 미군 기지에 의해 그 수요는 계속 유지될 수 있었다.

과잉 생산 문제를 해결하는 또 하나의 정책은 무역이다. 과잉 생산의 우려가 있는 상품을 해외에 수출해 버리면 체제의 모순을 해소할 수 있을 뿐 아니라 미국 기업에 이익이 되므로 일석이조다. 역사적으로 무역은 오랫동안 국민경제를 보완하는 이차적 경제 행위에 그쳤다. 이를테면 일본이 인도에서 카레 가루의 원료를 수입하는 식으로. 그러나 20세기에 들어서면 무역이 기업의 과잉 생산과 소비자의 소득 부족이라는 체제의 모순을 해결하기 위한 수단으로 바뀌어 간다. 그리고 미국은 이 체제의 모순과 위기를 수출하는 무역을 체계적인 국가 전략으로까지 밀고 나갔던 것이다.

브레턴우즈 체제와 닉슨 쇼크

그런데 이런 전략적 무역이 가능하려면 미국이 생산하는 방대한 상품에 걸맞은, 장벽이 없고 통화 가치의 변동에 따른 교란 위험도 없는 글로벌 규모의 개방된 시장이 존재해야 한다. 그리고 그런 시장은 자연히 생기는 것이 아니므로 계획적으로 창출해야 한다. 전쟁의 참화로 황폐해진 세계에서는 비교적 피해 없이 세계대전에서 승리해 비길 데 없는 강대국이 된 미국만이 이런 시장을 창출해 세계를 거기에 편입시킬 능력이 있었다. 그래서 미국은 장벽 없는 세계 시장을 실현하기 위한 제도적 인프라를 정비해 공산권 국가들 이외의 국제 경제를 그곳에 편입시켰다. 그것이 바로 아직 전쟁 중이던 1944년에 국제통화금융회의에서 발족한 브레턴우즈 체제Bretton Woods System다.

1930년대 전간기戰間期에는 각국이 공황 속에서 금본위제로부터 이탈한 탓에 무역 대금을 결제할 공통 통화가 없었으며, 그것이 국가 간의 통화 절하 경쟁이나 덤핑 수출, 관세 장벽 강화를 유발해 세계 무역은 깊은 혼란에 빠졌다. 공황 속에서는 어떤 나라든 타국에 실업을 수출하려 했기 때문이다. 그래서 전후에 세계 최대의 금 보유국이 된 미국은 달러의 가치를 금으로 보증하고 달러를 기준으로 각국의 환율을 고정함으로써 무역 대금이 원활히 결제되어 미국 기업이 자유롭게 접근할 수 있는 광대한 세계 시장을 창출하려 했다. 이렇게 해서 브레턴우즈 체제 아래에서 금 1온스는 35달러로 정해졌으며, 미국은 달러를 세계 무역의 결제 통화로 만들기 위해 얼마간의 무역 적자를 내 가며 달러를 세계에 뿌렸고, 각국은 무역으로 벌어들인 달러를 금과 교환해 줄 것을 수시로 미국에 요구할 수 있었다. 전후에 서방 선진국이 이룬 경제성장은 전적으로 브레턴우즈 체제에 힘입은 세계 무역 덕분이다.

공업 자원이 거의 없는 일본은 그 덕분에 세계 각지에서 원유나 광물 자원을 자유롭게 수입할 수 있었으며, 패전 이후 부흥을 이루고 나서도 1달러에 360엔이라는, 수출에 유리한 엔저 고정환율이 유지되면서 혜택을 입었다. 이 체제가 없었다면 전후의 서방 세계에 자동차나 전자제품으로 대표되는 미국식 생활양식이 보급되지 못했을 것이다. 전후 경제성장의 역사는 바로 브레턴우즈 체제의 역사인 것이다.

그렇기 때문에 경제가 성장의 한계에 부닥치면 이 체제도 끝난다. 로마 클럽의 보고서 『성장의 한계』가 간행되기 한 해 전인 1971년, 미국 닉슨 대통령은 성명을 통해 달러와 금의 태환을 정지한다고 발표했다. 이에 따라 세계 무역에 의한 경제성장을 가능케 했던 준※금본위-고정환율제는 소멸했다.

이 성명의 배경에 관해서는 여러 견해가 있지만, 패전으로부터 부흥한 일본과 유럽의 기업이 미국 기업을 바짝 추격한 것이 가장 큰 요인일 것이다. 전쟁에서 별다른 희생 없이 승리를 거둔 1950년대 미국의 독보적인 경제적 우위는 실추되었으며, 달러를 금과 분리시켜 달러 가치를 크게 떨어뜨리지 않으면 미국 기업은 세계 시장에서 경쟁할 수 없었다. 또 세계 무역의 규모가 지나치게 커졌기 때문에 그 준비·결제 통화로 쓰이는 기축통화 달러를 한정된 양의 금으로 보증하기 어려워진 사정도 있었다. 그 점에서 복지가 충실한 '위대한 사회'의 기치를 내걸고 베트남전쟁을 확전으로 이끈 존슨에서, 브레턴우즈 체제를 종식시키고 베트남에서 철수한 닉슨으로 대통령이 교체된 것은 제2차 세계대전 후 미국이 누린 번영의 끝을 알리는 일이었다.

그리고 이 성명은 닉슨이 의도하지 않았던 두 가지 중대한 귀결에 의해 이후 미국의 장기적 몰락의 기점이 되었다. 첫째는 앞서 이야기했듯이 달러 쇼크가 산유국 수출 카르텔에 의한 오일 쇼크를 야기한 것이다. 이렇게 해서 값싼 원유를 물처럼 쓰던 시대는 끝났다. 게다가 양질의 원유를 용이하게 채굴할 수 있는 유전이 적어진다는 의미의 피크 오일은 이미 1970년대에 시작된 상태였다. 그 때문에 이후 에너지 수지의 악화가 미국식 생활양식과 기업의 수익을 위협하게 된다.

둘째 귀결은 세계의 통화 무역 체제가 변동환율제로 바뀐 것이다. 한 나라의 통화를 세계 통화의 자리에 앉힌 브레턴우즈 체제 아래에서는 달러 발행국인 미국이 세계 경제의 관리권을 쥐었으며, 세계로 퍼져 나간 달러는 미국이 동맹국들을 자국의 이해에 종속시키는 경제적 수단이 되었다. 그러나 다른 한편으로 통화가 어디까지나 세계 무역을 촉진하는 한낱 재화의 교환 수단이기를 바란 미국은 통화가 시장 가치로 변동하는 금융 자산이 될 가능성을 고정환율제로 차단했다. 따라서 1970년대에 고정환율제에서 변동환율제로 이행한 것은 각국의 통화가 금융 자산이 된 것을 의미한다.

이 이행에 따라 미국은 '굴러 들어온 호박' 같은 막대한 이익을 얻었다. 금의 보증을 잃고서도 달러는 변함없이 '각국이 그것 없이는 세계 무역에 낄 수 없는' 준비·결제 통화였다. 이러한 달러 기축 체제 아래에서는 무역에 의한 경제성장을 꾀하는 나라, 요컨대 대부분의 서방 국가들은 미국 시장에 대한 수출을 통해 가능한 한 달러 준비를 늘려야만 한다. 어쨌거나 달러 없이는 원유를 살 수 없는 것이다. 누구나 원하는 달러 발행권을 소유하고 있다는 게 미국의 터무니없는 특권이다. 이렇게 해서 이제 금융 자산이 된 달러를 발행하는 미국은 전 세계를 상대로 은행 역할을 하는 나라가 되었다. 앞서 말했듯이 은행은 무에서 신용을 창조하며, 대출된 융자는 만기가 되면 이자가 붙어 빳빳한 현금으로 바뀌어 은행에 들어온다. 미국의 경우도 그와 마찬가지로, 인쇄기로 달러 지폐를 찍어 내면 세계 각국은 그것과 맞바꾸려고 기꺼이 상품을 판다. 게다가 준금본위제를 방기했으므로 미국은 얼마든지 달러를 더 찍어 낼 수 있다. 은행과 마찬가지로 미국은 신용의 공급에 의해 안락하게 살아가는 금리생활자가 되고, 각국은 자본의 사용료로서 상품을 제공했다.

　브레턴우즈 체제의 목적은 세계를 무대로 한 미국 기업의 발전이었다. 그러나 달러 기축 체제 아래에서 미국 경제의 토대는 기업 활동이라는 '노동'에서 통화 발행권의 독점이라는 '소유'로 변질되어 버렸다. 이 변질은 에너지 수지의 악화와도 맞물려서 장기적으로는 미국 제조업의 쇠퇴를 초래했다. 그리고 비록 달러 발행국의 특권이 크다고는 해도 무역 적자의 좌시는 장기적으로는 달러의 신뢰도를 실추시켰다. 그 반대편에 있던 것이 기업 전사戰士가 떠받친 일본 주식회사였다. 그 때문에 1980년대에 무역과 재정의 쌍둥이 적자twin deficit*와 일본의 수출 드라이브**에 시달린 미국은 플라자 합의라고 불리는 정치적 압력을 행사해 일본에 인위적 엔고 정책을 강요했으며, 결국 돈이 과하게 풀린 일본에 버블이 발생하게 된다.

세계화의 본질

닉슨 성명은 달러 신뢰도의 위기로 이어지기는커녕 오히려 미국에 '굴러 들어온 호박' 같은 특권을 가져다주었다. 그러나 플라자 합의에 의한 '일본 때리기'Japan bashing는 달러 신뢰도의 동요라는 형태로 이 특권에 부메랑이 되어 돌아오고 있었다. 미국이 일본에 대해 플라자 합의라는 비상수단에 호소한 것은 일본의 대미 무역 흑자가 단순한 흑자가 아니라 달러와 미국의 지위를 위태롭게 하는 것이었기 때문이다.

---

* 무역수지와 재정수지가 동시에 적자를 나타내는 현상.
** 국내 경제의 불황으로 인한 판매 위축을 막기 위해 수출을 확대하는 방향으로 경제 정책을 전환하는 것.

그 배경에는 닉슨 성명 이후 1970년대에 세계 무역의 기조가 바뀌었다는 문제가 있었다. 브레턴우즈 체제는 세계 무역을 통한 선진국의 경제성장이라는 목적을 이룰 수 있었다. 그러나 1970년대 전반에 세계는 성장의 한계에 봉착했다. 에너지 가격 상승, 각국 국내 시장의 포화, 자동차나 전자제품을 대체할 새로운 전략 상품의 부재 등의 원인으로 눈부신 성장은 과거의 일이 되어 버렸다. 그 때문에 이후의 세계 무역은 각국이 한정된 시장을 놓고 다투는 제로섬게임이 되었다. 예컨대 일본 자동차는 제너럴모터스GM나 포드의 시장을 빼앗아 미국에서의 매출을 늘렸다. 오늘날에는 무역이 체제의 모순을 해결하는 수단인 이상, 이것은 일본이 체제의 위기를 수출해 미국 자본주의의 모순을 그만큼 심화한 것을 의미한다.

　　또 선진국의 기업이 생산 거점을 임금이 싸고 각종 규제가 느슨한 개발도상국으로 옮기는 이른바 아웃소싱도 이때부터 시작되었다. 일찍이 GM이나 포드가 유럽 각국에 계열 생산 기지를 두고 있었던 사실은 기업의 활력을 드러내는 것이었다. 이에 비해 아웃소싱은 저성장, 수요 침체 상황에 생산 비용 삭감으로 대응할 수밖에 없는 기업의 궁여지책이며, 기업의 수익 구조 악화를 보여 준다. 기업의 다국적화는 성장 전략이 아니라 살아남기 위한 방어적 조치였다.

그런데 아이러니하게도 무역이 헛된 제로섬게임이 되어 갈수록 선진국의 엘리트는 무역에 의한 경제성장을 국가 정책으로서 큰소리로 외치게 되었다. 아무리 체제의 모순이 깊어져도 엘리트에게는 무역을 통해 모순을 외국에 떠넘기는 것 외에는 다른 방책이 없었다. 그리고 오늘날의 세계 시장에 더 이상 확대의 여지가 없다면 무역에 대한 걸림돌을 조금이라도 없애 한정된 시장을 남김없이 차지해야만 한다. 그리하여 1995년에는 브레턴우즈 체제의 일환이었던 다국 간의 '관세와 무역에 관한 일반 협정'GATT을 대신해 관세의 전면 철폐를 목표로 하는 세계무역기구WTO가 발족했다. 그러나 2013년 12월, 글로벌 금융 위기에 의해 이 한정된 소비 시장도 사라졌으며, 지금까지 세계 무역의 성장에서 주역을 맡아 온 중국도 값싼 상품을 수출할 미국·유럽 시장을 잃어 경제가 속도를 잃고 있다. 2008년의 리먼 쇼크 직후에 일부 공식 기관이 전년 대비 마이너스 14퍼센트라고 추정한 전후 최대의 축소를 경험했던 세계 무역은 그 후로도 침체된 상태이며, 국제적인 상품 수송의 90퍼센트를 담당하는 해운업은 업계 전체가 실업 상태에 빠져 비명을 지르고 있다.

변동환율제 아래에서 달러를 위시한 서방 각국의 통화는 자본 시장의 평가로 가치가 오르내리는 금융 자산이 되었다. 그리고 금융 자산이라는 것은 굴리지 않으면 의미가 없다. 그 때문에 닉슨 성명 이후 1970년대에 서방 세계가 은근슬쩍 변동환율제로 이행함에 따라 금융업계의 통화 투기가 시작되었다. 통화는 주식처럼 투기의 대상이 되어, A국 통화의 B국 통화에 대한 환율은 실물 경제의 데이터가 아니라 금융업자의 예상이나 시세 등락 예측에 따라 변동하게 되었다. 그러나 대규모 통화 투기가 가능해지려면 서방 국가들의 다양한 통화를 자본 시장에서 자유롭게 무제한으로 매매할 수 있는 체제가 필요하다. 그렇지 않으면 투기에 돈을 댈 수가 없다. 따라서 변동환율제 아래에서 자본의 국제 이동에 대한 규제는 어디서든 철폐되었다. 그리고 거액의 투기 자금이 국경 없는 세계를 자유롭고 재빠르게 나돌게 되었다. 그 결과, 1990년대의 아시아 통화 위기처럼 어떤 나라에 차익 남기기로 대량 유입되던 외부 자금이 모종의 계기로 일제히 빠져나가 국민 경제가 파탄 나는 사태도 벌어졌다.

이 같은 경제의 금융화, 즉 세계 경제가 온통 금융 자본의 영향 아래에 놓이는 것이 이른바 세계화의 본질이다. 세계화는 국가 간의 경제적 상호 의존의 심화나 국경을 초월한 기업 활동이라 설명되곤 한다. 그러나 그런 것은 이미 19세기에 나타난 현상이다. 1970년대 이후에 세계 무역이 양적으로 비약적 확대를 이룬 것은 사실이다. 그러나 이 확대는 소련의 붕괴와 냉전 종식으로 인한 공산권 국가의 서방 경제로의 통합, 개방 체제 중국의 세계 무역 참여, 선진국 기업의 아웃소싱에 의한 개발도상국 진출 등 외적 요인에 기인하는 바가 크다. 게다가 중국의 대미 수출의 60퍼센트는 미국 기업이 중국에서 생산한 상품을 본국에 수출한 것인데, 이것을 본래적 의미에서 무역이라 부를 수 있을까? 이런 종류의 무역은 본국의 경제를 공동화空洞化하므로 무역을 통해 체제 모순을 해소하려 한 브레턴우즈 시대의 미국의 전략에도 반하는 것이다.

더구나 세계 무역의 확대는 통화 투기로 카지노가 된 자본 시장의 확대와는 비교도 할 수 없다. 현재의 금융 위기 이전에는, 세계 무역으로 1년 동안에 움직이던 금액이 세계 자본 시장의 자본 거래에서는 일주일 사이에 돌고 있었다. 생산과 소비의 실물 경제는 가상의 금융 경제의 그림자일 뿐이며, 세계 무역은 글로벌한 카지노 자본주의의 부수 현상에 불과했다. 세계화는 국경 없는 세계 시장의 논리가 종래의 국민 국가를 상대화하는 것이라고 흔히들 말한다. 그리고 국제 표준에 맞춰 국내 시장을 자유화하지 않고 규제도 완화하지 않는 '수구파' 국가는 세계 시장의 경쟁에서 패하고 만다고도 말한다. 그런데 세계화의 본질은 세계 시장에서 벌어지는 경쟁 같은 것이 아니라 글로벌한 금융 카지노 경제에 각국 국민 경제가 포섭된다는 것이다. 변동 환율제는 선진국 경제의 금융화·카지노화를 초래했다.

그 전형적인 사례가 작금의 경제 위기의 원흉인 월스트리트를 거느린 미국이다. 스위스 바젤에 본부를 둔 국제결제은행BIS 자료에 따르면, 금융업계가 미국의 GDP에서 차지하는 비율이 1990년에는 23퍼센트였던 것이 2006년에는 31퍼센트가 되었다. 그리고 미국 기업의 수익 중에서 금융업계가 차지하는 비율은 1980년의 10퍼센트에서 리먼 쇼크가 발생한 2008년에는 40퍼센트까지 확대되었다. 금융업계의 비대화는 그만큼 기업, 국가, 가계의 은행 부채가 증가하는 것을 의미한다. 이것이 닉슨 성명의 귀착점이다.

무역을 통한 경제성장을 대체한 것은 은행 부채가 늘어날 뿐인 마이너스 성장이었다. 경제의 저성장에도 불구하고 비대해진 은행이 대출 고객이 부족하자 변제 능력이 없는 저소득층에까지 주택 대출을 강매함으로써 빚어진 파탄이 리먼 쇼크를 촉발했다. 게다가 월스트리트 머니게임의 자금 자체가 미국이 자력으로 벌어들인 게 아니었다. 자금은 일본, 중국, 중동의 산유국 등에서 유입되었다. 일본과 중동 산유국에는 무역 흑자분을 투자할 곳이 미국의 머니게임밖에 없었다. 환경과 사회에 대한 큰 대가를 수반한 중국의 경제성장은 기본적으로 선진국 기업의 아웃소싱에 의한 것이었다. 월스트리트의 번영은 성장의 한계를 입증했다. 그리고 마이너스 성장은 결국 터무니없는 불량 채권의 산이 되어 금융업계에 되돌아와 세계의 주요 은행을 파탄으로 내몰았다.

유로의 소멸과 세계화의 종언

경제의 금융화로서의 세계화는 금융 자본의 세계적 파산과 공황으로 완전히 끝이 났다. 이런 사실을 반론의 여지 없이 분명하게 보여 주는 것이 2013년 12월에 닥친, 단일 통화 유로의 소멸이 시간문제가 된 EU의 위기다.

EU는 본래 독일과 프랑스의 대립으로 유럽이 두 차례

에 걸쳐 세계대전의 발화점이 된 데 대한 반성에서 시작해 서유럽의 경제 협력을 촉진할 목적으로 탄생한 기구였다. 그러나 1999년에 발족한 유로로 EU 통화가 통합된 데는 별도의 동기가 있었다. 통화 통합은 경제의 저성장, 기축통화 달러 발행국인 미국이 주도하는 세계화라는 환경에서 EU의 기업을 살리기 위한 정책이었다. 그것은 유럽을 단일한 경제 단위로 통합해 규모의 경제 실현이나 거래 비용 절약을 꾀해 EU 기업의 경쟁력을 강화하려는 의도였다. 바꿔 말하면, 더 이상 경제성장이 불가능해진 세계에서 성장을 실현하려는, EU 엘리트의 어처구니없는 망상이 유로를 낳은 것이었다.

그런 망상의 산물이었기 때문에 국가 상황이나 역사, 문화가 상이한 나라들을 비즈니스에 적합하게 통화로만 통합했으며, 국가 상황에 좌우되는 금융 재정 정책은 각국이 제각각이었다. 그래도 경제가 순조롭게 성장했다면 이 경제지상주의는 파탄에 이르지 않았을지도 모른다. 그러나 사실 유럽의 지역적 글로벌화化인 통화 통합은 금융만 비대해지는 마이너스 성장을 가져온 것으로 끝났다. EU 당국의 통화 정책은 실질적으로 경제적 강자인 독일의 이해관계에 따라 시행되었으며, 유럽중앙은행이 관리하는 유로의 이자율은 낮게 억제되었다. 이자가 낮으면 사람들은 쉽게 돈을 빌린다. 그 결과, 경제적 기반이 약한 그리스나 몇몇 남유럽 국가, 기업, 가계도 은행에서 무절제하게 유로를 빌리게 되었으며, EU 시장에 자동차 등을 파는 수출 대국 독일은 이 빚이 물풍선처럼 부풀린 일시적 번영으로 큰 혜택을 보았다. 유로는 또 전부터 재정 기반이 약했던 그리스나 이탈리아의 재정을 빚더미로 내몰았는데, 독일과 프랑스의 주요 은행은 저성장 시대의 가장 안전한 금융 자산으로서 이들 나라의 국채를 사들였다. 그리고 재정은 건전했던 스페인에서는 무분별하게 빌린 유로가 리조트 단지 건설 등 부동산 버블을 야기했다.

그리고 2008년에 리먼 쇼크가 발생한다. 이 쇼크로 은행 돈이 경제에 제동을 걸자마자 그리스, 포르투갈, 스페인, 이탈리아, 아일랜드의 국가, 기업, 가계에는 만기가 닥친 국채와 융자라는, 방대한 액수의 유로화 표시 부채를 변제할 만큼의 세수나 소득이 없다는 사실이 드러났다. 채무자의 파산은 곧 그들에게 거액의 유로를 방만하게 대출해 준 EU 거대 은행의, 채무불이행에 따른 파산을 의미한다. 게다가 EU의 은행에는 월스트리트가 금융 파생 상품을 이것저것 팔아 온 탓에 부채에 부채가 몇 겹이나 얹힌 복잡한 구조가 만들어졌으며, 소국 그리스의 채무불이행으로 작은 볼트 하나가 빠지자 국제 금융 자본의 거대 시스템은 흔적도 없이 와해될 수밖에 없었다. 그래서 EU의 엘리트는 은행 구제만을 염두에 둔 채 비정하고 극히 부조리한 수단을 취했다. 만기가 된 유로화 표시 국채를 변제할 수 없는 그리스 등에서 나타난 이른바 주권국 채무 위기가 부각된 이래로 유럽중앙은행, EU 당국, IMF는 그리스에 몇 차례나 긴급 구제금융을 실시했다. 하지만 이는 그리스 국민이 아니라 EU의 거대 은행을 파산에서 구해 내기 위한 조치였다. 그리스는 부채를 또 다른 부채로 갚고 융자 변제를 위해 억지로 세수를 짜내도록 강요받았으며, 정부 지출을 극도로 줄이고 국유 재산을 매각하는 등 망국亡國의 정책을 취할 수밖에 없었다. 이것은 단지 긴축 재정이나 복지 예산 삭감 같은 수준이 아니라 건강보험제도 자체가 무너져 약국에 아스피린 한 알 없는 사태를 가리킨다. 그런데다 그리스 구제를 위해서라는 명목으로 긴급 융자된 자금의 3분의 2는 채무 이자 지불로 곧장 유럽중앙은행과 IMF로 돌아갔다.

그리스와 EU에 출구는 있는가?

그리스에 탈세, 부정부패, 공무원 천국 같은 문제가 있는 건 사실이다. 그러나 그런 문제가 없던 포르투갈 등에도 같은 주권국 채무 위기가 덮쳐 왔으므로 문제의 근원은 역시 마이너스 성장을 추진해 온 EU 금융 자본의 파탄이다. 그런데 사람들은 이 주권국 채무 위기가 무엇을 의미하는지 아직 이해하지 못하고 있는 것 같다.

이 위기가 의미하는 것은 오늘날의 조세 국가가 은행의 서브시스템에 불과하다는 사실이다. 닉슨 성명에 따라 서방 각국의 통화는 금의 보증을 잃고 국가의 권위가 그 가치를 보증할 뿐인 법정法定 통화가 되었다. 그리고 이후 은행 쪽에서는 국채가 최대의 금융 자산이 되었다. 국가는 국채를 발행해 은행에서 돈을 빌리고, 국민에게서 징세한 돈으로 이 부채를 은행에 이자를 얹어 변제한다. 따라서 은행 쪽에서는 한낱 종잇조각에 불과한 법정 통화의 가치를 보증하는 것은 국가의 징세 능력이었다. 그리고 국가에서도 은행이 적자 국채를 대량으로 사 주는 데 의존하고 있었다. 경제가 저성장이어도 정치인은 자신을 당선시켜 주는 집단에 대한 이권 알선을 그만둘 수 없었으므로 그 결과 생긴 재정 적자는 국채 추가 발행으로 메우는 수밖에 없었다. 은행과 정치인은 이인삼각 관계다. 이렇게 해서 은행의 대리인으로서 국민으로부터 세금을 걷는 게 정부의 주요 임무가 되었고, 국가는 통째로 채권자 은행에 저당잡히고 말았다. 그 때문에 공황으로 은행이 파탄 나면 동시에 그 서브시스템인 조세 국가도 완전히 파산한다. EU의 거대 은행은 이제 도산하는 수밖에 없다. 그런데도 은행이 그리스 등에 세수로 주권국 채무를 변제하는 불가능한 일을 요구하는 것은 도산 날짜를 조금이라도 늦추기 위한 발버둥일 뿐이다. 그리고 일본을 포함한 세계 대부분의 국가는 그리스처럼 시스템 해체 위기 속에 놓여 있다.

이런 상황에서는 다음 선거에서 어떤 정당이 정권을 잡는가 하는 것은 부차적인 문제에 불과하다. 조세 국가에는 더 이상 존속하기 위한 수입이 없다. 그리고 EU의 정치가들이 긴축재정의 시비를 놓고 헛된 논란에 정신이 팔려 있는 사이에 사람들은 생활을 지키기 위한 행동을 개시했다. 현재 그리스와 스페인에서는 유로화 표시 예금이 점점 인출되어 '장롱예금'*이 되거나 독일에 있는 은행으로 옮겨지고 있다. 이 두 나라의 채무불이행에 따른 유로 이탈은 시간문제인데, 유로를 대신해 지난날의 자국 통화인 드라

★ 금융기관이 아닌 집에 현금을 보관하는 것.

크마와 페세타가 부활할 경우에 예금 가치는 최대 70퍼센트까지 떨어지리라고 예측되기 때문이다.

유로 이탈 가능성이 높은 나라들에서는 언제 통화가 바뀔지 모르므로 사람들은 지출도 투자도 하지 않고, 공급된 물품의 대금도 치르지 않아 경제는 정지 상태에 빠진다. 그리고 자본도 EU에서 빠져나가 안전 자산으로 여겨지는 엔이나 스위스 프랑 쪽으로 유입되고 있다. 더욱이 스페인에서는 영수증을 발급하지 않는, 현금에 의한 지하경제가 확대되고 있으며, 그 규모는 스페인 경제의 20퍼센트에 이른다. 스페인 정부는 앞서 2,500유로 이상의 현금 거래를 법적으로 금지했지만, 지하경제로 생활하는 사람들이 늘고 있는 만큼 실효성을 저버린 조치다. 지하경제가 확대되면 국가 세수는 더 떨어진다. 그리고 이런 예금 인출 대란과 지하경제 활성화는 EU 전체로 확산될 가능성도 있다. 이에 따라 생활을 지키기 위한 사람들의 직접 행동에 의해 중앙은행은 더 이상 경제를 통제하지 못하고 조세 국가는 서서히 소멸하는 상황이 벌어지고 있다. 이것이 유로가 추진해 온 부채를 바탕으로 한 마이너스 성장의 종말이다.

그리고 머지않아 유로권에서 탈락해 옛 자국 통화 드라크마가 부활할 그리스의 미래는 로마 클럽 보고서를 묵살해 온 세계가 다다를 파국의 예고편이 될 것이다. 드라크마는 그리스의 빈약한 경제력에 상응하는 가치밖에 없으므로 유로에 비해 반 이상이나 가치가 하락할 것이다. 대개는 통화 가치가 떨어지면 상품 수출에는 유리하다. 그러나 올리브유 등 한정된 수출 상품밖에 없는 그리스에는 드라크마 평가절하의 혜택이 없는 듯하다. 오히려 무역 상대국들이 그리스에 드라크마가 아니라 달러 같은 경화hard currency*로 지불하도록 요구할 가능성이 크므로 옛 통화의 부활은 재앙이 될 것이다. 또한 그리스는 식량과 원유를 수입에 의존하는 나라다. 그런 상황에서 유로라는 뒷배를 잃고 농업과 관광으로 근근이 벌어들인 외화로 수입을 할 수밖에 없는 사태가 되면 원유와 식량의 수입량 격감을 피할 수 없다. 아마도 그리스는 극빈국으로서 UN의 원조가 필요해질 것이다. 그러나 통화 가치가 크게 떨어지는 것으로 끝난다면 차라리 다행이다. 은행이 관리해 온 통화 질서는 와해되고, 그리스 국민 스스로가 드라크마화를 신뢰하지 않아 암달러가 유통될 것이다. 그리스 은행은 파산하고, EU도 실속 없는 지원밖에 하지 않을 테다. 거액의 채무불이행 이력이 있는 그리스는 국제 채권 시장에서 상대해 주지 않을 것이므로 외국에서 자본을 도입하지도 못한다. 그

---

* 국제 금융상 환관리를 받지 않고 금 또는 각국의 통화와 늘 바꿀 수 있는 화폐.

리스는 국가 전체가 경제적으로 버림받을 테고, 그렇게 되면 그리스를 내쳐 버린 EU도 불안정해진다. 그리스의 국채와 유럽중앙은행, EU 당국이 지금까지 긴급 융자해 온 자금을 합하면 그야말로 천문학적 액수다. 소국 그리스의 채무불이행만으로도 유럽중앙은행이 파산할 위험에 처하는 것이다. 게다가 그리스의 파산은 스페인이나 이탈리아로도 불똥을 튀길 테다. 유로의 동요는 EU 금융 자본과 경제의 전면적 파산으로 귀결한다. 이럴 가능성이 높기 때문에 EU 당국은 임시방편의 조치로 파국의 도래를 필사적으로 늦춰 온 것이다. 그러나 궁지에 몰린 상황을 어물쩍 넘기려는 꼼수도 한계에 와 있다.

그렇다면 그리스와 EU가 이 파국에서 벗어날 출구는 있을까? 파국을 초래한 장본인인 정·재·관계의 엘리트와 학자에게 해결책은 없다. 그리스에서는 위기 와중에 급진 좌익 정당이 대두했는데, 유로권에 머무르면서 고색창연한 사회주의를 실시한다는 그 노선은 돈키호테적 공상일 따름이다. 통화 질서의 붕괴는 계급투쟁으로 해결할 문제가 아니다. 출구는 정치·경제 시스템의 파산에 내몰린 서민이 온갖 시행착오를 거쳐 발견하는 수밖에 없다. 닉슨 쇼크로 시작된 세계화는 국제 금융 자본의 전면적 파산으로 귀착될 수밖에 없었다. 이 파산에 대한 서민의 반응이 바로 생활을 지키기 위한 예금 인출 대란과 지하경제다. 중앙은행은 신용 창출 능력을 잃고 경제를 통제할 수 없게 되었으며, 세수는 끊기고 있다. 경제는 카지노가 아니라 사람들의 생활이라는 원점으로 돌아갔다. 바로 이런 상황에서야 경제 민주주의를 확립하기 위한 모색이 시작된다. '월가를 점거하라'Occupy Wall Street라는 표어를 내세운 월스트리트 시위를 시작으로 전 세계로 퍼지고 있는 운동과 자유로운 토론은 그러한 모색의 일환이다.

쿠바로부터 배우다

그리스는 어느 정도 쿠바로부터 배울 게 있을 것이다. 그리스와 쿠바는 둘 다 인구가 1,100만이고, 농업과 관광으로 근근이 외화를 벌어들인다는 면에서도 비슷하다. 그러나 소련의 붕괴로 후원자를 잃은 쿠바는 역경을 어떻게든 극복해 무상으로 지원되는 국가 의료 제도가 흔들리지 않도록 했다. 이것은 유로라는 후원자를 잃은 그리스의 파국과 대조적이다. 쿠바의 일당 독재 체제를 인정할 수는 없지만, 이 나라가 파국을 피할 수 있었던 것은 국가의 목표가 바로

섰기 때문이라 할 수 있을 것이다.

쿠바는 선진국 수준의 풍족함을 추구하지 않고 국력에 걸맞은 정도로만 국민 전반의 생활 수준을 끌어올리려 했다. 그래서 교육이나 의료는 무료여도 1950년대산 자동차가 아바나의 거리를 여전히 달리고 있다. 이런 방침 덕에 쿠바는 소련으로부터 값싼 원유 수입이 중단되어도 경제가 붕괴되지 않았으며, 도시 농업 확대를 통해 식량은 물론이고 약품까지 자급할 수 있었다. 또한 쿠바는 동유럽 공산권에서 나타난, 위정자의 권력 과시를 위한 거창한 프로젝트에 투자하지도 않았다. 이와 달리 그리스에서는 아테네 올림픽 개최도 국가 파산의 요인이 되었다.(다만 발칸반도에서 벌어지는 대국 간의 세력 다툼에 늘 휘둘려 온 그리스와, 섬나라라는 여건 덕에 미국의 경제 제재 아래에서도 독립을 유지할 수 있었던 쿠바의 지정학적 차이는 무시할 수 없다.)

물론 쿠바는 천국이 아니다. 일본인이라면 정부에 의한 시민 감시와 언론 통제, 일상적인 물자 부족과 배급 경제를 견딜 수 없을 것이다. 그러나 그리스와 쿠바의 중요한 차이는 국가 체제가 아니라 경제의 양상이다. EU의 통화 통합에 참가한 그리스는 돈을 빌려 얻은 번영의 청구서가 나중에야 날아와 망국의 비운에 직면했다. 이와 달리 소련의 원조를 상실한 쿠바는 비록 가난할지언정 한 사람의 아사자도 내지 않고 나라로서 존속했다. 동서 냉전기에 쿠바의 지위는 중남미 유일의 공산국이라는 것이었는데, 이 나라의 존속 여부는 더 이상 공산주의 이데올로기와 관계가 없었다. 쿠바는 원유도 없고 미국의 경제 제재 탓에 무역으로 외화를 벌어들이지도 못하는 상황에서 자급 경제로 살아남는 실험을 강요받았다. 쿠바는 세계 무역과 무역에 의한 경제성장의 두 버팀목인 원유와 달러로부터 차단되어 있었다. 따라서 세계 무역이나 세계화와 비교하자면, 쿠바의 실험을 역사적 사정에 의해 강요된 지역화라고 부를 수 있을 것이다.

여기에는 묘한 역사적 인연이 있다. 앞서 이야기했듯이 세계 무역의 발단은 콜럼버스의 신대륙 항해다. 그리고 1492년 8월에 우선 바하마에 당도한 콜럼버스가 10월에 쿠바에서 금 장신구를 걸친 원주민 여성을 목격한 일이 훗날 스페인의 아스테카·잉카 금은 약탈의 길을 열었다. 그런 의미에서 세계화의 출발지라 할 수 있는 쿠바가 현재 세계에서 선구적인 경제 지역화 실험국이 된 것은 묘한 일이 아닐 수 없다.

사실 쿠바는 특이한 사례가 아니다. 조만간 일본을 포함한 모든 나라가 쿠바와 같은 문제에 직면할 것이다. 피크오일로 원유 산출량은 점점 줄어들고, 그에 따라 경제는 위축된다. 세계 무역도 점점 쇠퇴하고 있다. 원유가 배럴당 200달러까지 오르면 상품 수송이 어려워져, 특히 세계 무역의 90퍼센트를 취급하는 해운업은 채산이 맞지 않게 된다. 그리고 에너지 위기는 값싸고 풍부한 원유를 전제로 한 금융 시스템의 위기를 낳는다. 기축통화 달러가 무너지면 미국이 구축한 글로벌 무역 시스템은 해체되며, 금융 자본의 파산에 따라 은행 신용장을 통한 무역 결제도 어려워진다. 통화의 신뢰성과 안정성 없이는 상거래가 성립되지 않는다. 그리고 무엇보다도 세계 경제 위기 아래에서 소비 시장이 전 세계적으로 사라져 가고 있다. 이렇게 세계 무역의 시대가 막을 내리면 자립한 국민 경제가 다시 경제의 원칙이 되고, 무역은 그것을 보완하는 이차적 요소에 불과해질 것이다. 그리고 이 국민 경제 재생은 오늘날의 사태 전환에 허둥대고 있는 엘리트가 맡을 과제가 아니라 풀뿌리 민중이 살길을 찾아 시행착오를 거치면서 실현할 과제가 될 것이다. 그러나 착실히 성과를 올리기 위해서는 그런 시행착오에도 일정한 전략적 전망이 필요하다. 중요한 것은, 세계화는 완전히 파산했으며 지역화의 시대가 시작되었다는 인식이다.

　　그런 인식이 없으면 예를 들어 탈원전이라는 일본의 과제는 태양광이나 풍력에 의한 발전이라는 기술론이나 에코 비즈니스 논의로 바뀌어, 원자력 발전 같은 집중형 대용량 발전을 지역 소규모 발전으로 전환한다는 본래의 과제가 시야에서 밀려나 버릴 것이다. 시스템이 불안정해져 좀처럼 앞이 보이지 않는 상황에서 지역화는 풀뿌리 민중에게 실마리가 될 일관된 전략적 전망이어야 한다.

3

경제학에서 지리학으로

마에하라 발언의 두 가지 문제

TPP 가입을 둘러싸고 일본 여론이 크게 요동친 2010년 당시 마에하라 세이지 외무장관의 강연 중 발언이 파문을 일으켰다. TPP 가입을 강경히 추진하는 입장에서 나온 "GDP의 1.5퍼센트를 점할 뿐인 제1차 산업을 지키기 위해 나머지 98.5퍼센트를 희생시켜도 좋다는 것인가?"라는 발언이다. 이 발언은 농업 관계자를 중심으로 즉각 사회 여러 방면에서 반발과 비판을 불러일으켰으며, 특히 "사회와 환경에 대한 농림어업의 공헌은 1.5퍼센트라는 숫자로 가늠되는 것이 아니다"라는 반론이 눈에 띄었다. 이것은 온당한 반론이다.

그러나 마에하라 발언에 대한 반응이 기껏해야 반격의 항변에 그친 것은 아쉽다. 이 발언이 불러일으킨 파문은 GDP의 의미와 GDP로 평가되는 경제를 다시금 생각해 볼

절호의 기회였기 때문이다. 마에하라 발언을 폭언으로 치부하며 그의 단세포적 발상을 비판하기는 쉽다. 그러나 그는 특이한 인물이 아니다. 언론은 전부터 매 분기마다 GDP는 증가했는지, 몇 퍼센트나 증가했는지 하는 보도에 열을 올리고 있다. 그리고 그런 보도를 접하는 서민들도 이 GDP 신앙에 의문을 품지 않는다. 마에하라 의원은 현대인에게는 공기와 같은 이 GDP 신앙에서 자연스럽게 도출되는 결론을 노골적으로 말했을 뿐이다. 그런데 사람들은 현대인의 상식으로 여겨 온 GDP 관념의 그로테스크함에 새삼 놀랐던 것이다.

마에하라 발언의 첫째 문제는 농을 '농업'으로 여기는 것이다. 현대의 갖가지 산업의 한 분야, 다시 말해 기본적으로 식료 생산을 전문으로 하는 산업으로 곡해하고 있는 것이다. 뒤에서도 이야기하겠지만, 농업은 식료 생산이 목적인 산업 같은 것이 아니다. 그러나 그보다 더 문제인 것은, 이 발언이 여러 산업의 중요성을 그 각각이 GDP에서 차지하는 비율이라는 단순한 양적 척도로 비교해 평가한다는 점이다. 농림어업의 비율은 1.5퍼센트인 데 비해 자동차산업은 3퍼센트이므로 후자가 두 배나 중요하다는 식이다. 상품을 예로 들면 '양배추 재배 같은 건 그만두고 승용차나 부지런히 생산하면 좋다', '승용차를 수출해서 벌어들인 외화로 해외에서 양배추를 수입하면 그만'이라는 것이 마에하라 이론이다.

그러나 오랜 기간에 걸친 엔고로 해외에서 온갖 것을 다 수입하고 있는 일본도 정작 양배추만은 수입하지 않는다. 허기가 져서 양배추롤이 먹고 싶어진 사람은 그 대신에 승용차를 먹을 수 있을까? 경제는 본래 사람들의 생활을 가리킨다. 그리고 고전경제학의 용어를 빌리자면, 생활은 여러 물자의 사용가치에 의해 성립된다. 우리는 비누를 먹지 못하며, 채소로 빨래를 할 수 없다. 사용가치의 세계에서는 모든 것에 고유한 용도가 있어서 비누가 채소를 대신하지는 못한다. 그러나 사람들이 상점에서 비누나 채소를 살 때 둘은 값이 매겨진 상품으로서 교환가치의 세계에 속한다. 그리고 상품의 교환가치를 결정하는 것은 눈에는 보이지 않는 시장이다. 그러나 생활에 보탬이 되지 않는 물품은 시장에 나오지 않는다. 아무리 저렴한 비누라도 일단 빨래할 때 쓸 수는 있다. 시장에서의 교환가치는 어디까지나 구체적인 생활의 장에서의 사용가치를 전제로 한다. 덧붙이자면 가령 비누가 300엔, 채소가 100엔일 경우, 가게에 채소 세 개를 가지고 간다고 해서 비누 하나와 맞바꿔 주지는 않는다. 가격은 시장에서 이루어지는 상품의 수요와 공급의 기준치에 불과하며, '비누×1=채소×3'이라는 등식이 성립하지는 않는다.

그런데 앞서 언급했듯이 GDP라는 관념은 상품이 가지는 이 사용가치라는 측면을 완전히 도외시한다. 그것은 승용차 한 대의 가치는 양배추 만 포기의 가치와 같으므로 용도의 질적 차이가 어떻든 승용차는 양배추보다 만 배는 더 가치가 있다는 사고방식이다. 거기에서 양배추 재배 같은 건 아무래도 좋으니까 보다 가치 있는 승용차를 조금이라도 더 많이 생산하라는 결론이 나온다. 그렇지만 실제로는 양배추 만 포기를 가져간다고 해서 딜러가 자동차로 맞바꿔 주는 일은 없다. '승용차 한 대=양배추 만 포기'라는 등식은 일종의 추상적 관점일 뿐이다.

GDP는 풍요의 지표가 아니다

그렇다면 대체 왜 이런 가공의 비현실적인 등식이 마치 현실적인 것인 양 통용되고, 나아가 그것이 GDP 논리로서 정치와 경제의 양상을 좌우하게 되는 것일까? 확실히 상식의 세계에 사는 일반인에게 '승용차 한 대=양배추 만 포기'라는 등식은 비현실적이다. 그러나 우리가 주식 중개인이나 은행의 융자 담당자라면 어떨까? 그들 손에 자유롭게 투자할 수 있는 1억 엔이 있다고 해 보자. 그들은 이 자금을 양배추 등을 판매하는 청과물 회사인 A와 자동차 생산 회사인 B 중 어느 쪽에 투자할지 고심한다. 여기서는 양배추와 자동차의 차이 같은 건 아무래도 상관없으며, 오로지 A사와 B사 중 어느 쪽의 주식이 상승해 보다 많은 수익을 가져다줄 것인지가 문제다. 따라서 기업의 수익성에만 관심이 쏠린 투자자에게는 '승용차 한 대=양배추 만 포기'라는 등식이 버젓이 성립한다. 그래서 이 등식은 투자자가 A사와 B사의 실적을 비교하며 투자로 인한 장래 수익을 계산할 토대가 된다. 이런 투자라는 관점에서는 상품의 사용가치가 완전히 배제된다.

그리고 매 분기마다 정부가 발표하는 GDP라는 경제 통계는 이 주식 중개인이나 은행 관계자의 시각에서 본 일국의 경제 조감도일 따름이다. GDP란 일정 기간 내에 어떤 나라에서 최종 제품이나 서비스 판매로 발생한 수익의 총계가 국가에 의해 공식적으로 인정된 것이다. 즉 그것은 국내에서 이루어진 상거래의 규모나, 돈이 국내에서 어느 정도나 돌았는지를 나타내는 통계다. 이렇듯 GDP는 상거래

규모만 나타내는 통계라서 생활의 질과는 전혀 관계가 없다. 예컨대 치안 악화로 범죄 사망자가 늘어 관이 많이 팔리면 GDP는 증가한다. 지역 주민의 반대로 유서 깊은 건물의 해체 공사가 중지되는 것은 GDP에 마이너스가 된다. 가사노동이나 텃밭에서의 채소 재배 등 상거래 이외의 경제 활동도 GDP에 집계되지 않는다. 낭비적인 경제로 인한 대기와 물 오염, 자연 파괴, 자원의 감소와 고갈 같은 문제도 GDP에서는 도외시된다.

더군다나 경제 활동 자체를 파악하는 방식으로서도 GDP는 수상쩍다. GDP는 소득과 지출, 자산과 부채를 뭉뚱그려 상거래 확대라는 결과에만 주목한다. 따라서 급여가 삭감된 회사원이 어쩔 수 없이 은행에서 돈을 빌려 자식의 학자금을 마련한 경우, GDP는 증가한다. 이 사람의 가계 부채가 늘어난 것은 GDP에 반영되지 않는다. 실제로 미국에서는 1990년대 이후 소득 부족으로 서민 가계 부채가 늘어난 탓에 저소득층 대상의 주택 대출이 회수 불능으로 비화해서 리먼 쇼크를 촉발했다. 가계 부채가 GDP에 집계되지 않은 탓에 미국 경제는 줄곧 나름대로 성장하고 있는 것으로 보였던 것이다. 그러나 GDP는 오히려 현실의 경제 상황을 가리는 위험한 안경이었다.

그렇다면 GDP라는 안경을 쓰고 경제를 보는 것은 대체 무슨 도움이 될까? GDP는 그저 몇조 몇억 엔이라는 금액으로서만 발표되는 것이 아니다. 그것은 항상 전 분기 또는 전년 같이 이전의 GDP와 비교해 몇 퍼센트 성장했는가 하는 형식으로 발표된다. 중요한 것은 GDP 자체의 크기가 아니라 GDP를 척도로 재는 경제성장률이다. 그렇다면 GDP를 척도로 일국 경제의 양적 확대나 축소를 재는 일에는 어떤 의미가 있을까? 이 물음에 답하려면 GDP의 역사를 살펴보아야 한다.

GNP(국민총생산)나 GDP라는 경제 통계 방법은 1934년 대공황이 한창이던 미국에서 러시아 출신 경제학자 사이먼 쿠즈네츠가 개발했다. 그때까지 미국 정부는 주식 시세나 화물 물동량 같은 한정된 지표로만 경제 상황을 파악했기 때문에 국민 경제 전반에 대해 통계학적으로 신뢰할 수 있는 조감도가 없었다. 하지만 GDP라는 경제 통계 덕에 경제 전반의 상황을 보다 쉽게 파악할 수 있게 된 정부는 자신들이 내놓은 경제 정책의 효과를 이전보다 훨씬 정확히 평가할 수 있었다. 루스벨트 정권의 뉴딜 정책에 따라 정부의 임시 적자 지출을 수단으로 공황 극복을 꾀하던 미국 정부에 이것은 아주 중요한 일이었다. 그리고 뒤이은 제2차 세계대전에서는 국민을 총동원해 총력전을 펼치기 위한 적절한 자원·자금 배분이라는 문제에 대처하는 데서 GDP가 결정적인 역할을 해냈다.

그러나 GDP는 단순히 경제 통계 수법의 진보나 근대화를 의미하지 않는다. 쿠즈네츠가 GDP를 개발한 배경에는 미국 사회의 거대한 변화가 있었다. 19세기의 미국처럼 많은 인구가 자영농이거나 개인 상점주이고, 대기업은 철도 사업 등 손에 꼽는 정도밖에 없으며, 예금 인출 소동으로 맥없이 무너지는 지역 은행이 많은 사회에서는 GDP 통계를 내는 것은 애당초 불가능했을 것이다. 그러나 1930년대까지 미국에서는 부와 권력의 집중이 진행되고 있었다. 그리고 이 극도의 집중이 대공황 발생의 주된 요인이 되었다.

남북전쟁 이후 미국 연방 정부의 권한은 나날이 커져 갔다. 그리고 뉴딜 복지 정책 아래에서 정부 정책은 더욱 많은 사람의 생활을 좌우하게 되었다. 19세기에는 은행의 난립이 경제에 혼란을 가져왔지만, 1913년에 은행업계 카르텔을 대표하는 연방준비은행이 설립되어 그 정책이 경제를 일원적으로 움직이게 되었다. 그리고 제1차 세계대전 참전을 계기로 미국은 대기업의 나라로 변모했으며, 자영업자가 아닌 급여생활자가 미국 국민을 대표하게 되었다. 이렇게 해서 미국은 백악관, 월스트리트 그리고 제너럴 모터스 같은 대기업이 국민 생활에 빈틈없이 관여하는 나라로 변해 갔다. 과거 소련의 국가사회주의와는 다르지만, 부와 권력의 집중이 낳은 엘리트가 국가의 요직을 장악해 사회에 막대한 영향력을 행사하는 형태로 미국은 중앙집권화된 것이다. 이 중앙집권화, 경제의 관료제화 때문에 엘리트의 실패는 즉각 1930년대 대공황이라는 국민 경제의 전면적 파탄으로 이어졌다. 쿠즈네츠의 GDP 개발은 이 중앙집권화를 반영한 것이자 엘리트에 의한 경제 제어를 보다 용이하게 해서 중앙집권화에 따른 파탄을 회피하기 위한 것이기도 했다.

1930년대는 또 영국의 케인스가 거시경제학을 통해 개개인의 자유로운 상행위를 모델로 하던 종래의 경제학을 일신한 시대이기도 했다. GDP 관념과 마찬가지로 거시경제학은 20세기의 자본주의가 고도로 조직된 자본주의임을 보여 주었다. 그것은 한 나라의 경제를 국민소득, 투자, 실업률 같은 기본적 요소로 나누고 그것의 집계량을 변수로 분석하고 이를 통해 경제의 동향을 파악해 정부의 경제 정책에 영향을 끼치려 한다. 거시경제학에 GDP는 당연히 더 바랄 나위 없는 분석 도구가 되어 주었다.

케인스가 거시경제학을 창시한 배경에는 자본주의적 공업 경제의 구조적 결함이라는 문제가 있다. 우선 19세기 말 이래로 자본주의가 마르크스가 말하는 기계제 대공업의 시대로 접어들면 기업 회계에서 감가상각이나 신규 설비 투자에 할당되는 부분이 급속히 확대되지만, 한편으로는 근로자의 급여에 할당되는 부분은 상대적으로 축소된다. 그러나 앞서 이야기했듯이 오직 근로자만이 기업이 생산하는 상품을 구매해 소비한다. 이 문제 때문에 고도로 공업화된 자본주의 사회에서는 기업은 과잉 생산, 근로자는 소득 부족에 시달리게 되며 이는 실업과 도산, 공황으로 이어진다. 또 하나의 문제는 앞 장에서 이야기한 바 있는 경제의 금융화다. 기업이 벌이는 지속적인 거액의 설비 투자는 은행의 융자 없이는 불가능하다. 그 결과 평균적으로 상품 최종 가격의 절반가량이 융자에 대한 이자로 지불된다. 그리고 은행에 대한 이자 발생 부채는 간단하게 경제의 가속 장치에서 제동 장치로 일변해 결국에는 공황이라고 불리는 심대한 부채 디플레가 발생한다. 거시경제학을 창시한 케인스는 당시 유럽에 심각한 정세 불안을 초래하던 대량 실업을 우려하고 있었다.

거시경제학은 애당초 자본주의가 구조적 결함 탓에 맥없이 붕괴될 수밖에 없다는 인식에서 출발한 '위기의 경제학'이었다. 거시경제학의 입장에서 보면 노동자의 과격한 파업보다 대량 실업이나 불완전 고용이 경제에 더 치명적인 타격을 준다. 왜냐하면 근대 경제는 고도로 발달한 신용 경제이기 때문이다. 이 경제의 90퍼센트 이상은 은행 신용으로 작동하며, 은행에 대한 부채 변제 의무가 경제를 성립시킨다. 또한 앞서 이야기했듯이 사람들이 가게 계산대에서 지불하는 돈은 통화 전체의 수 퍼센트를 점하는 데 그친다. 그리고 실업자가 늘어 유효수요°가 감소하면 기업의 과잉 생산 문제가 심화되며, 은행에 대한 기업의 채무가 회수 불능이 되거나 신규 투자의 보류로 은행 대출 자금에 대한 수요가 사라지기도 한다. 그렇게 되면 부채 변제 의무가 성립시키는 경제는 기능 부전에 빠지며, 은행 신용에 입각한 경제 순환은 부채 디플레 형태로 마비 상태에 빠진다. 이러한 부채 디플레 상태를 타개하려면 정부가 아예 적자 지출로 각종 공공사업을 벌여 정치적으로 위로부터 유효수요를 창출할 수밖에 없다고 여겨졌다. 20세기의 조직된 자본주의는 그 구조적 결함 탓에 정부의 개입과 조정 없이는 존속할 수 없는 자본주의였다.

° 근로자의 소득이라는 구매력에 뒷받침된 수요.

그리고 바로 여기에 정부가 매 분기마다 GDP를 척도로 한 경제성장률을 발표하고 언론이 그것을 국가의 중대 문제로 보도하는 이유가 있다. 케인스는 정부의 적자 지출을 1930년대 대공황에 대처하기 위한 임시적 조치로서 논했을 뿐이다. 그러나 전후의 미국을 위시한 서방 여러 나라에서는 이처럼 정부가 관리하는 자본주의가 경제의 일상이 되어 버렸다. 왜냐하면 기업 회계의 구조에서 기인하는 기업의 과잉 생산과 소비자의 소득 부족 그리고 경제를 질식시키는 은행 돈의 문제는 해결되지 않았기 때문이다. 조직된 자본주의를 늘 따라다니는 유효수요 부족 문제는 결국 정부 지출에 의해 정책적으로 해결되는 수밖에 없었다.

그리고 전후 미국의 케인스주의는 세 가지 전략으로서 제도화되었다. 첫째, 군산복합체로 대표되는 경제의 군사화다. 동서 냉전을 연출해 '소련의 위협'을 부추기면 군수라는 수요는 얼마든지 창출할 수 있다. 둘째, 뉴딜 이후 사회보장 정책의 확대다. 실업은 공황의 도화선이 될 수 있으므로 사회보장에 의해 실업의 증대를 막아야만 한다. 복지 국가의 과제는 유효수요가 일정 수준 이하로 떨어지지 않게 해 경제를 안정시키는 것이며, 복지 자체는 목적이 아니다. 따라서 경제가 침체되면 복지 정책은 당장 외면당하기 일쑤다. 셋째, 브레턴우즈 체제에 의한 글로벌 무역 시장의 형성이다. 금 1온스를 35달러로 정하고 달러를 기준으로 세계 환율을 고정함으로써 미국은 상품을 안정된 가격으로 거래할 수 있는 세계 무역 시장을 창출했다. 이 체제를 유지하기 위해서 미국은 각국과의 무역에서 적자를 내 가며 전 세계에 달러를 뿌려야 했는데, 이 역시 케인스적 정부 지출이라고 할 수 있다. 이런 전략이 가능했던 것은 경제가 정부 지출을 웃돌아 점점 확대되었기 때문인데, 물론 그 배경에는 당시 값싸고 풍부했던 마법의 자원인 석유의 양호한 에너지 수지가 있었다.

이렇게 보면 GDP로 측정되는 경제성장이란 무엇을 의미하는지가 다시금 확연히 드러난다. 오늘날의 경제는 항상 공황의 그림자에 쫓기고 있다. 이런 경제에서는 언제 상품이 팔리지 않아 은행 신용에 근거한 경제 순환이 중단되면서 경제 활동 전반이 멈춰 버릴지 알 수 없다. 이것은 계속 달리지 않으면 넘어지는 자전거 타기 같은 경제이며, 기업이 어떻게든 은행에 이자를 얹어 빚을 갚아도 이익이 남을 정도로 돈을 벌지 못하면 경제는 즉각 정지 상태에 빠져 버린다. 여기서 경제는 확대되느냐 전면적으로 파탄 나느냐 하는 갈림길에서 공황의 그림자에 쫓기지 않도록 필사적으로 내달릴 수밖에 없다. 이런 앞을 향한 질주가 경제의 '발전' 또는 '성장'이라고 불리는 것이다.

따라서 GDP의 성장은 국민의 풍요나 복지, 행복과는 아무런 관계도 없다. 그것은 현대 경제의 구조적 결함과 모순에도 불구하고 일반 서민이 근근이 상품을 사고 기업이 어떻게든 이익을 낸 결과로서 한 국가 안에서 통화가 유통된 정도를 보여 줄 뿐이다. 경제성장은 경제가 정지를 모면했다는 의미일 뿐이다. 따라서 GDP는 풍요의 지표라기보다는 일종의 재난 경보로 여기는 편이 낫다. GDP 성장률이 7퍼센트에서 2퍼센트로 떨어지면 경제 활동이 공황이라는 정지 상태에 가까워졌다는 뜻이다.

그리고 2008년의 리먼 쇼크 이후 각국 GDP가 침체되고 있는 것은 당연한 일인데, 미국 국민 여섯 명 중 한 명은 정부가 지급하는 식량 배급표로 연명하고 있는 위기 상황에서도 GDP가 2~3퍼센트 성장했다는 데는 고개를 갸웃거릴 수밖에 없다. 1990년대 이후 각국의 정부 통계는 점점 프로파간다가 되고 있으며, 인플레에 따른 물가 상승을 GDP의 증대로 집계하는 사기 행위도 버젓이 이루어지고 있다. 어쨌든 GDP는 경제 규모의 지표에 불과하며, 자본주의가 취약하고 불안정한 경제 시스템이라는 것을 말해 줄

뿐이다. 따라서 농림어업이 일본 GDP에서 차지하는 비율은 국민 생활에 대한 공헌과는 아무런 관계도 없다. GDP로 경제를 평가하는 것은 인간을 키와 몸무게로 평가하는 것처럼 어리석은 짓이다. 그리고 기업, 가계, 국가의 부채를 마이너스로 집계했다면 각국 GDP는 이미 훨씬 전에 대책 없는 마이너스 성장을 기록했을 것이다.

자본주의는 토지와 노동의 자본에 대한 종속

'자본주의란 무엇인가?' 하는 물음에 대해서는 이미 다양한 견해가 존재하지만, 경제적 사실로서 보면 자본주의는 극히 단순한 사안이다. 그것은 생산의 세 요소인 자본, 토지, 노동 중에서 토지와 노동이 자본의 필요에 거의 완전히 종속되어 있는 사태를 의미한다. 자본주의가 존재하는 모든 곳에서 토지는 택지나 농지 같은 부동산 또는 개발 가능한 자원으로 환원되며, 사람들이 전통적으로 '일'이라 부르던 것은 '노동'으로 환원된다.

노동이란 일정 시간 내에 일정한 열량을 사용함으로써 수행되는, 기본적으로 계측 가능한 작업량으로서 정의된다. 솜씨 좋은 장인이 공예품을 공들여 완성하는 작업이

질과 관계된 '일'이라면 일관 작업* 현장에서 나사를 조이는 것은 양적인 '노동'이다. 따라서 노동을 원리적으로 기계로 대체해 자동화할 수 있는 작업이라고 정의할 수도 있다. 실제로 오늘날에는 정보 기술의 발달로 이른바 정신노동조차 급속히 자동화되고 있다. 그리고 앞서 이야기한 현대 공업 경제의 구조적 결함은 자본의 노동에 대한 우월의 필연적 산물이다. 자본주의 아래에서 노동자는 기업의 생산 설비에 종속되고, 기업은 막대한 자금을 움직이는 은행에 종속될 수밖에 없다. 그리고 장기적으로는 이 종속의 구조가 자본주의를 파탄시킨다. 자본에 대한 노동의 종속은 유효수요의 부족에 의한 공황을 발생시키며, 자본에 대한 토지의 종속은 환경 파괴, 자원 고갈, 지구온난화 같은 문제로 귀착된다. 자본에 대한 토지와 노동의 종속이라는 의미에서의 자본주의는 엄연한 사실이자 해결해야 할 문제이며, 일찍이 당파적 이데올로기 용어로서 슬로건으로 쓰인 자본주의와 혼동해서는 안 된다.

경제학자가 경제에 관해 이야기할 때는 케인스학파, 통화주의자, 오스트리아학파 등 이름은 달라도 언제나 이같이 자본에 토지와 노동이 종속된 사태를 '경제'로 여긴다. 그들에게 이 사태는 공기처럼 자명한 것이자 만인의 상

* 원료로부터 제품이 나올 때까지의 여러 과정의 작업을 연속적으로 하는 일.

식이며, 경제를 논할 때의 당연한 대전제다. 토지와 노동(인간)에 거꾸로 자본이 종속된 사태를 그들은 상상도 할 수 없다. 따라서 경제학자는 자본주의에 이런저런 문제가 있다는 것은 인정해도 그 시스템으로서의 구조적 결함이라는 문제를 파고들 수는 없다. 그 결과 경제학은 현실과 동떨어진 도그마에 지나지 않게 된다. 그리고 경제학의 상식은 역사의 검증을 감당하지 못한다.

역사적으로 보면 자본에 대한 토지와 노동의 종속은 근대에만 벌어진 특이한 사태다. 고대든 중세든 근대 이전의 세계에서 토지와 노동은 항상 인간이 일정한 공동체의 성원이었던 것과 결부되어 있었다. 그리고 그러한 결부는 신도神道의 지진제에서 보이는 식의 종교 형태를 띠고 표현되는 경우가 많았다. 인간과 토지의 관계는 아주 내면적인 것이기도 했다. 고대 유대교가 그 단적인 사례다. 고대 유대교에서는 신의 헤아릴 길 없는 은혜로 젖과 꿀이 흐르는 약속의 땅 팔레스타인이 히브리인에게 주어졌다고 말한다. 그리고 그들은 신의 율법을 충직하게 따른다는 조건하에서 약속의 땅에 살도록 허락받은 것이며, 신의 뜻을 거스르면 거기서 추방되어야 했다. 한편, 고대 그리스에서 폴리스에 산다는 것은 도시의 법을 준수하며 시민의 의무를 성실히 이행한다는 것을 의미했으며, 의무를 저버린 자는 도편추방제에 따라 도시에서 쫓겨났다. 시민권이 없는 노예는 설령 재산이 있다 해도 명예가 없는 인간이었다.

그리고 근대 이전의 사람들에게 일은 공동체 성원으로서 지는 의무이며, 그 명예로운 성원이 되기 위한 인격적인 작업을 의미했다. 기원전 7세기의 그리스 시인 헤시오도스는 교훈시 「일과 나날」에서 제우스의 정의正義를 칭송하고, 영주를 매수한 부정한 재판으로 자신의 유산을 횡령하려고 한 게으름뱅이 페르세스를 꾸짖는다. 날마다 성실하게 하는 일만이 인간을 공동체의 명예로운 성원으로 만든다. 이 공동체 성원의 명예로운 의무로서의 일이나 생업은 중세 유럽의 길드를 지탱한 것이기도 했다. 물론 근대 이전의 세계를 감상적인 향수로 미화해서는 안 된다. 그러나 고대나 중세 세계를 근대인 특유의 편견을 가지고 부당하게 폄하하는 것 역시 허용되어서는 안 된다.

경제학자의 문제는 19세기 산업혁명으로 확립된 가치관을 절대시하는 데 있다. 마르크스주의자를 포함해 모든 경제학자는 산업혁명의 해설자에 불과하며, 그들은 역사를 산업혁명 이전과 이후로 나눈다. 그 산업주의적 편견 때문에 그들은 산업혁명을 암흑에서 광명으로 향하는 진보나 해방으로 여기며, 그 이전의 시대를 인류가 빈곤에 시달리고 무지와 편견에 사로잡혀 있던 때로 치부한다. 확실히 고대의 노예제나 중세 영주의 폭력, 과거의 비과학적이고 미신에 물든 의술을 긍정적으로 평가할 수는 없다. 그리고 초기의 산업혁명이 기본적인 의식주마저 부족했던 빈곤으로부터 사람들을 해방한 것도 사실이다. 그러나 산업주의적 가치관을 절대시할 때 근대인은 극히 위험하고 유해한 편견에 빠져들게 된다. 산업혁명은 사회가 존속하는 데 불가결한 가치로부터도 인류를 '해방해' 버린 것은 아닐까? 근대 공업 사회는 에너지를 숭배하는 사회다. 그렇다면 봉건제로부터의 근대인의 해방은 비록 자유, 인권, 민주주의 같은 미사여구로 꾸며지지만 실제로는 에너지 소비에 대한 제동 장치가 고장 난 사태를 의미하는 것은 아닐까? 근대 이전의 세계에도 갖가지 문제가 있었지만, 그 세계에서는 전통이나 연속성, 보전, 안정 그리고 과도한 행위의 억제 등이 지닌 중요한 가치를 인정했다. 물리학의 용어를 빌리자면, 거기서는 문명사회의 관건은 엔트로피의 억제에 있음을 누구나 터득하고 있었던 것이다.

자본의 힘을 비약적으로 증폭한 과학적 지식

그렇다면 역사적으로 볼 때 자본에 대한 토지와 노동의 종속이라는 이상한 사태는 어떻게 발생했을까? 그 발단은 역시 콜럼버스의 항해다. 콜럼버스는 단순한 모험심에서 서쪽 바다로 출항한 게 아니었다. 그가 태어난 이탈리아에서는 르네상스에 의해 고대 그리스의 과학이 부활했으며, 천문학이나 지리학 연구도 활발해졌다. 서쪽으로 향하는 항해를 준비하며 그는 그런 학문들을 배웠을 뿐 아니라 지구구체설을 주장한 피렌체의 학자 토스카넬리에게서 조언도 받고 있었다. 그의 항해 계획은 과학 지식에 의거하고 있었다. 그러나 항해의 목적은 마르코 폴로가 전한 황금의 나라 지팡구(일본)에서 금을 입수한다는, 어디까지나 상업적인 것이었으며 과학은 이득을 위한 수단일 뿐이었다. 콜럼버스의 항해는 과학의 성과가 비즈니스에 응용된 사상 최초의 사례였던 셈이다.

이것을 발단으로 근대 세계에서는 과학적 지식이 자본의 힘을 비약적으로 증폭했으며, 자본이라는 요소는 토지와 노동에 대한 결정적인 우위를 점했다. 17세기 영국의 철학자 프랜시스 베이컨의 "아는 것이 힘이다"라는 말은 자본주의의 정초가 되었다. 그러나 역사적으로 보면 과학과 자본주의의 이러한 결합에 필연성은 없다. 서양에서 자연과학의 요람이었던 고대 그리스는 아르키메데스 같은 천재를 낳았으면서도 자본주의를 발전시키지는 못했으며, 과학 연구에서 유럽보다 훨씬 선진적이었던 중세 이슬람 사회도 자본주의와는 무관했다. 근대 유럽에서 나타난 과학과 자본주의의 결합에는 기독교의 우주론이 얽혀 있는데, 여기서 이 문제는 논하지 않겠다.

　콜럼버스의 항해가 역사의 전기가 된 또 하나의 요인은 그것이 대양을 횡단해 두 대륙을 연결한 원거리 항해였다는 점에 있었다. 해상 교역의 역사는 인류사만큼이나 길지만, 오래도록 그것은 각지의 무역 거점을 순회하는 연안 항해에 의한 것이었다. 고대 지중해 세계에서 나타난 페니키아인의 교역이 그 전형이며, 뒤이어 나타난 중세 이슬람의 아랍과 인도, 동남아시아를 다우선*으로 오가는 인도양 무역도 연해형 교역을 규모만 키운 것이었다. 이러한 해상 교역은 자급형 지역 경제에 이국적 산물이나 사치품을 간헐적·주변적으로 가져다준 데 불과한 전통적 무역의 일환이었다. 거기서는 항행의 자유라는 바다의 논리는 지역적·전통적인 문화, 정치 질서, 생활양식이라는 육지의 논

---

* 홍해와 인도양에서 널리 사용되던 전통 선박.

리에 종속되어 있었다. 그러나 대양을 횡단해 두 대륙을 단번에 이은 콜럼버스의 항해는 대지가 부과하는 갖가지 제약에서 해방된 글로벌한 해상 무역을 낳았다. 이러한 해상 무역 덕분에, 자본을 소유하는 자는 세계 각지에 산재하는 자원을 자유자재로 조합해 자본을 최대한 효율적으로 사용할 수 있었다.

그 대표적인 사례가 18세기에 영국이 벌였던 삼각무역이다. 영국은 유럽에서 아프리카로 럼주나 장신구, 무기 등을 가지고 가서 흑인 노예를 사들여서는 그들을 카리브해의 농장으로 데려가 설탕을 생산하게 하고, 그것을 유럽에 판매해 아프리카에서 노예와 교환하기 위한 상품을 매입했다. 이처럼 손 안 대고 코 푸는 삼각무역으로 축적한 자본이 산업혁명을 가능케 했다. 이런 과정을 거치며 세계 각지의 다양한 지역과 거기서 자라난 문화의 지역적 개성은 무시되었으며, 지구는 자본의 관점에서 자원의 소재지라는 의미밖에 가지지 않는 '지점'이 되었다. 자본은 이러한 지점을 효율적으로 조합하는 것 외에는 달리 관심이 없었다.

이런 자본의 관심을 노골적으로 보여 주는 것이 우리에게 익숙한 메르카토르 도법의 세계 지도다. 널리 알려져 있듯이 이 지도는 실제보다 러시아가 크고 중국이 작게 그려져 있는, 지리학적으로는 부정확한 지도다. 그러나 이 부정확함은 문제가 되지 않는다. 왜냐하면 메르카토르 도법은 멀리 떨어진 목적지까지의 직선 최단 항로를 발견하기 위해 개발된 도법이기 때문이다. 자본의 관점에서는 이 이차원의 가상 지도가 실재하는 복잡한 지리의 세계보다 현실적이다. 그 때문에 근대 세계에서는 현실의 생활이 GDP로 측정되는 추상적 경제로 환원되기에 앞서 먼저 풍부한 지리적 환경이 이차원 지도로 환원되었다고 해야 할 것이다. 그리고 현실을 추상으로 증발시키는 자본의 관점은 지도에 근거해 작전 계획을 세우는 군인의 관점과 닮아 있다는 점에도 유의해야 한다. 이렇게 해서 글로벌한 해상 무역을 조건으로 하여 대지의 제약에서 해방된 자본의 힘은 전능해지며, 지역과 지역에 뿌리내린 문화의 개성은 부정되어 단순한 생산 요소로서의 토지와 노동으로 환원된다. 그리고 자본의 힘을 과학적 지식과 해상 무역이 증폭하는 한, 토지와 노동은 자본에 종속된 생산 요소일 따름이다.

수송 문명으로서의 근대 문명

콜럼버스 이래로 근대 문명은 본질적으로 수송 문명이었다. 근대 문명은 공업, 과학 기술, 억제 없는 소비의 물질주의 등을 특징으로 하는 문명으로 정의할 수 있다. 그러나 어떤 정의를 따르든 거기에는 상품과 인원의 신속한 대량 수송이 전제되어 있다. 예컨대 중동의 석유 파이프라인과 유조선을 통한 대량 수송 없이는 공업도 과학 기술도 소비 사회도 구현되지 못했을 것이다. 그리고 이 수송 문명은 콜럼버스의 뒤를 이어 유럽인이 세계의 바다를 제패한 해운 문명으로서 막이 열렸다. 그러나 16세기 이후 유럽이 세계 해운에서 점한 압도적 우위는 조선이나 항해술의 기술적 선진성 덕분이 아니었다.

여기서 흥미로운 것은 1492년 콜럼버스의 항해에 앞서 명나라의 이슬람계 환관인 정화라는 고관이 1405년에 시작한 일곱 차례에 걸친 제정 중국의 원양 항해다. 이는 전장 130미터 이상의 거선 62척에 승조원이 2만 명이 넘는 대규모 선단의 항해로, 기항지는 동남아시아, 인도에서 아라비아 반도, 아프리카 동해안에 이른다. 이 정화 선단의 위용에 비하면 낡은 소형 범선 세 척이 고작인 콜럼버스의 선단은 초라했다. 그러나 그런 고도의 원양 항해 능력이 있는데도 제정 중국은 해양 지배에는 관심을 보이지 않았다. 중국과 유럽의 국가 체제상의 차이 때문에 제국의 고관 정화는 정치적인 동기로, 상인 콜럼버스는 경제적인 동기로 미지의 바다로 나섰다. 정화의 항해 목적은 아마도 황제의 위광을 사방에 퍼트리고 미지의 땅에서 난 진기한 물품을 중국으로 가지고 돌아와 황제의 위신을 드높이는 프로파간다에 있었을 것이다. 그 성과 중 하나는 아프리카에서 기린을 데려온 것이었다. 이에 비해 콜럼버스의 목적은 오로지 일본에 도달해 금을 입수하는 것이었다. 그의 항해 역시 원래 스페인 왕실의 승인과 자금 지원으로 성사되었다는 점에서는 정화의 항해와 마찬가지로 국가사업으로서 행해진 것이었다. 따라서 중국과 유럽이 해양에 대해 다른 자세를 취한 것은 역시 국가 체제상의 차이에서 기인한 일이었다.

고대 이래로 중국은 기본적으로 황제가 전제적으로 통치하는 대륙 국가였다. 이와 대조적으로 유럽에서는 이전부터 한정된 영역에서 다양한 국가가 복작대며 세력 다툼을 벌이고 있었다. 그리고 종교전쟁에 의해 로마 교황의 지도에 하나같이 복종하는 기독교 세계라는 관념이 소멸함에 따라 유럽의 통일성은 완전히 상실되었으며, 여러 국가의 패권 다툼이 끊이지 않았다. 이 싸움에서는 해양 상업을 효율적으로 조직해 해외에서 수탈한 부로 국부를 증대시킨 나라가 승자가 되었다. 유럽인을 해양의 지배로 향하게 한 것은 종교전쟁이 낳은 국가 간의 격렬한 경쟁이었다.

자본주의는 본래 글로벌한 성격을 지니고 있었다

과학적 지식과 장거리 해운이 토지와 노동에 대한 자본의 우위를 확립했다. 그러나 이것들은 자본주의 발전의 필요조건이긴 해도 충분조건은 아니다. 자본주의는 우선 두 대륙을 잇는 대서양 경제로서 발전했는데, 그것은 이 경제가 일확천금의 투자 기회를 의미했기 때문이다. 그것은 리스크가 작고 비용은 저렴한데 수익은 이상하게 큰 투자였다. 이는 유럽인이 작은 리스크와 저렴한 비용으로 아메리카 대륙을 몽땅 손에 넣었기 때문에 가능했다. 가지고 온 무기와 병원균에 완전히 무방비 상태인 원주민들이 사는 풍부한 자원을 가진 광대한 대륙을 유럽인이 굴러 들어온 호박처럼 손에 넣는 우연이 없었다면 자본주의 발전은 불가능했을 것이다. 유럽인이 접촉한 상대가 미개사회가 아니라 다른 문명사회였다면 무역의 대가는 높아졌을 것이며, 돈 벌이는 기대할 수도 없었을 것이다.

그리고 실제로 영국은 중국과의 무역으로 돈을 벌기는커녕 큰 적자를 냈다. 영국에서는 18세기 이후로 차를 마시는 습관이 국민적으로 정착해 중국산 차가 생필품이 되었다. 그러나 영국에는 대량으로 수입되는 차의 대가로 중국에 수출할 상품이 없었다. 생활양식이 전혀 달라 영국제 상품 중에서 중국이 원하는 것은 없었다. 그 때문에 영국은 중국의 차를 금은과 맞바꿀 수밖에 없었고, 해외에서의 수탈로 쌓아 둔 귀중한 금은이 점점 중국으로 유입되었다. 그래서 영국은 중국인들에게 아편을 피우는 습관을 정착시킴으로써 인도산 아편을 수출하는 방책을 떠올렸는데, 그 결과 어떤 일이 일어났는지는 말할 나위도 없을 것이다. 그리고 19세기 중엽의 아편전쟁은 이 시기에 이르기까지 서양인이 일본이나 중국처럼 정치적으로 견고히 조직된 문명사회에 간섭하기는 어려웠다는 것을 보여 준다. 그러한 간섭이 가능해지려면 페리의 흑선이 상징하듯이 산업혁명에 의한 군사력의 근대화가 필요했다.

우리가 세계화라는 말을 접하게 된 것은 비교적 최근의 일이다. 그러나 자본주의는 지역과 문화의 제약으로부

터 해방되는 것이 발전에 필수적이었기 때문에 본래 글로
벌한 성격을 띠고 있었던 것이다. 아프리카 서해안-카리
브해 서인도제도-영국을 잇는 18세기의 삼각무역이 바로
그런 글로벌한 무역이었다. 그것은 지역의 자급형 경제를
주변적으로 보완했을 뿐인 전통적 무역과는 다르며, 전 지
구적 규모로 자본에 토지와 노동을 종속시켜 자본을 최대
한 효율적으로 굴리려는 경제 활동이었다.

홉스와 로크: 인간을 경제인으로 보는 정치철학

또 주목해야 할 것은 경제의 글로벌화가 정치철학의 글로
벌화를 초래했다는 점이다. 정치politics라는 말이 고대 그
리스의 '폴리스'에서 유래한 데서 드러나듯이 유럽의 전통
정치철학은 항상 인간을 도시에 정주하며 도시의 법이 정
한 권리와 의무에 충실한 시민으로 상정했다. 중세에 신의
법률이 도시의 법으로 대체되었을 때도 이 전통은 흔들리
지 않았다. 그러나 16세기에 들어서면서 종교전쟁이 불러
일으킨 사상 전반의 위기, 그리고 대항해 시대에 세계 각지
에서 이루어진 유럽인과 미지의 이질적 문화 및 습속의 조
우가 이 전통을 무너뜨렸다.

그리고 17세기에는 해양 상업 제국으로서 융성하던 영국에서 종래의 '시민'을 대신할 새로운 인간관이 등장해 이후의 근대 세계 정치·경제 사상의 기조를 결정하게 되었다. 그것은 인간을 경제인, 즉 호모 에코노미쿠스homo economicus로 보는 정치철학이다. 경제인은 자기 이익을 행동의 원리로 삼는다는 점에서 이기적이고, 어떤 상황에서든 만사를 '효용의 극대화와 비용의 최소화'라는 관점에서 판단한다는 점에서 이성적이며, 소비자로서는 쾌락과 쾌적함을, 생산자로서는 이익을 추구한다. 경제인이라는 이 새로운 인간관은 두 명의 정치철학자, 『리바이어던』을 쓴 토머스 홉스와 『통치론』을 쓴 존 로크가 자유주의 철학으로 정식화했다.

홉스가 보기에 종교전쟁으로 로마 교회의 보편적 권위가 붕괴된 유럽의 문제는 개인이 세상사의 선악을 멋대로 판단해 이상적인 국가 질서를 둘러싼 논쟁이 끊이지 않는 데 있었다. 그 때문에 그는 누구도 부정할 수 없는 확고한 물질적 현실에 기초를 두는 정치 이론을 통해 국가의 안정과 통일을 보장하려고 했다. 그러기 위해서는 기독교의 종교적 인간관과는 완전히 연을 끊어야 했다. 그리고 그는 인간에 관해서 누구도 부정할 수 없는 사실을 자기보존의 욕구에서 찾았다. 다만 인간에게 이것은 단순한 생물학적 욕구가 아니라 자기애이며, 이 자기애는 지위나 명성 면에서 타인보다 한없이 우월한 존재이고 싶다는 정념으로 발전한다. 이 정념에 의해 인간은 외부에서 가해진 충격과 압력에 추동되어 움직이는 물체 같은 존재가 된다. 정념에 사로잡힌 개인들이 경쟁하는 인간 사회는 무수히 많은 물체가 제멋대로 움직이며 충돌하는 물리적 우주와 닮았다. 이것이 '만인의 만인에 대한 투쟁'을 특징으로 하는 사회의 자연 상태다.

이 상태는 약육강식의 정글만도 못하다. 약자라고 해도 강자가 잠자는 사이에 덮치면 강자를 죽일 수 있는 이상, 인간은 모두 잠재적으로 살인자이기 때문이다. 국가의 존재 이유는 이 자연 상태에 이성에 근거한 질서를 가져오는 데 있다. 그러나 이성적 질서는 기독교가 설파한, 도덕적 이상에 바탕을 둔 현실성 없는 질서를 말하는 것이 아니다. '만인은 만인에 대한 늑대'인 사회에서 문제가 되는 것은 정의의 이상이 아니라 타인에게서 해를 입을 위험이며, 타인의 위협에 의해 자신의 행동의 자유가 제약될 우려다. 이런 사회가 해결해야 할 문제는 내 행위에 타인이 어떻게 대응할지를 예측할 수 없다는, 행위의 예측 불가능성인 것이다.

이 문제에 대한 홉스의 답은 사람들이 세상사의 선악을 판단할 권리를 국가라는 주권자에게 전면적으로 넘겨주는 것이다. 주권자는 선악을 판단할 권리를 독점하며, 그 결정에 대한 이의나 이론異論을 일절 인정하지 않는다. 그러나 주권자가 그 결정을 폭력으로 사람들에게 강요하는 것은 아니다. 사람들은 주권자에게 선악을 판단할 권리를 전면적으로 넘겨주는 편이 사회를 안정시키고 타인의 행위의 예측 불가능성을 줄일 수 있다는 이성적 통찰에 근거해서 권리를 넘겨주는 데 '동의'한 것이다. 이 자발적 동의의 대가로 주권자는 사회의 평화와 안녕을 보장한다. 따라서 국가는 주권자와 국민의 사회계약에 근거해 국민의 동의하에 성립되는 국가다.

홉스는 주권자의 더없는 권위를 주장했기 때문에 전제 정치나 파쇼적 전체주의를 옹호했다는 오해를 사곤 했다. 그러나 전제 정치의 자의적 지배야말로 홉스가 가장 경계한 것이었다. 그의 국가론은 교통 법규를 예로 들어 설명하면 이해하기 쉽다. 도로상의 교통사고를 줄이려면 예컨대 우측 주행 같은 교통 법규가 필요하다. 그리고 교통경찰이 우측 주행을 절대적 원칙으로 여겨 그것을 위반한 차량의 운전자를 처벌하는 것이 결과적으로는 운전자 자신의 안전을 보장한다. 홉스의 국가는 권위주의적이지 않으며, 이 교통경찰과 비슷하다. 그리고 이런 국가론이 성립될 수 있었던 것은 그가 선악이라는 말의 의미를 바꿔 놓았기 때문이다. 그의 논의에 따르면 선악은 도덕적 요소 없이 경제적·물질적 안전과 안녕을 의미하는 것으로 바뀌어 있다. 이 점에서 홉스는 자유주의의 선구자인 것이다.

로크의 자유주의는 지금도 미국의 국가 철학이다

홉스와 마찬가지로 로크도 개인의 자기보존 욕구에서 출발해, 사회계약에 근거해 국민의 동의하에 성립되는 국가를 논했다. 다만 홉스가 논의의 중점을 생명과 지위의 안전에 둔 데 비해 로크의 관심은 투자에 의해 새로 획득된 재산을 보전할 권리를 전통적 권리론에 의거하지 않고 확립하는 일에 모였다. 로크가 생각하기에 국가는 기존의 재산 질서를 보전할 전통적 사명을 지닐 뿐 아니라 새로 획득한 재산을 보호해야 하며, 이것을 조건으로 국민은 정부의 설립에 동의한다.

로크 국가론의 원리는 단순한 소유가 아니라 획득된

소유다. 그리고 이런 입장에서 그는 영국의 왕 찰스 2세나 제임스 2세의 절대왕정을 이성과 자연법의 이름으로 공격하는 동시에 자신의 의도와 대립되는 전통적 자연법을 논박하는 이중의 전략을 구사한다. 신이 아담의 계승자인 왕에게 국가와 국민을 사유할 권리를 주었다고 하는 왕권신수설은 이성과 자연법에 반한다. 왜냐하면 자연 상태에서 사람들은 이성의 법에 따라 자유롭고 평등하며, 자연의 은혜를 동등하게 누릴 권리를 가지기 때문이다. 그러나 그렇게 논하면 새로 획득된 부의 배타적 소유를 정당화하기가 어려워진다. 전통적 자연법에 따르면 신은 대지의 은혜를 온 인류의 공유 재산으로서 동등하게 나누어 주었으며, 따라서 독점적·배타적 소유는 허락되지 않기 때문이다. 이렇게 되면 자연법은 로크의 의도와 어긋나게 된다.

그래서 로크는 노동에 의한 가치 창조라는 논의를 제기한다. 자기보존이 인간의 근본적 욕구인 것은 개인이 제 생명과 신체의 소유자이기 때문이다. 그리고 인간이 신체를 사용해 노동하고 자연의 사물에 작용한다면, 그렇게 해서 생산된 것은 신체의 연장延長으로서 그의 배타적 소유물이 된다. 이런 노동에 근거한 소유권은 공동체와 그 전통에 의한 승인을 필요로 하지 않는다. 다만 자연의 은혜는 신이 온 인류에게 준 공동 재산이므로 개인이 필요 이상의 농산물을 생산해 쌓아 두고 헛되이 썩혀 버린다면 그의 소유는 정당화되지 않는다. 그러나 그가 생산물을 팔아 화폐로 바꾼다면 화폐는 썩지 않으므로 끝없는 부의 축적이 허락된다.

더욱이 신은 인류에게 대지를 줄 때 그것을 개간해 풍요롭게 하도록 명했으므로 토지를 개간하지 않거나 황폐한 채로 내버려 두는 것은 신의 명령을 거스르는 일이다. 따라서 토지를 개발해 새로운 부를 획득할 권리는 신과 자연법에 근거하는 자연권이다. 그리고 자연 상태에서는 사회에 위해를 끼치는 자를 사람들이 멋대로 재단해 사회가 혼란스러워질 우려가 있으므로 국민은 입법권을 국가에 맡겨 소유의 보전을 꾀해야 하는 것이다. 그리고 로크는 『통치론』에서, 신대륙에 식민해 근면한 노동으로 부를 생산하는 영국인과 현지의 게으른 아메리카 원주민을 비교하고 있다. 그에 의하면 노동만이 부를 창출한다. "이에 대한 증명으로서, 토지는 풍부히 가지고 있으면서도 생활을 쾌적하게 해 주는 것은 무엇 하나 넉넉지 못한 아메리카 원주민 중 몇몇 민족만큼 명료한 사례를 제공하는 것도 없으리라. 그들은 자연에서 풍부한 자원, 즉 식량이나 의복 이외에 생활에 기쁨을 주는 데 기여하는 것들을 부족함 없이 생산하기에 알맞은 토양을 다른 어떤 국민과 비교해도 지지 않을 만큼 아낌없이 공급받고 있으면서도, 그것을 노동으로 개량하는 데 부족함이 있었기 때문에 우리가 누리는 편리한 의식주의 백 분의 일도 누리지 못한다. 그래서 거기에서는 많은 결실을 안겨 주는 넓은 영토를 가진 국왕이 영국의 일용근로자보다도 열악한 의식주 환경에 놓여 있는 것이다."°

로크는 부르주아 투자자로, 스스로 토지 개간에 종사한 적은 없다. 그가 노동을 거론한 것은 단지 배타적 소유를 정당화하기 위해서이며, 게다가 그것은 영국인이 아메리카 원주민을 몰아내고 점거한 토지로 얻은, 역사적으로 특수한 소유였다. 로크 정치철학의 과제는 영국 침략자의 북미 대륙 자원 개발을 정당화하는 데 있었다. 따라서 로크의 자유주의는 지금도 여전히 미합중국의 국가 철학인 것이다.

° 미야카와 도루(宮川透) 옮김, 「통치론」, 『로크 홈』, 주오코론샤, 218쪽.

경제의 글로벌화와 사상의 글로벌화

홉스와 로크의 정치철학에서 공통되는 것은 두 사람 모두 국가의 안정된 질서를 논하면서도 인간의 동포 의식에 대해서는 일절 언급하지 않는다는 것이다. 동포 의식의 존재를 부정하기보다는 아예 고려 바깥에 놓았다. 그러나 인간에게 동포 의식만큼 자연스러운 것도 없다. 그것은 유아기에 가족 사이에서 싹터 유년기에 함께 논 친구들이나 학교 안에서 자란 다음 고향 사람들이나 모국 국민 전체로까지 확대·확산된다. 심리적으로 자신과 타자가 아직 분리되지 않은 시기에 유아가 모국어를 습득하는 것이 아마도 동포 의식의 기점일 것이다. 유아는 언어 습득과 함께 감정을 발달시키는데, 이것은 주위 사람들에 대한 동포로서의 감정 이입 없이는 불가능하다. 그 때문에 근대 세계에서는 민족 국가라는 언어 공동체가 인간이 타자를 동포라고 느낄 수 있는 한계다. 이것은 인간의 인지 능력의 자연스러운 한계이며, 애국주의나 배타적 민족주의 같은 이데올로기와는 무관하다. 그리고 이 인지 능력의 한계 때문에 인간은 모국어를 달리하는 외국인을 동포라고 느낄 수 없다. 외국인이 반드시 적은 아니며 흥미를 끄는 이질적 존재일 수는 있지만, 결코 동포는 아니다. 언어의 다름은 유아기 이래의 성장 환경이나 감정 발달 양식의 차이도 의미하기 때문이다. 그리고 같은 언어 공동체 내부에서는 교육으로 동포 의식을 강화할 수는 있어도 언어가 다른 외국인과의 거리를 메우진 못한다. 따라서 외국인과의 관계는 동포 감정이 끼어들 여지가 없는 완전히 외교적인 관계로, 비즈니스적·물질적 이해, 또는 폭력이나 압력 같은 힘에 좌우된다. 국제 사회는 거래나 교섭, 힘겨루기의 사회인 셈이다.

이 점에서 국제 사회의 현실은 홉스가 그려 낸, 모든 인간이 물체로서 역학적으로 운동하며 충돌하는 물리적 우주로서의 사회상과 겹쳐진다. 국제 사회에서 사람은 감정을 나누지 않고 외국인을 대하면서 거래나 교섭에 전념하며 오로지 자신의 이해와 힘을 증진시키려 할 뿐이다. 이렇게 해서 홉스와 로크의 이기적·타산적이고 감정이 없는 '경제인'이 탄생한다. 그들의 정치철학은 당시 영국이 해양 상업국으로서 경제를 글로벌화해 해외에서 수탈한 부로 경제력을 비약적으로 키우던 상황을 반영한다. 영국 경제 발전의 중심이 해외로 옮겨 감에 따라 국제 관계 속에서 성립된 경제인이라는 행동 규범이 국내에 반작용해 그들의 철학에 의해 영국인의 일반적 행동 규범이 되었다. 이제 사람들은 국내에서도 이기적이고 타산적인 경제인으로서 행동하게 되었다. 경제의 글로벌화가 사상의 글로벌화를 가져온 것이다.

글로벌 자본주의와 국민 경제의 시대

앞서 이야기했듯이 자본주의는 본래 글로벌한 성격을 지닌다. 이런 인식은 자본주의로부터의 탈각이 무엇을 의미하는가를 생각하는 데도 아주 중요하다. 그런데 비교적 최근까지도 자본주의는 국민 경제의 국가적 양상으로 여겨져 왔다. 그 원인은 산업혁명 이후 한 세기 동안 자본주의가 외견상 그때까지의 글로벌화 경향을 역전시키는 형태로 발전한 데 있다.

　잘 알려져 있듯이 산업혁명은 우선 옷가지 같은 서민의 생필품을 기계로 대량 생산하는 데서 시작되었다. 산업혁명의 대표적 성과인 철도망 역시 국민 경제의 창출과 통합에 큰 역할을 했다. 기계에 의한 대량 생산을 벌이가 좋은 사업으로 만든 것은 인구 증가에 따른 방대한 생필품 수요였다. 그 때문에 영국의 산업혁명을 뒤따른 프랑스, 독일, 일본 같은 나라는 국내 시장의 발전을 최우선 과제로 삼았다. 당시는 또 제국주의의 시대이기도 했는데, 식민지의 자원과 시장은 본국 국민 경제의 발전을 보완하는 것이었다. 식민지는 본국 안에 기생적이고 부패한 엘리트를 낳았으므로 영국이나 프랑스가 식민지로부터 얻은 혜택이 정말로 경제 발전에 플러스였는지는 의문스럽다.

그리고 제2차 세계대전은 이처럼 국가적인 틀에 갇힌 자본주의 발전의 한계에서 비롯된 것이었다. 영국은 자원이 풍부한 식민지를 가졌지만 그렇지 못한 일본과 독일 같은 후발 자본주의국의 경우에는 공업 생산력에 걸맞은 자원 확보 문제가 발전의 걸림돌이 되었다. 공업화를 추진하기 위해서는 일본과 독일도 식민지 제국이 되어야 했다. 이 전쟁에서 일본과 독일의 의도는, 일본은 동남아시아, 독일은 러시아를 마치 영국령 인도와 같은 존재로 만드는 데 있었다. 세계대전이 역사상 전례가 없는 자원 확보를 위한 전쟁이었던 것은 19세기 이래로 국가라는 틀 안에서 발전해 온 자본주의의 파산을 의미하기도 했다.

그리고 승전국이 된 강대국 미국의 과제는 자본주의 본래의 글로벌한 성격에 입각해 국제 질서를 재구축하는 것이었다. 이렇게 해서 전후의 서방 세계는 미국의 핵과 달러와 원유 아래 통합되었다. 제2차 세계대전의 아이러니

한 결과는 일본과 독일이 당초의 전쟁 목적을 패전에 의해 달성했다는 것이다. 승전국 영국이 국부를 다 써 버려 피폐해진 끝에 몰락한 것과 달리, 패전국인 일본과 독일은 미국의 패권 체제에 완전히 편입됨으로써 자본주의 재再글로벌화의 혜택 덕에 기적의 번영을 누리며 미국의 뒤를 잇는 경제 대국으로 올라섰다. 원래 미국은 영국의 식민 지배에서 혁명전쟁을 통해 독립한 나라이며, 건국 당시부터 경제적 글로벌리즘을 국시로 내세웠다. 그 때문에 미국은 세계를 자국의 속령으로서 갈라놓는 영국과 프랑스의 제국주의, 식민주의에는 항상 반대했다. 미국의 입장에서 세계는 곧 세계 시장이며, 거기에 국경이 존재해서는 안 되었다.

땅에 얽힌 기억이 없는 미국

미국과 구세계 유럽의 차이는 미국이 봉건제를 거치지 않고 근대에 로크적 사회계약에 의해 무에서 창조된 나라라는 것과 관련이 있다. 미국은 땅에 얽힌 기억이 없는, 따라서 역사가 없는 나라다. 그리고 땅에 얽힌 기억이 부재하다는 것이 미국을 글로벌리즘의 논리에 따를 수 있는 나라로 만들었다. 앞서 이야기했듯이 콜럼버스의 항해 이래로 근대 문명은 수송 문명이며, 대규모 상품과 인원의 신속한 수송에 힘입어 성립되었다. 그리고 미국은 이 같은 근대의 수송 및 이동 문명을 순수한 형태로 실현한 나라다.

미국의 역사 자체가 영국에서의 청교도의 이주, 아프리카로부터의 흑인 노예 수송 그리고 담배 같은 아메리카산 상품의 유럽 수출에서 시작되었다. 그리고 이후의 역사는 국토 위에서 이루어진 끊임없는 이주와 개척의 역사다. 문명의 역사에서는 주거 권역이 인구 증가에 따라서 완만히 확대되는 게 통칙이며, 오랜 역사를 지닌 일본에서도 홋카이도는 메이지 시대까지도 거의 미개척지였다. 그런데 미국의 인구는 경제적으로 보다 유리한 토지를 찾아 끊임없이 이동했다. 미국의 독립혁명은 로크의 철학에 고무된 혁명이며, 아마도 그 최대의 동기는 영국인이 애팔래치아 산맥 서쪽 토지로 이주하는 것을 금지한 영국 왕의 칙령에서 벗어나 원주민에 대한 민족 정화에 의해 미국 영토를 서쪽으로 확대하는 데 있었을 것이다. 그리고 미합중국이 탄생했을 당시에 광대한 대륙을 개척하는 것은 수 세기나 걸리는 원대한 사업으로 여겨졌다. 그런데 조성된 농지의 전매 등으로 한몫 잡아 보려는 사람들에 의해 대륙은 재빠르게 개척되어 19세기 말에는 미개척지는 하나도 남지 않게 되었다. 좀 더 유리한 경제적 기회를 찾아 끊임없이 이동하는 사람들이라는 의미에서, 이민이야말로 미국인의 본질인 셈이다.

그리고 미개척지가 사라지자마자 헨리 포드가 서민도 대출을 받아 구입할 수 있는 값싼 T형 자동차를 대량 생산하기 시작했다. 공업이 미국의 새로운 미개척지가 된 것이다. 대량 생산에 의한 자동차 보급으로 미국은 근대의 수송 및 이동 문명을 유례없이 완성시켰다. 그 후 미국의 경제·사회의 역사는 자동차의 역사였다고 해도 좋다. 공업 자본주의는 비누나 수건 생산으로 성립되지 않는다. 그 점에서 자동차는 한 나라가 가진 공업 역량의 종합적 성과인 동시에 사람들의 생활양식을 크게 바꿔 놓는 상품으로서 경제성장의 원동력이 되었다.

사회의 자동차화에는 원유의 정제에서 도로망의 정비에 이르기까지 다양한 인프라가 필요했으며, 그것은 방대한 투자 기회를 낳았다. 20세기에는 혼잡한 도시를 떠나 교외에 정원 딸린 넓은 집을 마련하는 것이 미국인의 새로운 꿈이 되었는데, 부동산업과 금융업을 활성화한 이 꿈도 자동차가 가능케 한 것이었다. 트럭에 의한 물자의 고속·대량 수송은 유통업을 거대화했으며, 그것이 대기업의 대량 생산을 촉진했다. 그리고 대출로 구입할 수 있는 값비싼 내구소비재인 자동차는 당시 대*산유국이었던 미국의 풍부하고 저렴한 원유와 짝을 이루어, 원유와 금융으로 성장하는 경제의 이상적 상품이 되었다. 그 때문에 오늘날에도 선진국들의 자본주의 경제에서 자동차를 대신할 만한 전략적 상품은 존재하지 않는다.

　미국의 철저하고 효율적인 수송과 이동의 문명으로 자본은 토지와 노동의 제약으로부터 최종적으로 벗어났다. 그리고 공업화된 미국은 건국 이래의 국시인 글로벌리즘을 세계 전략으로서 새롭게 내세웠다. 이 전략의 첫 번째 과제는 세계에 현존하는 각종 무역 장벽을 완전히 철폐하는 것이다. 미국 같은 자원이 풍부한 대륙 국가라 해도 공업 경제의 끝없는 성장을 위해서는 전 세계의 자원과 시장에 대한 자유로운 접근이 필요하기 때문이다. 그리고 두 번째 과제는 글로벌 규모의 자원 개발과 상거래에 대응하는 금융 자본 활동의 자유화, 자본의 국경 없는 자유로운 이동이다. 미국의 이 세계 전략은 브레턴우즈 체제와 GATT의 시대에서 오늘날의 WTO와 TPP에 이르기까지 원칙으로서 전혀 변함이 없다. 미국 자본주의의 과제는 글로벌화 전략에 따라 자본을 토지와 노동의 제약에서 완전히 해방하는 것이다.

조카마치 히로시마와 붐 타운 디트로이트

미국이 완성한 수송과 이동의 문명에 미래는 있을까? '히로시마와 디트로이트'라는 주제로 어느 미국인이 제작한 영상 몇 편이 유튜브에 올라와 있다. 모두 두 도시의 전후 60년간의 변천을 그린 영상이다.

먼저 원자폭탄 투하 직후의 히로시마. 건물은 거의 전부 무너져 내렸고 대지는 초토화되었으며 도시 전체가 폐허가 되어 있다. 그리고 60년 뒤, 히로시마는 번영하는 화려한 도시로 변모해 상점가는 물건을 사려는 손님들로 북적인다. 한편, 60년 전의 디트로이트는 미국에서 넷째가는 대도시로, 호경기로 들끓었으며 시민 소득도 미국 최고를 자랑했다. 그러나 오늘날의 디트로이트는 쇠퇴하다 못해 거의 폐허로 변했고 자동차 공업의 메카로 자리했던 지난날의 모습은 온데간데없다. 황폐해져 폐건물이 된 빌딩이나 가옥이 늘어선 도시를 들개 무리가 얼쩡거리고, 인구가 1950년 186만 명에서 2012년 70만 명까지 격감한 탓에 세수가 줄어 시 재정은 파탄이 났으며, 치안도 극도로 악화되었다.

그리고 얼마 전 디트로이트는 법원에 파산 신고를 한

미국의 첫 대도시가 되었다. 디트로이트가 이렇게 쇠퇴한 원인은 주민이 점차 빠져나간 데 있다. 인구 유출의 발단은 1960년대에 발생한 흑인 폭동이었다. 미국에서 자유는 곧 이동의 자유이며, 경제적으로 유리한 지역으로 이동할 자유가 결과적으로 기회의 평등을 보장한다. 1960년대의 미국에서는 다수의 흑인이 그런 자유와 평등에 대한 기대를 안고 노예제의 유풍이 남아 있는 남부에서 북부의 공업 지대로 이주했다. 그러나 북부에서도 그들은 차별받는 최하층이었으며, 기대를 배반당한 흑인들의 분노가 이 시기에 각지에서 폭동으로 이어졌다. 그 때문에 디트로이트에서는 폭동을 두려워한 백인 인구가 빠져나가기 시작했다. 그리고 1970년대의 오일 쇼크. 큰 이익을 가져다주는 대형차 생산에 익숙해져 있던 디트로이트의 자동차 회사는 오일 쇼크로 인한 휘발유 가격 상승에 신속히 대응하지 못했으며, 연비가 좋고 고장이 적은 일본 차에 점차 시장을 빼앗겼다. 그리고 자동차 회사가 임금이 싼 멕시코 등지로 공장을 이전해 인구 유출은 더욱 가속화되었다. 이후 디트로이트의 역사는 '인구 감소 → 세수 감소 → 공공 서비스의 저하와 치안 악화'의 악순환을 드러낸 역사다. 아이러니하게도 미국적 이동의 자유를 상징하는 자동차 덕에 번영한 이

도시는 바로 그 자유 탓에 파산했던 것이다.

디트로이트뿐 아니라 미국의 모든 도시는 유리한 경제적 조건으로 사람들을 끌어들인 과거 일본의 탄광촌 같은 붐 타운이라 할 수 있다. 미국인에게는 어느 곳이든 경제적 유리함 때문에 일시적으로 머물 뿐인 임시 거처에 불과하기 때문이다. 이와 대조적으로 오래된 조카마치城下町*인 히로시마는 붐 타운이 아니었다. 사람들은 원자폭탄으로 폐허와 다르지 않게 된 땅에 계속 살았다. 그리고 방사능의 영향으로 향후 백 년은 발을 들이지 못하리라는 소문이 도는 와중에도 히로시마를 떠나지 않고 도시 재건에 매진했다. 그런 불굴의 의지를 보여 주기라도 하듯, 원폭이 투하된 도시에서 어느 날 정오에는 철도가 다시 움직였고, 사흘 후에는 노면 전차가 달렸다. 주위가 온통 폐허가 되어 버려도 딛고 서 있는 땅이 있는 한 일본인은 끄떡없는 것이다. 토지는 단순한 재화가 아니다. 나고 자란 땅에 대한 일본인의 애착이 일본과 미국의 문화적 차이를 결정했다.

자동차의 도시 디트로이트의 파산은 수송과 이동의 근대 문명이 머지않아 종언을 고할 것임을 보여 주었다. 그리고 디트로이트가 몰락한 배경에 휘발유 가격의 상승이 있었던 데서 알 수 있듯이 이 종언의 원인은 진즉 피크 오

★ 일본에서 센고쿠 시대 이래로 영주의 거점인 성을 중심으로 형성된 도시로, 성의 방위 시설과 행정·상업 도시의 역할을 했다.

일을 맞은 원유 산출량의 감소에 있다. 앞서 말했듯이 원유는 마법 같은 다용도 자원이지만, 산출량의 반 이상은 교통·운수 부문에서 쓰이고 있다. 도로를 통해 트럭으로 수송하는 데도 원유가 많이 소비되지만, 세계 무역에서 상품 수송의 90퍼센트를 해운이 맡고 있다. 그에 따라 오늘날 화석 연료의 대량 소비로 인한 지구온난화가 논의의 초점이 되고 있으며, 온난화에 따른 이상 기후, 바닷물의 산화, 극지방 빙산 용해에 따른 수위 상승 같은 문제가 인류의 악몽이 되었다.

분명 지구온난화에 의한 근대 문명의 붕괴는 더 이상 SF적 가설이 아니다. 지구온난화가 문명에 끼치는 영향은 장기적이며, 결과적으로 어떤 사태가 발생할지 과학적으로 정확히 예측하기 어렵다. 이에 반해 피크 오일이 초래한 수송과 이동 문명의 종언은 현재 진행 중이다. 지구온난화 때문에 문명이 붕괴될지 모른다지만, 그 전에 콜럼버스 항해 이래로 이루어진 대규모 물자·인원의 신속한 수송 문명이 연료가 동나 끝을 고할 것이다. 따라서 21세기 인류의 과제는 이 종언을 전제로 문명을 재설계하는 일이어야 한다.

지리학적 문명과 경제학적 문명

오일 쇼크로 세계가 휘청거린 1970년대 이후 우리는 두 가지 표현을 자주 접하게 되었다. 첫째는 '지역'으로, '글로벌하게 생각하고 지역적으로 행동하자'라는 표어는 세계화에 이의를 제기하는 사람들의 슬로건이 되었다. 또 하나는 생태학ecology으로, 이는 사람들의 생활 감각의 변화를 드러내는 대표적인 현대 용어가 되었다.

그런데 이 두 가지 현대적 키워드 사이에 깊은 논리적 관련이 있다는 사실은 아직 이해되지 못하고 있다. 지역은 지리학의 기초 개념이다. 그리고 생명과 환경의 상호 작용을 연구하는 생태학은 지리학의 하위 부문이라 할 수 있다. 이 두 가지는 모두 지리학 용어인 셈이다. 1970년대 이래로 이런 말이 서서히 인구에 회자된 것은 부지불식간에 사람들 사이에서 문명의 규범이 경제학에서 지리학으로 바뀌어 왔음을 보여 준다. 이것은 추상적인 '경제'에서 구체적인 '생활'로의 변화다.

그러나 아직도 이러한 문명 원리의 전환이 확실히 의식되지 않고 있는 것은 사람들이 여전히 제도에 매여 있기 때문이다. 사람들은 경제를 자연 현상처럼 자명한 사실이라고 믿는 탓에 경제란 어디까지나 제도의 산물이라는 걸 깨닫지 못한다. 근대 경제는 통화와 은행 신용에 의해 굴러가는 경제인데, 전자는 정부가 그 가치를 보증하는 법정 통화이며, 후자는 중앙은행이 발행하는 은행권이다. 근대 경제의 요체인 통화와 신용은 순전히 인위적인 제도의 산물이며, 따라서 정부와 은행이 정치적 목적을 가지고 조작할 수도 있는 것이다. 그러나 제도에 매여 있는 사람의 눈에 제도는 자연 현상처럼 보인다. 그리고 이처럼 추상적인 경제의 안경을 쓰고 현실을 보는 한, '지역'은 GDP에 대한 공헌이나 인구 같은 각종 통계에 의해 양적으로 파악되는 국가의 말초적 단위를 가리키는 말에 그칠 것이다. 그렇기 때문에 지역이라는 말이 품고 있는 풍부한 의미를 이해하려면 지역에 대한 이해를 학문적 주제로 삼아 온 지리학의 관점에서 살필 필요가 있다.

지리학의 관점에서 보면 현실에 존재하는 것은 국가라는 제도가 아니라 생활의 장인 자연, 즉 인간의 땅이다. 지역은 국가의 말초적 부분이 아니라 궁극적 현실, 풍부하고 종합적이며 포괄적인 현실이다. 그리고 모든 지역은 저마다 독자적인 얼굴을 지니며, 지리학자는 그것을 '경관'이라고 부른다. 경제학자의 눈에 A시와 B시는 통계상 비슷한 존재일지도 모른다. 그러나 지리학자의 눈에 모든 지역은 저마다 개성적 표정을 가지고 있으며, 지역의 이런 개성을 파악하는 일이 지리학의 과제다. 지리학은 말하자면 지역의 관상학이며, 인간과 마찬가지로 땅도 서로 동일한 것은 있을 수 없다. 지리학은 세계의 모습과 관련되며, 이 모습은 단위로 환원해 분석할 수 없는 종합적 현실로서 주어져 있다. 고대 세계의 신화 중에는 단순한 공상의 산물이 아니라 세계의 모습에 관한 강렬한 인상에서 생겨난 것이 많은데, 그런 의미에서 지리학은 신화적 지성을 과학으로서 계승한 것이라고 말할 수 있을지도 모른다.

지역의 독자적 개성은 지역이 단순한 물리적 자연이 아니라 인간이 살아가는 생활의 장이라는 데서 기인한다. 북극의 이누이트든 칼라하리 사막의 산Saan족이든, 인류는 오랜 역사를 통해 자기 지역의 자원을 능숙하게 이용함으로써 존속할 수 있었다. 그러나 현대인은 지역의 다양한 자원을 활용하는 능력을 잃어버렸다. 오늘날 우리는 벽촌의 슈퍼에서도 호주산 소고기나 태국산 망고를 살 수 있다는 데서 수송 문명의 혜택을 느낀다. 동시에 우리는 우리가 사는 지역에서 과거에 얼마나 다양한 자원이 식자재, 약재, 옷감 등으로 쓰였는지 잊어버리기 십상이다. 물론 수송 문명이 종언을 고한다고 해서 지역 경제의 풍요로움과 다양성이 부활한다고는 생각하지 않는다.

　한정된 자원의 활용 면에서 옛사람의 지혜와 오늘날의 획일적인 과학 기술 중 어느 쪽이 더 뛰어날까? 인류에게 각자의 지역은 나름대로 은혜로운 세계였다. 가령 칼라하리 사막이라 해도 말이다. 적어도 어떤 지역이든 단순한 생존을 넘어 충분히 인간답게 살 수 있을 만큼의 풍족함을 지니고 있었다. 따라서 인류 역사를 통틀어 지역적 자급이 경제의 통칙이었던 것이다. 물론 지역적 자급과 아울러 외부와의 교역 역시 역사 자체만큼이나 오래되었다. 그러나 교역은 지역의 자급을 이차적·주변적으로 보완하는 것으로, 생필품이 아니라 이국적이고 값비싼 사치품이 주를 이루었다. 실크로드를 경유한 중국과 로마의 교역에서 나타나듯이, 문명 간의 교역 역시 이러한 원칙을 따랐다.

　당시의 세계에서는 기본적으로 자급자족하는 여러 지역 간의 상호 보완적이고 호혜적인 결속이 광역 경제권을 창출하고 있었다. 예를 들어 거기서는 연안 지역의 염전에서 생산된 소금을 말에 실어 산간 지역으로 옮긴 후 산간 지역의 산물인 콩, 담배, 면포 등을 싣고 돌아오는 형태로 바다와 산을 잇는 광역 경제권이 형성되어 있었다. 전국에 알려진 명산품이 각지에 등장한 에도 시대의 일본은 이런 지역 네트워크 경제의 좋은 사례였다. 물론 당시에는 막번幕藩 체제의 폐해도 있었다. 당시의 번藩은 일종의 소국가였으므로 번 사이의 연계나 협력은 불가능했다. 따라서 어느 번에서 냉해로 인한 기근으로 아사자가 나와도 이웃한 번은 충분한 식량을 비축해 두고 있는데도 그것을 모르는 척했다. 그러나 이런 체제상의 문제에도 불구하고 에도 시대의 일본은 전에 없는 번영을 누렸으며, 여유 넘치는 생활은 농민과 조닌町人*을 문화의 담당자로 바꾸어 놓았다. 이 번영이 천하가 태평한 가운데서 지역 네트워크 경제가 발전한 덕이었음은 틀림없다.

그 발전의 성과는 외국인의 눈에도 인상적이었다. 에도 말기에 일본을 찾은 외국인은 산업혁명기의 영국 노동자 계급의 곤궁과는 대조적인 빈곤의 부재, 서민의 건강과 생활 문화, 행복해 보이는 삶에 감명을 받곤 했다. 그런 만큼 페리가 이끌고 온 미국 함대의 무력에 의한 일본의 개국은 근대사에서 가장 의미심장한 사건 중 하나다. 이것은 지리학적 문명인 일본과 경제학적 문명인 미국의 충돌이며, 증기 기관으로 움직이는 페리의 흑선은 근대의 수송 문명을 상징하고 있었다. 그리고 막부가 고작 네 척의 미국 함

---

* 에도 시대에 도시에 거주하던 장인, 상인을 총칭한 말.

대에 낭패를 당해 개국을 강요당한 것은 이 함대가 일본 경제의 생명선을 위협할 가능성이 있었기 때문이다.

당시의 일본은 실질적으로는 이미 시장경제의 나라였으며, 그것은 각 번이 농민들로부터 거두어들인 연공미年貢米를 오사카의 쌀 시장으로 운반해 팔아 현금화함으로써 성립되었다.° 페리의 함대는 쌀을 오사카로 운반하는 다루카이센樽廻船이나 히가키카이센菱垣廻船** 같은 연안 해운을 위협할 가능성이 있었다. 한편 미국의 목적은 거대한 시장이라 여겨지던 중국과의 무역에 있었으며, 일본에 대해서는 일본을 중계 거점으로 삼아 기항하는 미국 선박에 식량이나 연료를 보급할 것을 요구한 데 불과했다. 따라서 일본과 미국의 충돌은 '뒤처진' 봉건 사회와 '진보한' 근대 사회의 충돌 같은 것이 아니었다. 그것은 지역 네트워크에 묻힌 시장경제를 가진 나라와 글로벌한 세계 무역에 의한 발전을 국가의 지상 목표로 삼은 나라 간의 충돌이었다. 그런 의미에서 흑선의 내항은 콜럼버스 항해의 연장선상에서 일어난 사건이며, 일본이 근대 세계의 대세에 순응해 경제학을 문명의 규범으로서 신봉하는 국가로 탈바꿈하는 계기이기도 했다. 그리고 처음에는 외압에 의해 강요된 이 전향의 최종적 귀결이 바로 큰 지진이 잦다는 지리학적 현

° 기토 히로시(鬼頭宏),「삶을 뒷받침하는 경제 시스템」,『문명으로서의 에도 시스템』, 고단샤, 2010.
** 에도 시대의 오사카-에도 간 화물선.

실을 무시하고 근시안적으로 경제적 효율만을 의도해 건설한 도쿄전력의 후쿠시마 원자력 발전소의 사고다.

엔트로피라는 대가를 무시한 근대 산업

1970년대 이후에 '지역'이나 '생태학'과 함께 또 하나 자주 쓰이게 된 말로 '엔트로피'가 있다. 잘 알려져 있듯이 이것은 열역학 용어로, 에너지 보존 법칙이 열역학의 제1법칙, 엔트로피는 제2법칙이다. 에너지와 엔트로피는 빛과 그림자 같은 관계이며, 우리가 에너지를 사용하면 그 대가로 반드시 엔트로피가 발생한다.

　열역학에 따르면, 에너지를 쓸 때 인간은 물질 자체가 아니라 물질의 조직 형태를 이용한다. 그것은 질서 있는 조직 형태가 무질서해지는 과정, 물질의 정연한 분자 구조가 흐트러진 난잡한 상태로 불가역적으로 변화하는 것을 의미한다. 이런 변화의 알기 쉬운 예가 휘발유를 태우면 대기가 오염되는 과정이다. 그러고 보면 제2차 세계대전 후 장기간 번영을 구가해 온 여러 선진국이 에너지 위기와 환경 문제로 흔들린 1970년대에 '엔트로피'라는 말이 널리 알려진 것은 우연이 아니다. 그때까지 '기술의 진보'라는 주문을 외던 사람들이 근대 문명의 양상을 에너지론의 입장에서 새로이 파악하게 되었다. 그리고 에너지를 숭배하는 근대 문명은 그 필연적 대가인 엔트로피 문제를 무시해 왔고, 그 결과 대규모 환경 파괴가 진행되고 있다는 사실을 깨달았다.

그러나 20세기라 해도 1970년대에 들어 겨우 에너지가 문명의 근간에 얽혀 있는 문제로서 재인식된 것은 알 수 없는 일이다. 산업혁명 이래로 석탄과 석유 사용이 문명을 탈바꿈시켰다는 것은 누구나 아는 사실이다. 더구나 열역학은 산업혁명을 대표하는 발명인 증기 기관의 물리학적 고찰에서 비롯된 과학이다. 그런데 현대인은 석탄과 석유의 양호한 에너지 수지와 그것이 약속하는 일확천금의 투자 기회에 기뻐 날뛸 뿐, 문명의 양상 자체를 열역학의 관점에서 고찰해 보려고는 하지 않았다. 여기에 자본주의의 가장 위험하고 무서운 측면이 있다.

자본주의의 문제는 착취가 아니다. 자본주의는 지적 활동으로서의 과학에는 전혀 관심이 없으며, 과학의 성과를 비즈니스에 응용할 뿐이다. 따라서 자본주의의 입장에서 과학적 지식은 그 자체가 자본이며, 그것을 가능한 한 비즈니스에 응용하는 것이 자본주의 발전을 좌우한다. 그리고 이처럼 자본이 과학적 지식을 횡령한 결과인 자본주의의 무제약적 발전은 원전 사고나 지구온난화의 위협이라는 형태로 인류라는 종의 생존을 위태롭게 하기에 이르렀다. 과학적 지식을 비즈니스에 응용하는 것 자체가 문제는 아니다. 근대 산업이 엔트로피라는 대가를 무시해 온 사실이 보여 주듯이, 과학적 지식 중에서 비즈니스에 이익이 되는 부분만을 기회주의적으로 써먹고 비즈니스를 제약하는 부분은 무시하는 활용 방식이 문제인 것이다. 그리고 경제학이 규범인 문명은 자연(토지와 노동)에 대한 자본의 지배로 성립된 이상, 열역학이 인식하는 물리적 자연과는 결코 양립할 수 없다.

이에 비해 지리학이 규범인 문명은 열역학 법칙과 쉬이 양립하며, 법칙에 충실할 수 있다. 자연과의 공생을 말한다면 그것은 무엇보다도 열역학 법칙과의 공생이어야 한다. 그리고 이 문명은 근대의 에너지 숭배에서 벗어난 문명이어야만 한다. 이 숭배를 그로테스크한 형태로 상징하는 것이 바로 원자력 발전이며, 지금도 심각한 사태가 이어지고 있는 후쿠시마 원자력 발전소는 사교邪敎의 신전이라 해도 좋다.

그러나 우리는 이 신전의 붕괴를 목도하고서도 아직

껏 그 사태로부터 적절한 교훈을 이끌어 내지 못하고 있다. 원전 사고 이후 일본은 전보다 더 '에너지 절약'을 슬로건처럼 외치고 있다. 확실히 국내의 모든 원자력 발전소가 거의 전면적으로 정지된 상황에서 에너지를 절약하려는 노력은 당연지사이고, 사람들이 정부와 전력 회사의 절전 요청에 잘 따라 준 것도 상찬할 만하다. 그러나 에너지를 보다 주의 깊게 사용하려는 자세가 엔트로피 문제를 고려하는 것과 반드시 같지는 않다. 그것은 에너지 중독에 빠진 사회를 조금이라도 더 연명시키려는 노력에 불과하다. 또한 원전 사고 후에 일본의 탈원전을 결정짓는 것은 풍력과 지열 등 재생 가능 에너지를 통한 발전이라는 목소리가 한순간에 높아졌지만, 이런 논의는 원전 사고가 에너지 중독 사회의 최종적 파국을 의미한다는 점을 놓치고 있다. 그리고 전과 같이 에너지 중독의 입장에서 이 파국을 기술로 해결할 수 있다고 믿고 에코 비즈니스를 장려하는 데서 끝나 버린다. 물론 풍력과 지열 발전은 지역에 따라서는 효과적일지도 모르겠지만, 일본 전역을 풍력 발전기나 태양광 패널로 덮어 버리면 새로운 환경 문제가 생긴다. 그리고 무엇보다도 이런 기술지상주의적 발상은 근대 문명의 숙명적 대가인 엔트로피 문제에 조금도 진지하게 맞서지 않는 것이다.

근대 문명은 원리의 전면적 전환을 요구받고 있다. 그리고 그것이 어떠한 전환인지는 이미 명확하다. 그것은 물리적 에너지를 최대한 효율적으로 이용하는 게 목표인 가치관에서 엔트로피 증대를 가능한 한 억제하는 게 목표인 가치관으로 전환하는 일이다. 물론 물리적 우주를 성립시키는 것은 에너지와 그 형태 전환이며, 인간과 세계 모두 에너지 없이는 존재하지 못한다. 그리고 인류는 앞으로도 전력과 내연 기관 사용을 완전히 그만두지는 않을 것이다. 그러나 에너지 이용과 엔트로피 억제 중 어느 쪽에 중점을 두느냐에 따라 문명의 양상은 완전히 바뀔 것이다.

에도 시대 일본이라는 모델

일본인은 다행스럽게도 자신들의 역사 속에 에너지 중독과는 거리가 먼 사회 모델을 가지고 있다. 근대 문명을 회의적인 눈으로 보아 온 오늘날의 일본에서 에도 시대가 재평가되고 있는 원인 중 하나는 에도 시대 일본이 엔트로피 증대 억제를 원칙으로 하는 사회의 표본이었기 때문이다. 도쿠가와 막부의 정책이 가진 특징은 막번 체제 아래에서의 천하태평을 유지하려는 철저한 보수주의였는데, 이것이 엔트로피 억제로 이어진 사실은 부정할 수 없다.

예컨대 막부는 치안을 위해 운송 수단이나 교통망의 발전을 일부러 늦추었다. 당시 일본에서는 기술적으로 가능했음에도 불구하고 주요 하천에 다리가 세워지지 않았고, 원거리 외항이 가능한 선박의 건조나 마차 사용은 금지되었으며, 인력으로 움직이는 가마를 주된 육상 교통수단으로 사용했다. 그 결과 일본은 어쩔 수 없이 에너지를 가능한 한 쓰지 않는 저에너지 사회가 되었다. 또 쇄국 상황에서 한정된 자원만을 사용해야 했기 때문에 사람들은 가진 것을 알뜰히 수선해 가능한 한 오래도록 사용하는 습관을 들였다. 엔트로피 억제라는 점에서 이런 습관은 현대의 재활용보다 훨씬 효과적이다. 재활용은 그 공정에서 역시 에너지를 사용하기 마련이며, 재활용된 상품은 얼마 지나지 않아 쓰레기가 되기 때문이다.

또한 막부가 센고쿠 시대의 마구잡이 벌채로 황폐해진 삼림을 고려해 식림 사업이나 벌채 금지 제도로 일본의 삼림을 멋지게 재생시킨 일은 잘 알려져 있다. 이 삼림 보호 정책은 식물의 생육과 물 순환을 촉진함으로써 환경 속의 엔트로피 억제에 크게 공헌했을 것이다. 그렇기에 도쿠가와 막부의 보수주의에 모종의 문제가 있었다고 해도 막부가 의도치 않게 거둔 성과는 올바로 평가해야 한다. '봉건제에서 근대로'라는 서양의 진보 도식을 에도 시대에 그대로 적용하다가는 일본인의 귀중한 역사 유산을 놓치기 십상이다. 그리고 이 에도 시대의 유산은 아마 지금도 진보나 발전이 아니라 안정, 보전, 연속성, 억제를 중시하는 건전한 보수주의로서 일본 서민의 심성 속에 여전히 살아 있을 것이다.

엔트로피 증대가 물리적 우주의 근본 법칙인 이상 그것을 억제하려는 사회의 전략은 되도록 에너지를 쓰지 않고 엔트로피 증대의 속도를 가능한 한 늦추는 데 있을 것이다. 그러나 거기에 덧붙여 사회는 생명 활동을 활발히 함으로써 엔트로피 증대의 속도를 더 늦추는 전략을 취할 수도 있다.

지구상의 동식물과 인간이 쉽사리 늙거나 죽지 않는 것은 태양이 방대한 에너지를 지구에 끊임없이 보급하고 있기 때문이다. 이 경우에 지구는 태양에서 전해진 에너지를 사용한 후 엔트로피를 우주로 방출한다는 의미에서 정상개방계定常開放系*를 이루고 있다. 그리고 닫힌 계와 달리 정상개방계에서는 엔트로피가 국소적·일시적으로 감소

★ 다양한 인간 활동이 계속되고 있는데도 계 내의 엔트로피가 일정 시간 후에도 거의 변하지 않았을 때 해당 지역을 가리켜 정상개방계에 접근했다고 한다.

할 수 있다. 동식물과 인간 같은 생명계는 그런 국소를 이룬다. 구체적으로 말하자면, 태양에서 도달하는 에너지를 식물이 광합성을 통해 동물과 인간이 이용할 수 있는 에너지로 전환하며, 동물과 인간은 그것을 외부에서 보급되는 영양의 형태로 끊임없이 섭취함으로써 신체 조직을 갱신해 나가고, 그럼으로써 조직을 분해와 죽음으로 이끄는 엔트로피 증대에 저항한다.

생명의 발단에는 식물의 광합성이 있다. 그렇기에 지구상에서는 식물이야말로 유일하고 참된 생산자인 셈이다. 인류는 노동과 기술의 성과를 자랑하지만, 열역학의 견지에서 보면 실은 아무것도 생산하지 않고 있다. 식물 덕에 생존하며 노동과 기술로 주어진 에너지의 형태를 전환하고 있으면서 그것을 인간의 지혜로 얻은 '무에서의 창조'로 믿고 우쭐해하고 있을 뿐이다. 동물과 인간의 생명을 질서 잡힌 조직으로서 보전하는 것은 식물이다. 그리고 생명을 보전함으로써 식물은 인간의 삶을 한낱 물리적 우연을 넘어선 의미 있는 것으로 만든다. 인류 문명이 계속되는 파괴와 죽음의 위협에 맞서 인간의 삶에 의미를 부여하려는 시도라면, 그 의미 있는 질서를 창조하려는 시도의 원점은 식물의 생산 활동이다. 숱한 신화나 종교가 천국을 꽃이 흐드

러지게 핀, 식물의 은혜로 가득한 세계로 묘사한 것은 조금
도 이상하지 않다.

문명은 기본적으로 농의 문명이다

그리고 바로 여기에 우리가 산업의 한 분야인 '농업' 대신
에 인류의 일반적 영위를 의미하는 말인 '농'農을 써야 할
이유가 있다. 근대 이전의 세계에서는 문명의 토대가 토지
와 농에 있다는 것을 누구나 알고 있었으며, 토지와 농작물
은 신의 선물로 여겨졌다. 근대의 역사는 이러한 농이 '농
업'으로 왜소해진 역사다. 그리고 생산성이 낮고 정체된 농
업 사회는 혁신적이고 역동적인 공업 사회로 교체되었다
고 생각되었다.

　　그러나 그런 공업 사회라는 것이 정말로 존재할까? 근
대 공업의 원동력이 되어 온 석탄과 석유는 조금도 새롭지
않은 자원이며, 태곳적에 태양 에너지를 흡수한 동식물의
유해가 화석화된 것으로, 태양 에너지의 거대한 저금이라
할 수 있다. 따라서 산업혁명 이후의 인류는 미지의 먼 친
척에게서 어느 날 굴러 들어온 거액의 유산을 물 쓰듯 쓰며
법석을 떠는 난봉꾼과 같다. 그리고 과거의 에너지 저금을

분별없이 낭비하면 지구상의 생태학적 균형을 교란하게 된다. 게다가 공업 사회라 해도 식료 생산 자체를 공업화하기는 불가능하다.(이를테면 수경 재배를 통한 농작물 공장 생산은 에너지 수지라는 측면에서 아예 거론할 가치도 없다.) 따라서 오늘날에도 인류 사회는 농업 덕에 존속하고 있으며, 완결된 시스템으로서의 공업 사회 같은 건 존재하지 않는다. 문명은 오늘날에도 기본적으로는 농의 문명인 것이다.

그러나 농업에서 농으로의 문명 원리의 전환은 근대 이전 세계로 복귀하는 걸 의미하지는 않는다. 이 전환의 근거는 열역학과 생태학에 바탕을 둔 자연관이다. 오늘날 농업은 주로 식료 생산에 특화된 산업의 한 분야로 여겨진다. 이에 비해 농은 엔트로피 억제를 과제로 삼는 문명 전략의 일환이며, 식료 생산에 한정되지 않는 폭넓은 의미를 가진다. 그것은 문명 원리 자체의 포괄적인 귀농이다. 특히 농은 문명의 산업 기반이 광물계에서 생명계로 전환되는 것을 의미한다. 따라서 바이오매스biomass*를 이용한 지역 발전도 생명계 경제의 일례로서 농에 포함된다고 할 수 있다.

농을 생명계를 유지하고 강화하는 활동 일반으로 본다면, 그 첫째 과제는 국토의 유지와 보전이어야 한다. 농

★ 화학적 에너지로 사용 가능한 식물, 동물, 미생물 등의 생물체, 즉 바이오 에너지의 에너지원을 의미한다.

축산물 등의 식료 생산은 이 활동의 부산물일 뿐이다. 그리고 전통적인 사회에서도 농민은 식료를 생산하는 농업 노동자가 아니었다. 논밭일은 오랫동안 인류에게 지역적 개성과 깊이 결부된 생활양식이었다. 그것을 식료 생산에 특화된 산업으로 바꿔 놓은 것이 산업혁명이다. 마르크스가 『자본론』에서 논한 18세기 영국의 인클로저Enclosure*는 농민에게서 공유지에 대한 전통적 권리를 빼앗아 빈민으로 만들고 도시로 유입시켜 산업혁명을 지탱할 노동력을 창출했는데, 이는 또한 생활양식으로서의 농이 파괴되는 과정이기도 했다는 사실을 떠올려야 한다.

그리고 국토 보전과 관련해 더욱 중요한 것은 지구상의 물 순환을 적절히 유지하는 일이다. 결국 생명계에 물만큼 중요한 자원은 없다. 태양을 마주한 지구를 정상개방계로 유지하는 것도 물이다. 물은 지표면의 열을 흡수하고 증발해서 구름이 되며, 지구상에서 폐기된 열을 우주로 방출한다. 지구온난화가 인류에게 위협적인 가장 큰 이유는 그것이 지구상의 물 순환 과정을 크게 교란한다는 데 있다. 그리고 잘 알려져 있듯이 온난화의 원인은 화석 연료의 대량 소비다. 화석 연료의 양호한 에너지 수지가 각국 경제를 성장시킨다. 따라서 열역학의 관점에서 보면 GDP 같은 경

---

* 근세 초기의 유럽, 특히 영국에서 영주나 대지주가 목양업이나 대규모 농업을 하기 위해 미개간지나 공동 방목장과 같은 공유지를 사유지로 만든 일.

186

제 지표는 인류가 화석 연료를 대량으로 소비하는 정도를 보여 주고 있을 뿐이다. GDP와는 반대로 지리학적 문명에서는 물이 경제의 기본적 지표가 될 것이다. 이 문명의 과제는 역동적 혁신과 성장이 아니라 보전과 안정이며, 수자원이 적절히 관리되고 언제든 필요에 따른 이용이 원활해져야 사람들이 안정된 생활을 누릴 수 있을 것이다.

근대 문명은 수송의 문명이며, 대량의 상품의 신속한 수송이 노동과 토지에 대한 자본의 지배를 가능케 했다. 자본주의는 '자본-노동-토지'라는 가치평가의 서열에 의해 성립되어 있으며, 거기서는 자본의 투자 수익이라는 좁은 관점에서 인간은 노동력으로, 토지는 자원으로 환원된다. 그러나 지리학적 문명에서는 이것이 '토지-노동(인간)-자본'이라는 서열로 역전되어 토지가 모든 가치의 원천이 된다. 여기서는 부를 생산하는 토지가 주인이며, 인간은 토지가 비호하고 부양하는 손님 또는 파수꾼과 다르지 않다. 그리고 자본의 효용은 인간의 필요에 봉사하는 데 있다. 자본을 인간에게 봉사시키는 경제 시스템의 구체적 양상에 대해서는 다음 장에서 설명하고자 한다.

수송의 문명에서 거주의 문명으로

자본주의 체제에서는 자연을 자원으로서 개발·이용하고 노동을 통해 그것을 상품으로 바꿈으로써 자본의 가치를 증대시켜 노동과 토지에 대한 자본의 지배를 강화한다. 따라서 경제학적 문명은 노동이 가치를 창출한다고 여기며, 노동과 생산을 거의 종교적인 가치로 추어올린다. 그러나 지리학적 문명에서는 '거주하는 것'이 인간의 본분이다. 인간은 거주하기 위해 일한다. 노동은 거주하는 데서 파생되며, 그곳에서 절로 생겨나는 생활양식의 일환이다. 근대의 수송 문명과 달리 지리학적 문명은 '거주'가 삶의 중요한 동기로 자리하는 문명이다. 거기서 노동은 거주와 일체화된다. 그리고 교통망의 발전보다 거주 환경의 정비가 중시된다. 국토 보전의 관점에서는 국토 위에 인구가 가능한 한 균등히 분포해야 하며, 인구가 도시로 집중되는 일은 바람직하지 않다.

그렇다면 왜 도시에 인구가 집중될까? 그것은 도시에 부와 권력이 집중되어 있기 때문이며, 교통망이 이 집중을 가능케 하기 때문이다. 예컨대 일본의 철도망은 도쿄가 보드게임의 '최종 목적지'와 같은 것이 되도록 설계되어 있다. 고속도로, 고속철도, 공항 등 현대의 교통망은 대도시가 지역의 부와 인재를 빨아들이도록 돕는 파이프라인인 것이다. 1960년대의 고도 경제성장에 앞서 도카이도東海道 신칸센이 개통된 것은 우연이 아니다. 지방 사람들은 자신이 사는 지역에 신칸센이 개통되거나 공항이 건설되어 지역 경제의 진흥을 가져오길 기대하지만, 실제로는 전국적 교통 인프라가 정비될수록 대도시에 인구가 집중되고 지방의 과소화過疎化가 진행된다. 이렇듯 도시로 부와 권력이 집중되면 도시의 거대화를 초래한다.

도쿄는 더 이상 하나의 대도시가 아니라 일본 인구의 4분의 1이 사는 수도권이라는 괴물이 되었다. 이 괴물을 존속시키기 위해서는 외부로부터의 방대한 에너지 보급이 필요하다. 원자력 발전으로 대표되는 대규모 집중 발전은 화려한 도시형 소비를 가능케 하기 위한 것이라 할 수 있다. 따라서 원자력 발전으로 인한 방사능 오염, 대형 화력 발전소에 의한 지구온난화 촉진 같은 문제는 풍력 발전이나 태양광 패널로 해결될 수 있는 사안이 아니다. 진짜 문제는 거대 도시이며, 도시형의 낭비적인 대량 소비를 필요로 하는 경제다. 이 문제는 기술이 아니라 거주 형태의 전환으로 해결된다. 사람들이 대도시가 아니라 보다 작은 곳에 거주한다면 지역 소규모 발전으로 에너지 수요를 충분히 감당할 수 있을 것이다. 그리고 지역 소규모 발전이라면 꼭 재생 가능 에너지를 고집할 필요도 없다. 바이오매스를 사용한 화력 발전이나 각종 용수로를 이용한 수력 발전은 환경에 큰 부하가 되지 않는다. 이처럼 환경 문제는 곧 도시 문제다. 그리고 도시는 거대화에 비례해서 환경의 엔트로피를 증대시킨다. 도시는 지방의 부를 빨아들이는 한편 이 문제를 지방에 떠넘긴다. 지방이 나날이 대도시의 쓰레기 처리장으로 변하고 있는 현상은 도시가 내부 모순의 청구서를 지방에 떠넘기는 것의 일례다.

　지리학적 문명에서는 가능한 한 균등한 인구 분포 촉진이 교통망 정비의 주된 목적이 된다. 그리고 이에 따라 도시의 양상도 크게 달라진다. 근대 도시는 어디나 미국 도시와 같은 붐 타운의 성격을 띠는데, 사람들은 집적된 부에 이끌려 도시로 흘러들었다가 붐이 꺼지면 떠나 버리기 때문이다.

　유럽이나 일본의 유서 깊은 도시와는 달리 미국의 도시에는 비즈니스와 취직에 유리한 기회 이외에는 이렇다 할 매력이 없다. 따라서 미국인은 혼잡한 도심의 아파트보다 교외의 넓은 단독주택에 살고 싶어 하며, 이 교외화가 미국 경제성장의 유력한 요인이 되어 왔다. 그리고 이런 교외 주택의 주민 대다수는 고학력 화이트칼라다. 지방의 젊은이가 도시의 대학을 마치고 도회지의 화이트칼라가 되는 것은 도시 이주가 부에 대한 접근을 의미하는 전형적 사례라 할 수 있다. 전후에 여러 선진국에서는 학력 경쟁이 지방에서 도시로 인구가 이동하는 것을 조절·제어하는 역할을 했다. 매스미디어에서 학력의 역할과 학교가 대표하는 피상적인 문화만을 도시의 문화로 여기는 편견 사이에는 깊은 관련이 있다.

'특별한 장소'로서의 도시

그리고 도시와 지방의 관계라는 점에서 근대 도시와 근대 이전의 도시 사이에는 결정적 차이가 있다. 근대 세계에서는 도시와 지방 사이에 양적 차이만 존재했지만, 근대 이전 세계에서는 도시와 지방이 질적 차이로 구별되었다.

근대 세계에서 도시와 지방을 구별하는 것은 부와 인구의 집적 정도라는 양적 차이에 불과하다. 따라서 정령政令 지정 도시는 주로 인구 50만 이상이라는 요건에 따라 일반 도시와 구별되며, 인구가 늘어난 조町는 시로 승격된다.

요코하마시는 일본 개국 당시에는 작은 어촌이었으나 항만의 경제적 중요성에 의해 대도시가 된 예다.

이와 달리 근대 이전의 세계에서 도시는 특별한 장소라는 점에서 지방과 질적으로 구별되었다. 영어의 'town'은 어원적으로 울타리나 담으로 둘러싸인 특별한 장소를 의미한다. 따라서 도시의 존재에 인구의 많고 적음은 관계가 없다. 규범적 도시 문화를 낳은 고대 그리스 아테나이의 인구는 고작 15만 명이었으며, 중세 유럽에는 인구가 수천 명에 불과한 도시도 존재했다. 그런 소규모 집락도 도시로 여겨진 것은 그곳이 나날의 생산에서 해방된 소비의 장이었기 때문이다. 경제적으로 도시는 시골에서 생산된 부가 소비되는 번화한 곳이었다. 다만 고대와 중세의 도시는 현대의 소비 문명과는 정반대의 의미에서 소비의 장으로서 존재했다. 이탈리아의 도시에 수호성인이 있었다는 데서 알 수 있듯이, 도시는 종교나 신화와 결부됨으로써 특별한 장소가 된 경우가 많았다.

기원전 5세기의 펠로폰네소스전쟁 당시, 아테나이의 지도자 페리클레스가 아테나이를 '그리스 세계의 학교'라 부른 것도 시사적이다. 도시는 신성한 제의의 장이자 학교였다. 그곳은 일상적인 노동의 필요에서 해방된 사람들에 의해 다양한 정보가 교환·집적되고 도태되며 그에 따라 고도의 문화가 창조되는 장소였다. 그 때문에 소도시 아테나이는 그리스 비극에서 파르테논 신전에 이르기까지 비길 데 없는 문화적 유산을 후세에 남길 수 있었다. 그리고 이 도시가 창조하는 문화가 시골 사람들의 삶과 노동에 의미를 부여했다. 노동은 한낱 생존을 위한 무의미한 고생이 아니며, 거기에는 문화라는 과실을 산출할 소비를 가능케 한다는 목적이 있었다. 그러한 문화를 창조하는 것을 조건으로 도시는 소비의 장일 수 있었다. 그리고 고대 아테나이의 예는 에도 시대의 교토에도 어느 정도 들어맞는다. 교토는 에도나 오사카와는 비교도 할 수 없이 작은 도시였지만 예능이나 학문, 공예의 메카였으며, 일본의 어엿한 문화 수도였다. 이 점에서 교토의 역사는 메이지 유신에 의한 도쿄 천도 이후에 근대 일본의 붐 타운을 대표해 온 도쿄와 상반된다. 지리학적 문명에서 지역의 개성과 다양성이 강조되면 도시는 다시금 지역 고유의 시민 정신을 기르는 특별한 장소로서 여타 지역과 구별될 것이다.

'규모의 불경제'에 빠지는 경제학적 문명

경제학적 문명에 관한 논점은 또 있다. 이 문명은 끝없이 규모의 확대로 향하는 경향이 있다. 도시의 거대화뿐 아니라 다국적 기업의 글로벌한 활동도 이 경향을 잘 보여 준다. 경제 규모 확대의 지표인 GDP도 이 경향의 산물이다. 이 경향은 자본주의가 기본적으로 '규모의 경제'라는 사실에서 기인한다. 자본주의 체제에서는 생산 규모를 확대할수록 확대에 든 비용에 비해 확대로 얻는 수익이 점점 늘어난다. 다만 여기서도 얼마 안 가서 수확 체감의 법칙이 작동한다. 규모의 확대가 어느 한도를 넘어서면 비용만 늘고 수익은 점차 줄어든다. 그러나 자본은 이 한도를 무시하고 효과가 마이너스가 되어도 규모 확대를 멈추려 하지 않는다. 그 결과, 거대해진 조직의 유지 자체에 거액의 비용이 든다. 리먼 쇼크 이후 현재의 세계 경제 위기는 이 '규모의 불경제'에 의해 초래되었다고 할 수 있다.

이 규모의 불경제를 선명히 드러내는 것이 EU의 단일 통화인 유로의 위기다. 1998년 이후 EU의 유로에 의한 통화 통합은 세계화의 압력 아래에서 유럽의 자본이 미국에 대항하기 위해 취한 조치였다. 각국 통화를 유럽중앙은행과 EU 당국이 관리하는 유로로 통일하면 EU는 그 역내에서 자본과 노동력이 국경을 넘어 자유롭게 이동하는 단일한 거대 시장이 된다. 통화 통합은 바로 규모의 경제 논리에 따른 것이었다. 이로써 EU의 기업은 규모 면에서 미국을 웃도는 유로권 전역을 국내 시장으로 하는 투자와 생산이 가능해진다. 그러나 통화만 통합하고 각국의 재정은 각국 정부에 맡겨 두면서 오히려 유로권 내부의 지역 격차를 부각하게 되었다.

단일한 거대 시장의 출현으로 가장 큰 혜택을 본 쪽은 국제적 경쟁력이 있는 상품을 생산하는 수출 강국 독일이다. 그 결과, EU의 금융 정책은 유로의 지주인 독일 경제에 중점을 두게 되었으며 순조로운 경제가 인플레에 빠지지 않도록 장기간 유로의 금리를 낮추었다. 그러나 유로권 나라들 모두에 적절한 금리 같은 건 있을 리 없다. 저금리의 자금은 그리스나 스페인 등 무역을 통한 경제성장을 기대할 수 없는 나라들에서는 부동산 버블이나 방만한 재정의 원인이 되었으며, 리먼 쇼크와 맞물려 유로는 EU 경제 전체를 파탄으로 이끌었다.

통화 통합은 세계화의 와중에 유럽을 미국에 대항할 또 하나의 미국으로 만들려는 시도였다고 할 수 있다. 그렇다면 EU를 통화는 물론이고 재정적으로도 완전히 통합된 유럽 합중국으로 만들었어야 한다. 연방 국가라면 지역 간 격차가 있어도 재정이 탄탄한 주의 세수를 가난한 주에 투입하면 되고, 동일한 금리가 지역에 따라 달라지는 결과를 낳을 일도 없다. 그러나 현실적으로 유럽 합중국은 SF적 공상에 가깝다. 중소 규모의 여러 나라가 복작대는 지역의 개성과 다양성이야말로 유럽의 장점이다. 유럽의 미국화는 처음부터 불가능한 기획이었다. 개척자와 이주민이 세운 젊고 역사 없는 나라 미국과 달리, 유럽은 각 지역에 고대 이래의 역사적 기억이 스며들어 있다. 그리고 이 점에서는 유로의 파탄 탓에 불거진 EU의 균열이 독일로 대표되는 게르만적인 '북'과 이탈리아, 스페인 등의 라틴적이고 지중해적인 '남'으로 갈라지는 형태를 띠고 있는 점에도 주목해야 한다.

경제학은 EU의 공중분해 위기가 각국의 산업 구조나 경제성장률, 통화 외에 재정까지 통합하지 않은 실책 때문이라고 설명한다. 그러나 문제의 근본은 유럽의 지역적 개성과 다양성이 미국식 연방제에 의한 획일화를 허용하지 않은 데 있다. 그리고 각국 사람들이 규모의 경제라는 논리에 의한 생활과 노동의 획일화에 저항하는 이유는 오랜 세월에 걸쳐 형성되어 온 그들의 생활양식에 있다. 지역의 개성과 다양성이라는 문제는 식문화 등 생활양식의 차이에까지 영향을 미친다. 예컨대 독일인과 이탈리아인의 생활양식의 차이는 경제학이 아니라 인문지리학이나 민속학의 영역에 속한다. 따라서 유로와 EU의 위기에서는 경제학의 '속도와 규모의 논리'가 지리학의 '지역과 거주의 논리'와 충돌하고 있다고 할 수 있다. 그리고 사람들은 이기적이고 타산적인 경제인이라는 존재가 인간을 행복하게 한다고는 더 이상 생각하지 않는다.

통화 통합이 좌절되면서 유럽 각지에서는 지역 분리 독립 운동이 활발히 일어나고 있다. 스코틀랜드에서는 2014년에 잉글랜드와의 분리를 놓고 찬반을 묻는 주민투표가 시행될 예정이며, 스페인의 카탈루냐와 북이탈리아에서도 분리 독립 운동이 세를 키우고 있다. 유로화의 좌절은 아마도 조직의 끝없는 대규모화를 지향하는 시대가 끝났다는 징표이기도 할 것이다. 세상사에는 모두 적절한 규모와 한계가 있다는 것은 예로부터 인류 지혜의 일부를 이루어 왔다. 그리고 이제는 동식물의 몸집 크기 등에 관해서도 그것이 생물학의 상식이다. 적절한 규모를 모색하는 일은 지역의 관상학인 지리학에 특히 어울리는 과제다. 그렇기에 도시나 집락의 적절한 규모와 비율을 찾아내 확정하는 일은 엔트로피 억제와 함께 지리학적 문명의 중요한 과제가 될 것이다.

지리학적 지역 연합의 나라, 스위스

마지막으로 국토의 지리학적 특징에 딱 들어맞는 국가 체제의 실례를 들어 보고자 한다. 바로 스위스 연방이다.

잘 알려져 있듯이 스위스는 알프스의 험준한 고봉이 아름다운 대표적인 산악국이다. 산악국에 적합한 생업은 목축인데, 혹독한 풍토 속에서 목축을 위해 협력하는 주민들의 습관이 스위스의 특색을 낳았다. 스위스 연방의 역사는 14세기로 거슬러 올라간다. 당시 스위스에서는 빈에 터를 잡은 합스부르크가의 황제가 광대한 땅을 영유하고 있었으며, 신성로마제국 체제와 스위스 농민의 자치 조직의 대립이 깊어지고 있었다. 그런 가운데서 우리, 슈비츠, 운터발덴 등 세 칸톤canton*이 황제에 대항하기 위해 상호 방위 동맹을 결성했고, 1315년의 모르가르텐 전투에서 이 동맹의 농민군이 산악 지리를 활용한 교묘한 전술로 황제의 기사군을 대패시킴으로써 연방 탄생의 단초를 마련했다.

★ 국가를 구획하는 행정 구역의 유형 중 하나.

농민군이 그 후에도 황제를 상대로 거듭 승리를 거두자 동맹에 가담하려는 칸톤도 늘어났으며, 1499년에 황제와 맺은 바젤 조약에 의해 독립된 스위스 연방이 정식으로 발족했다.

이처럼 지역 간의 자발적 제휴로 출발한 역사를 가지고 있는 덕에 스위스는 오늘날에도 중앙 집권을 철저히 배제한 지역 연합의 나라일 수 있는 것이다. 지리학의 관점에서는 나라라는 것이 제휴나 중첩을 통해 성립되는데, 스위스는 이 지리학의 논리가 그대로 국가 체제가 된 나라다. 이 국가 체제의 원칙은 자치 존중과 권력 집중의 배제다. 스위스인은 의회를 포함해 어딘가에 권력이 집중되는 것을 꺼린다. 그 때문에 의회 권력은 칸톤의 자치 및 국민발의제와 국민투표제 같은 직접 민주주의에 의해 제약된다. 그리고 스위스 특유의 의회통치제 아래에서 의회는 행정부를 겸하고 있다. 스위스의 협정 민주주의도 독특하긴 마찬가지다. 이 제도에 따라 비례대표제 국정國政 선거로 일정 수 이상의 표를 얻은 정당은 모두 입각한다. 각료 자리의 배분은 득표율에 따라 결정된다. 따라서 스위스의 선거와 의회는 여당과 야당의 권력 쟁탈의 장이 되는 것을 피할 수 있으며, 선거는 여론조사와 비슷해진다. 내각은 연방 참

사회라고 불리는데, 각국의 총리와 같이 한 사람에게 권력이 집중되는 일은 없다. 그리고 일곱 명의 연방 참사 중 한 명이 윤번제로 형식적 명예직인 대통령이 된다.

더구나 헌법 개정, 국제 조직 가맹, 헌법에 근거하지 않은 연방법 개정에는 국민과 칸톤의 투표를 통한 이중의 승인이 필요하다. 스위스의 경우 자치의 존중은 철저히 지켜야 할 것이라, 학교의 교육 방침 등은 칸톤 차원에서 더 나아가 아예 학교마다 다르다고 한다. 그리고 스위스인은 연방 국가보다 자신이 거주하는 칸톤에 애착을 느끼며, 스위스 의회가 의사당에 국기를 게양하게 된 것은 이민 유입이 쟁점이 된 최근의 일이다. 스위스는 국민이 독일계, 프랑스계, 이탈리아계로 나뉘어 있어 공용어도 여럿인 다민족 국가인데, 이웃한 유고슬라비아에서 벌어진 것과 같은 민족 분쟁은 상상도 할 수 없다. 이것도 산악국민 의식의 공유, 자치 존중과 권력 집중의 배제 같은 국가 원칙이 거둔 위대한 성과다.

산악국 스위스의 역사는 고대 이래의 일본의 역사와도 겹친다. 고대에 일본은 대륙 국가인 중국에서 율령제라는 전제적 국가 체제를 도입했다. 그러나 섬나라 일본의 지리, 풍토, 역사와 맞지 않는 이 대륙형 국가 체제는 도입과 동시에 해체되기 시작했다. 이후 에도 시대의 막번 체제에 이르는 역사는 일본인이 이 체제를 일본의 지리, 역사, 국정에 입각해 개편해 온 역사라 할 수 있다. 그런 의미에서 막번 체제는 산지가 많고 지역과 기후의 다양성이 큰 섬나라인 일본의 풍토에 걸맞은 자치와 분권의 체제이기도 했다. 막번 체제에 모종의 문제점이 있었다 한들, 그것은 일본의 국가 체제가 진화하는 방향을 드러냈을 뿐이다. 이 점에서 개국 후에 도쿠가와 막부가 당시의 독일을 모델로 삼아 막번 체제를 연방제로 개혁하는 방안을 검토하고 있었다는 사실은 흥미롭다.

　　메이지 유신이라 불리는, 사쓰마·조슈 번의 권력욕에 사로잡힌 자들에 의한 쿠데타는 이 진화의 과정을 역전시킨 것이었다. 그리고 메이지의 권력 엘리트는 당시의 제국주의 풍조에 편승해 일본을 제정 중국과 같은 존재로 만들려는, 이미 고대에 폐기된 시도를 되풀이했다. 그 후 일본 제국이 대륙에 진출한 배경에는 쇠퇴하는 중국을 대신해 일본이 동아시아에 다민족 제국을 건설해 새로운 중화가 되겠다는 구상이 있었다. 그리고 일본 제국이 패전으로 소멸한 후에 일본의 엘리트는, 이번에는 일본과는 모든 점에서 대조적인 나라인 미국을 발전 모델로 삼았다. 예로부터 역사적 기억이 땅에 스며들어 있는 정주자의 섬나라 일본과 개척자와 이주민이 무에서 창출한, 역사 없는 대륙 국가 미국 사이에는 닮은 구석이 눈곱만큼도 없다. 그리고 전후 일본의 미국화의 귀결이 바로 지진이 잦은 일본의 지리적 특성을 무시하고 후쿠시마 해안에 건설한 미국제 원자력 발전소를 쓰나미가 덮친 대사고다. 원전 사고라는 너무나 큰 대가를 치르고 나서야 우리는 에너지 중독의 시대가 끝났다는 것을 알았다. 그리고 전후 일본의 에너지 숭배를 대체할 것은 엔트로피 억제 외에는 없다. 후쿠시마 이후 일본의 과제는 경제학에서 지리학으로의 관점의 전환, 광물계에서 생명계로 옮겨 가는 산업 구조의 개혁 그리고 경제와 사회의 지역화다.

4

성장에서 보전으로,
플로에서 스톡으로

허공에 뜬 문명 원리의 전환

1972년에 로마 클럽이 보고서 『성장의 한계』를 펴냈을 때는 그것이 대기업 회장 등 선진국 엘리트로 구성된 싱크탱크의 보고서이기도 해서 세계적으로 대단히 큰 반향을 불러왔다. 그리고 1970년대에는 경제성장의 문제에 대한 자연과학적이고 정량적인 분석을 담은 이 보고서를 문화나 사상의 영역에서 보완하는 저작도 잇따라 간행되었다. 선진국의 경제성장 지상주의 사회를 문화나 사상의 각도에서 비평적으로 논한 이반 일리치의 『학교 없는 사회』나 에른스트 슈마허의 『작은 것이 아름답다』 같은 저작은 오늘날에도 낡기는커녕 현재의 위기 속에서 더욱 중요한 저작으로 자리하고 있다. 달러 쇼크와 오일 쇼크로 선진국들의 번영에 그림자가 드리우기 시작한 1970년대는 문명 원리의 전환이 예감된 시대이기도 했다.

그러나 그런 예감은 지금도 하릴없이 제자리를 맴돌고 있을 뿐이다. 로마 클럽 보고서가 간행되고 40년이 지난 지금까지 선진국의 경제성장 지상주의에는 1밀리미터의 방향 전환도 없었다. 방향 전환은 고사하고 1970년대 당시에는 유럽이나 일본의 미국형 번영에 초연한 듯했던 중국이나 인도마저 비非구미형 근대화에 실패한 후로는 결국 경제성장 지상주의로 돌아서고 있다. 그리고 리먼 쇼크 이후 일본이나 미국, 유럽은 사분기 GDP 성장률이 몇 퍼센트인가로 일희일비하는 형국이다. 로마 클럽이 '성장의 한계'를 논한 1970년대와는 대체 무엇이 달라진 것일까? 그리고 지구온난화나 피크 오일로 '성장의 한계'가 더 이상 예측이 아니라 엄연한 사실이 된 21세기에, 변함없이 경제성장 지상주의를 맹목적으로 고집하는 것은 일종의 집단적 광기가 아닐까?

이 경제성장 신앙은 아주 기묘한 현상이다. '경제성장'은 그다지 오래된 말은 아니다. GDP라는 경제 통계 방법이 전후에 보급된 데서 알 수 있듯이, 이 말은 전후에 미국에서 쓰기 시작한 것이다. 존 메이너드 케인스나 조지프 슘페터 같은 전쟁 전의 경제학자들은 이 말을 쓰지 않았다. 그리고 성장이 정부에 대한 국민의 요청이나 희망사항이라는 이야기도 어불성설이다. 여론조사를 보면 "환경 보전이 경제성장보다 중요하다"라고 답하는 사람이 언제나 압도적으로 많다.

그렇다면 선진국의 정치와 경제를 움직이는 엘리트는 사실 로마 클럽 보고서가 말하는 바를 의도적으로 묵살하거나 '성장의 한계'에 대해 논하기를 금기시했던 것은 아닐까? 그들이 로마 클럽 보고서에 정면으로 반박한 적은 한 번도 없다. 문제는 그들에게 보고서의 예측이 너무나도 정확했던 것, 그리고 보고서가 컴퓨터 시뮬레이션으로 그려 낸 문명의 위기가 예측보다 훨씬 일찍 도래했다는 사실이었다. 로마 클럽 보고서는 '객관적 데이터로 볼 때 선진국 경제가 종래와 같이 성장해 나가기는 불가능하다'는 경보였다고 할 수 있다. 그리고 경보로 예측된 사태에 대처할 수 있는 체제를 정비하는 데는 나름대로 시간이 걸린다. 그런데 시간적 여유가 없었다. 보고서가 간행된 이듬해인 1973년에는 1차 오일 쇼크가 발생했다. 여기에는 4차 중동전쟁도 얽혀 있었는데, 사우디아라비아 등 주요 산유국이 카르텔을 결성해 이스라엘 지지파인 선진국에 대한 원유 거래 금지 조치를 단행한 근본 원인은 달러 쇼크로 원유 수출에 의한 달러 표시 외화 수입이 줄어든 데 있었다. 산유국들이 이처럼 강경하게 나올 수 있었던 것도 원유가 이미 완전한 판매자 중심 시장이 되어 있었기 때문이다. 선진국의 원유 수요는 확대 일로였다. 하지만 채굴만 하면 양질의 원유가 절로 솟아나던 대유전은 더 이상 나오지 않았다. 1차 오일 쇼크 후에 원유 가격은 단번에 네 배로 뛰었다. 그리고 원유 공급이 불안정해지자 선물 시장에 투기 자금이 개입해 공급을 더욱 불안정하게 만들었다. 이 1차 오일 쇼크 후에 선진국 기업의 수익은 떨어지기 시작했으며, 이후 수익 저하 경향이 뒤집히는 일은 없었다. 이렇게 해서 1970년대는 번영의 끝을 고하며 경제가 어려워지는 가운데 원유 가격은 상승하는 스태그플레이션의 시대가 되었다.

지금 와서 생각해 보면 로마 클럽 보고서는 경보라기에는 발령된 타이밍이 늦었다. 보고서 간행 당시에 원유 공급은 이미 줄어들고 있었고, 세계 경제는 오일 쇼크로 대혼란에 빠져들기 직전이었다. 로마 클럽이 장기적 사태로서 예측한 성장의 한계는 한순간에 세계가 직면한 현실이 되어 버렸다. 1970년대에는 피크 오일은 아직 닥치지 않았지만 원유 공급이 점차 줄어든 탓에 공업 경제의 에너지 수지는 악화되기 시작했다. 이 시기 이후 세계 경제의 침체와 혼란의 배경에는 이 에너지 수지 악화가 있다. 그리고 이런 사태로 가장 큰 타격을 입은 것이 바로 금융 자본이다. 이것은 불가피한 일이었다.

앞서 이야기했듯이 현대 경제가 부채를 이자까지 얹어 은행에 변제하는 의무에 의해 굴러가고 있음에도 불구하고 파탄을 면해 온 것은 원유가 가져온 에너지 수지의 잉여 덕이었다. 실제로 '경제성장'이라는 말은 은행 돈의 모순을 마법 같은 자원인 원유로 해결하고 모순은 방치하는 꼼수를 의미한다고 할 수 있다. 따라서 경제성장률은 기본적으로 원유 소비량에 비례한다. 원유 공급이 줄어들면 경제는 별 수 없이 저성장이나 제로 성장이 된다. 이것이 1970년대의 현실이었다. 로마 클럽이 보고서를 펴냈을 때 세계는 이미 성장의 한계에 도달해 있었던 것이다.

머니게임의 확대와 마이너스 성장

각국 엘리트들은 성장의 한계라는 문제를 무시하는 데서 더 나아가 아예 지배 전략을 다시 세웠다. 1980년대에 미국의 레이건과 영국의 대처로 대표된 전략은 신자유주의라고 불렸지만, 실제로는 이 전략에 애덤 스미스의 고전적

자유주의와 닮은 구석은 조금도 없었다. 이 전략의 핵심은 오일 쇼크와 함께 전후의 번영이 끝났다는 인식을 바탕으로 복지 국가를 청산하는 것, 그리고 경제의 저성장에도 불구하고 금융 자본의 절대적 영향력을 유지하는 것이었다.

　풍부하고 값싼 원유는 1960년대까지 전후 자본주의의 안정적 성장을 가능케 했다. 에너지 수지에 여유가 있는 한 자본 입장에서도 노동조합의 교섭권을 인정해 노동자에게 어느 정도 부를 분배함으로써 시장 확대와 수익 증대를 가져왔다. 그러나 레이건과 대처는 노조의 임금 인상 요구가 물가를 상승시키며 스태그플레이션의 요인이 된다면서 정권을 쥐자마자 노조와의 전면적 대결에 들어가 유력 노조의 파업을 완전히 제압했다. 경제의 파이가 커지면 혜택이 모든 계급·계층에 돌아가던 시대는 끝난 것이다. 그리고 이 시기 이후로 선진국 경제는 확실히 금융 자본의 논리로 굴러가게 되었다. 오늘날의 통화는 금의 보증이 없는 법정 통화이며, 부 자체가 아니라 정부에 대한 국민의 신뢰에 근거하는 부의 기호記號다. 그리고 그 기호의 증식에는 실물 경제에서와 같은 성장의 물리적 한계가 없다. 그렇기 때문에 실물 경제는 저성장 상태여도 은행은 통화를 기호로서 조작하는 머니게임을 얼마든지 확대할 수 있다.

그러나 국가의 제도적 시스템이 법정 통화의 가치를 보증하고 있는 이상 은행은 국가를 그 머니게임에 봉사하도록 해야 한다. 그 결과, 미국에서는 뉴딜 이후 은행의 폭주를 방지하기 위해 마련해 온 다양한 제도적 안전 장치가 떨어져 나가 은행을 규제하는 증권위원회 같은 정부 기관의 권한은 허울만 남게 되었다. 그리고 월스트리트가 그 대표자를 백악관에 정부 유력 관료로 들어앉히면서 미국 경제에서 금융업계가 차지하는 비중은 1950년대의 10퍼센트대에서 오늘날의 40퍼센트로까지 확대되었다. 이런 은행의 정치화 없이는 미국 경제의 갬블화, 즉 대형 은행이 투기에 빠지며 사기와도 같은 갖가지 금융 파생 상품을 개발해 국내외에 팔아 대는 이상한 사태는 벌어질 수 없었을 것이다.

그러나 이러한 머니게임이 지속될 수 있는 기간은 사람들이 저성장 경제의 현실을 잊고 은행이 뿌리는 돈벌이 건수에 낚일 때뿐이다. 그리고 은행 돈이라는 것이 은행에 이자를 얹어 변제할 법적 의무가 있는 부채라는 사실에는 변함이 없다. 1980년대 이후 선진국 경제가 이룬 유일한 성장은 기업, 국가, 가계의 은행 부채가 걷잡을 수 없이 늘어난 마이너스 성장이었다. 가상의 기호 게임은 머지않아 저성장이라는 현실에 부닥친다. 그것이 리먼 쇼크였다.

선진국 엘리트는 직업 생활에서 국가 재정에 이르기까지 모든 제도가 성장을 전제로 설계된 사회에서 자라 성장을 최고 가치로 여기는 교육을 받아 왔다. 따라서 그들은 오일 쇼크라는 예기치 못한 사태에 직면해서도 그저 혼란에 빠져 허둥댔을 뿐 성장의 한계라는 문제에 어떻게 대처하면 좋을지 알지 못했다. 그리고 이후 오늘에 이르기까지 각국 엘리트는 성장의 한계라는 문제를 앞에 두고 사고 현장의 구경꾼처럼 우왕좌왕하고 있을 뿐이다.

구체적으로 말하자면 자원과 환경 문제에 대해 그들이 한 것은 언론 대응에 불과하다. 언론에서 어떤 문제가 크게 다루어지면 서둘러 그럴싸한 법안이나 협정을 만들어서는 문제에 제대로 대처한 듯이 군다. 엘리트가 해 온 것은 그런 알리바이 만들기다. 도쿄전력 후쿠시마 원자력 발전소가 북반구 전체를 위태롭게 하는 큰 사고를 일으켰을 때 일본 정부가 한 것도 결국은 알리바이 만들기였다. 엘리트에게 사악한 의도가 있는 것은 아니다. 그들은 혼란에 빠진 것이다. 문제는 그들이 경제성장 이외의 논리를 생각하지 못하도록 교육받고 있으며, 그렇기 때문에 현실을 있는 그대로 인식할 수 없다는 것이다.

성장의 한계와 양립할 수 없는 은행 제도

이렇게 엘리트들이 혼란에 빠진 상황 자체에 '왜 경제에는 끝없는 성장이 필요한가?'라는 의문을 풀어 줄 열쇠가 있다. 1970년대에 선진국을 지배하는 성장 신화를 비판한 일리치와 슈마허는 이 신화를 사상적으로 주저앉혔는데, 그들의 작업도 경제를 성장으로 몰고 가는 요인은 밝히지 못했다.

그런데 엘리트의 혼란은 의도치 않게 이 요인을 밝히고 있다. 오일 쇼크를 계기로 세계 경제의 에너지 수지가 악화되면서 세계 경제의 금융화가 시작되었다. 그에 따라 경제성장의 물리적 조건이 사라지자 기업, 국가, 가계의 은행 부채가 끝없이 증대되는 마이너스 성장 또한 시작되었다. 이 변화에 의해 경제성장의 제도적 요인은 현대 경제의 금융 구조에 있다는 사실이 명백히 드러났다. 은행이라는 제도는 성장의 한계라는 문제와 결코 양립할 수 없다. 더구나 현대 경제는 완전한 신용 경제이며, 경제를 작동시키는 통화의 90퍼센트 이상은 은행이 장부상으로 창조해 고객에게 빌려주는 은행 돈이다. 따라서 경제가 은행 돈으로 굴러가는 한, 자원과 환경 위기가 얼마나 심각해지든, 시장이 과잉 생산된 상품으로 얼마나 넘쳐 나든 경제는 성장을 지속시킬 수밖에 없다.

현대 경제는 '은행의, 은행에 의한, 은행을 위한 경제'다. 이 경제의 목적은 소비자에게 적절한 가격으로 상품을 제공하는 것이 아니라, 은행이 빌려준 자금이 경우에 따라 원금을 웃도는 이자가 붙어 은행에 돌아오도록 하는 것이다. 은행은 오직 이것을 목적으로 활동하며, 장부 외의 모든 것, 즉 자원과 환경 문제는 물론이고 생산과 소비, 공급과 수요의 균형에조차 무관심하다. 은행은 아무것도 생산하지 않으며, 수익은 그저 자금 소유에 대한 기생적인 보수일 따름이다. 은행 돈은 일하지 않고도 돈이 돈을 낳는 속임수일 뿐이다. 그리고 은행이 이 속임수 같은 활동을 멈추면 통화는 유통되지 않으며, 경제는 전면적으로 멈춰 선다. 그러므로 사회는 은행 수익을 보장하기 위해 끊임없이 전진하며 더 큰 경제성장을 통해 은행에 이자를 얹어 부채를 갚아야만 한다. 이런 상태에서는 경제성장이 사회의 최우선이며, 성장 이외의 목표를 선택할 자유는 어디에도 없다. 은행 돈이 경제를 틀어쥐고 있는 이상, 사람들은 에너지를 숭배하고 경제학을 규범으로 삼는 문명의 포로인 셈이다.

경제 민주주의 확립을 위한 사회신용론

그러므로 문명의 양상을 전환하기 위한 첫걸음은 통화 제도의 근본적 개혁이다. 1970년대에 일리치 같은 탈성장론자의 저서가 널리 읽히며 환경 문제를 우려하는 목소리가 점차 높아졌음에도 불구하고 그 후로 사회가 전혀 변하지 않은 것은 금융 자본의 문제를 놓치고 있었기 때문이다. 그 결과 탈성장론자들의 논의는 도덕적·심정적 설교에 그쳤으며, 변혁을 위한 구체적 프로그램을 내놓지는 못했다. 그들은 오늘날의 은행 경제 아래에서는 사람들에게 경제와 기술의 양상을 자유롭게 선택할 권리가 없다는 점을 간과하고 있었다. 경제와 기술의 양상은 궁극적으로 은행이 결정하고 있다. 대형 은행으로부터의 거액의 융자 없이 과연 전력 회사가 원자력 발전소를 건설할 수 있었을까?

사람들은 은행의 거대한 영향력에 저항할 수 없다. 그들에게는 법적이고 형식적인 시민적·정치적 권리가 있을 뿐, 경제에 관여할 권리는 없기 때문이다. 극소수의 자산가를 제외한 대다수의 사람들은 고용에 의한 소득으로 생계를 꾸린다. 그리고 그들의 고용과 소득을 궁극적으로 결정하는 것은 역시 은행이다. 경제적 무권리 상태라는 점에서 현대인은 중세 농노와 별반 다르지 않다. 따라서 우선 중요한 것은 사람들에게 경제생활에 참가하고 관여할 실질적 권리를 보장하는 것이다. 물론 사람들에게 그런 권리를 준다고 해서 문명의 성격이 자동적·필연적으로 변하지는 않을 것이다. 그러나 사람들은 은행 돈에 대한 종속에서 풀려나 경제와 기술의 양상을 자유롭게 선택할 수 있게 될 것이다. 통화 개혁에 의한 은행 돈의 폐지는 문명 전환의 조건을 창출한다. 문명의 전환을 위한 첫걸음은 경제적 민주주의의 확립인 것이다.

통화 개혁에 의한 경제적 민주주의의 실현을 최초로 제창한 인물은 20세기 전반에 사회신용론을 창시한 영국의 클리퍼드 더글러스(1879~1952)다. 엔지니어였던 그는 공학적 방법으로 자본주의 시스템의 구조적 결함을 분석하고 그것을 바로잡기 위한 일련의 정책을 제언했다. 아니나 다를까 경제학자들은 그의 사회신용론을 묵살했지만, 오늘날에도 여전히 그만큼 적확하고 간결하게 자본주의의 끝없는 경제성장이나 공황의 원인을 설명할 수 있는 사람은 없다.

더글러스는 케임브리지대학에서 수학을 배운 후에 엔지니어로서 국내외의 대규모 프로젝트에 관여했다. 그리고 제1차 세계대전 중에 공군 소령으로서 판버러 항공기 공장의 회계 감사를 맡았고, 그곳에서 기업 회계에 나타난 자본주의의 구조적 결함을 발견했다.

사회신용론에는 첫째로 기업 회계의 문제, 둘째로 은행 금융의 문제라는 두 가지 논점이 있는데, 이 둘은 밀접하게 연관되어 있다. 기업 회계 문제를 더글러스는 'A+B 이론'의 형태로 논했다. 기업 회계 중에서 근로자의 급여에 할당되는 부분을 A라고 하고, 원재료비와 부품비, 은행 대출 변제 등 대외적 지출과 감가상각비로 계상되는 부분을 B라고 한다. 기업이 생산한 상품의 가격은 당연히 (다소의 이윤을 더한) A+B이다. 그런데 그것을 구매하는 소비자는 근로자이며, 그들은 A로 받은 임금 이상의 구매력은 가지지 못한다. A+B인 상품 가격은 A, 즉 구매력보다 항상 크므로 근로자는 기업이 생산한 상품 중 일부밖에 사지 못한다. 이 때문에 자본주의 체제에서 기업은 생산 과잉, 소비자는 소득 부족에 끊임없이 시달리며, 이런 모순에서 공황이 비롯된다.

앞에서도 이야기했지만, 기업이나 국가에 의한 구매는 구매력이 되지 못한다. 기업의 구매는 생산 비용으로 계상되어 상품 가격에 덧붙여지므로 구매력이 되기는커녕 근로자의 소비를 압박하는 요소가 된다. 또한 국가에 의한 구매는 세수에 기초하는 지출이다. 세수는 그만큼 근로자가 소비로 돌릴 소득이 깎인 것을 의미한다. 그리고 균형 재정의 경우 세수는 곧 지출이므로 그것을 공제하면 제로가 되어 국가의 지출은 구매력이 되지 못한다. 이런 국가에 구태여 구매력을 부여하려 한 것이 케인스의 적자 재정에 의한 재정 지출 정책, 이른바 스펜딩 폴리시spending policy다. 케인스는 불황으로 근로자의 소비가 침체되는 경우에 국가가 일시적으로 균형 재정의 원칙을 무시하고 소비자 역할을 할 필요가 있다고 생각했다. 그러나 그가 어디까지나 일시적 궁여지책으로서 제창한 이 정책을 선진국들은 이제 국가 재정의 준칙으로 삼고 있으며, 그 결과 국가 재정을 빚더미로 내몰아 은행 관리 상태로 만들어 버렸다.

그리고 생산과 소비의 불균형을 해소하기 위한 손쉬운 방책이 바로 무역이다. 이른바 '자유무역'을 통해 타국의 소비 시장을 가로채면 불균형이 다소 완화된다. 전후의 일본은 예나 지금이나 이런 방법의 표본이다. 1960년대에 일본은 고도 경제성장 덕에 실업률도 낮고, 자차나 해외여행이 서민에게조차 꿈이 아니게 되었으며, 국민 일억 명이 모두 중산층이 되었다고 했다. 그러나 이런 번영에도 불구하고 생산과 소비, 공급과 수요의 불균형은 확대되었으며, 결국 이 문제는 미국 등을 상대로 하는 집중적 수출로 해결을 보게 되었다. 그 결과 1970년대에는 일본과 미국 사이의 무역 마찰이 심화되었으며, 이는 미국이 달러를 지키기 위해 일본에 엔고 정책을 강요한 1985년의 플라자 합의로 귀결되었다. 그리고 플라자 합의에 의한 인위적 엔화 평가 절상은 그 후 일본의 버블 경제와 그 파탄으로 인한 영속적 디플레로 이어졌다.

더글러스의 분석에 대해 예전부터 B 부분도 재료비나 부품비를 받은 기업 입장에서는 소득이고 그 직원에게도 소득으로 배분되므로 더글러스가 지적한 문제는 존재하지 않는다는, 통속적인 화폐수량설에 근거한 반론이 있었다. 그러나 이 반론은 현대 경제의 90퍼센트 이상이 은행에서 빌린 이자 딸린 부채로 작동하고 있다는 사실을 간과하고 있다. 원재료나 부품을 제조한 기업의 수입도 많은 부분이 은행 융자 변제에 할당된다. 이들 기업에 생산 설비를 제공한 기업도 마찬가지다. 그 결과 앞서 이야기했듯이 평균적으로 상품 최종 가격의 절반이 융자에 대한 이자로 지불된다. 결국 자본주의 체제에서는 사기업인 은행이 통화를 관리하는 이상, 모든 소득은 은행에서 나와 은행으로 돌아가는 것이다.

생산과 소비의 불균형을 바로잡는 기본소득

이런 자본주의 시스템의 구조적 결함 분석을 토대로 사회
신용론은 그것을 바로잡기 위한 세 가지 정책을 제언한다.
첫째, 전 국민에 대한 기본소득 지급, 둘째, 경제의 수요와
공급 간의 불균형을 메우기 위한 전국 일제 할인 실시, 셋
째, 현행 은행권을 대체할 공공 통화 또는 정부 통화 발행
이다.

　　현대 경제의 근본 문제는 부는 이미 충분히 생산되었
는데도 은행이 부를 자산가층에 집중시켜 부가 정상적으
로 분배되지 않는다는 것이다. 이 왜곡된 부의 분배가 생산
과 소비의 불균형을 낳으므로 기본소득 지급을 통해 정책
적으로 시정 가능하다. 이는 시민권이 있는 전 국민에게 매
월 일정 금액의 기초소득을 평생 동안 일률적·무조건적으
로 지급하는 정책이다. 유아와 아동에게는 성인이 받는 금
액의 절반을 지급하는 것을 고려할 수 있다. 전 국민에게
일률적·무조건적으로 동일한 금액의 소득을 지급하는 목
적은 복지가 아니라 생산과 소비 간 불균형을 시정하는 것
이기 때문이다. 이에 따라 사람들 사이에 잠재하는 수요는

소득, 즉 구매력에 뒷받침된 유효수요가 된다.

그러나 생산과 소비의 균형을 실현하기 위해서는 소득뿐 아니라 상품 가격 면에서도 모종의 정책이 필요하다. 그래서 더글러스는 '보상되는 할인'이라는 정책을 제언한다. 이것은 한 나라의 경제에서 수요와 공급 사이에 통계적으로 보았을 때 20퍼센트의 갭이 있다면 모든 판매 부문이 일정 기간에 모든 상품 가격을 일률적으로 20퍼센트 인하해 판매를 촉진한다는 정책이다. 할인된 금액은 나중에 정부가 공적 자금으로 판매 부문에 보상한다. 물론 이 정책이 시행되어도 안 팔리고 남는 상품은 있을 것이다. 그러나 수요와 공급 간의 불균형 탓에 디플레에 빠진 경제의 문제점은 소비자가 장차 상품 가격이 더 하락할 것을 기대해 좀처럼 지갑을 열지 않게 되는 데 있다. 이 정책은 기간을 정해 모든 상품을 일률적으로, 그리고 통계적으로 근거 있는 액수로 할인함으로써 그와 같은 가격 파괴 경쟁, 디플레이션 악순환deflationary spiral을 예방하는 것을 목적으로 한다.

더욱이 현대의 은행에 의한, 은행을 위한 경제는 통화와 신용의 양상이 전환됨으로써 극복되어야 한다. 경제의 모순과 혼란의 근본 원인은 은행이 실물 경제의 생산과 소비 실정에 구애받지 않고 사적 손익 계산으로 통화를 발행하고 회수하는 데 있다. 더글러스가 A+B 이론으로 보여 준 기업 회계의 모순도 은행이 돈의 흐름을 관리하고 있다는 문제와 별개로 존재하는 게 아니다. 그리고 은행이 관리하는 통화는 이자가 붙는 부채인 이상, 필연적으로 사회 전체가 생산한 부를 부유층에 집중시킨다. 이에 대해 더글러스는 현행 은행권을 대신해 정부가 경제 운영에 필요한 양의 통화를 공익사업으로서 발행할 것을 제언한다. 이런 통화 발행권의 공공화는 기본소득과 함께 사람들에게 경제생활에 대한 관여와 참가를 보장하는 경제적 민주주의의 실현 방도라고 할 수 있다.

그리고 중요한 것은 오늘날에는 더글러스의 제언이 기술적으로 실행 가능하다는 점이다. 17세기에 잉글랜드은행에서 시작된 근대 은행 제도는 근대의 신용 경제가 아직 걸음마 단계이던 시대의 산물이다. 당시에는 경제의 통계적 분석 기술도 존재하지 않았고, 통화는 금은이라는 주물 숭배를 가리키는 것이었다. 사람들은 신분이나 지역으로 구분된 사회에서 살았고, 통합된 국민 경제는 아직 성립되지 않은 상태였으며, 국가는 특권적 자산가층의 사교 클럽 같은 것이었다. 그러나 현대에는 경제를 통계적으로 분석하는 방법이 충분히 발달했으며, 통화는 국가가 제도로서 창설한 법정 통화이고, 정부의 경제 정책은 모든 사람의 생활에 큰 영향을 끼친다. 따라서 오늘날에는 정부가 경제의 생산, 소비, 소득 같은 요소들을 통계적으로 파악하고 분석해, 예측되는 부의 생산에 적정한 양의 통화를 사회에 공급하는 것은 기술적으로 이미 가능하다.

이처럼 이자가 붙지 않은 정부 통화를 발행함으로써 은행 금융에 의한 경제 교란을 피하는 것은 정부가 본래 해야 할 일이다. 발행된 정부 통화는 기본소득과 보상되는 할인의 재원이 되고, 기업에도 융자된다. 이 경우에 융자된 자금은 일단 변제되어야 할 부채의 형태를 띠는데, 이는 경제 환경의 사이클에 입각해 발행한 통화를 회수할 기술적 필요에 따른 것이며, 은행의 가차 없는 융자 회수와는 다르다. 변제 조건에 관해서는 사정에 따라 협의가 가능할 것이다. 그리고 기본소득과 보상되는 할인으로 소비자의 유효 수요가 확보된 이상, 상품 판매 부진으로 기업이 파탄 나는 경우는 그리 많지 않을 것이다.

어쨌든 더글러스의 통화 개혁안은 돈의 성격을 바꾼다. 돈에는 첫째로 가치의 보장, 둘째로 상품의 교환 수단, 셋째로 계산 단위라는 세 가지 기능이 있다. 은행 돈은 이 가치 보장 기능, 즉 저축에 근거한다. 은행의 예금 준비는 저축이며, 은행의 경영은 대기업이나 자산가층이 맡긴 거액의 예금에 좌우된다. 자본주의란 이 저축이 투자에 쓰여 다시 사적인 부를 낳는 시스템을 말하며, 이렇게 해서 돈이 돈을 낳고 부유층에 부가 집중되는 속임수가 가능해진다.

은행업은 이자 수익으로 성립된다. 이자라는 것은 부의 생산과는 무관하며, 남에게 빌려줄 잉여 자금을 가지고 있는 부유층에 대한 보수이자 노동이 아닌 단순한 소유에 대한 보수다. 이 부유층의 특권적 소유가 은행업계와 손잡는 가운데 은행은 통화 발행을 독점적으로 관리해 이자라는 제도를 낳는다. 이는 길에 누군가가 제멋대로 관문을 세우고는 행인에게 무턱대고 통행료를 징수하는 것과 비슷하다. 이런 관문 탓에 길 위의 교통, 즉 경제 환경은 당연히 교란된다. 이처럼 은행이라는 것은 결국 소수의 특권적 부유층이 대다수 근로 국민이 생산한 부를 빨아들여 부유층에 부가 집중되는 메커니즘일 뿐이다. 20세기에 각국에서 중앙은행 제도가 확립된 것은 부의 국가 관리가 시작되었다는 의미가 아니라 부가 소수의 초부유층에 집중되고 있다는 것을 나타낸다.

통화 발행의 공공화를 이루는 사회신용론의 시스템 아래에서 돈은 가치 보장 기능을 잃고 순전히 상품의 교환

수단이 된다. 통화의 목적은 생산된 상품이 원활하게 소비되는 과정을 촉진하는 데 있다. 여기서 통화는 상품이 생산되고 판매되는 과정과는 반대되는 방향에서 소비자의 수중으로부터 판매 부문과 생산 기업을 거쳐 발행처인 정부로 돌아간다. 더글러스는 통화의 이러한 양상을 기차표에 비유한다. 철도를 이용하려면 표를 사야 하는데, 목적지에 도착해 수송이라는 목적이 달성되면 표는 회수되어 폐기된다. 표의 목적은 철도의 공공적 이용을 촉진하는 데 있다. 사회신용론에서 말하는 정부 통화의 목적도 그와 마찬가지인데, 정확히는 상품의 교환이 아니라 사회 전체가 생산한 부를 공정하고 효율적으로 분배하는 데 있다. 돈의 존재 이유는 거액을 저축한 소유자에 대한 특권적 보상이 아니라 만인의 자유와 행복에 기여하는 소비와 분배를 위한 것이다.

정부 통화를 발행하는 '정부'는 어떠한 정부인가?

그러나 더글러스의 통화 개혁론은 오늘날에는 거의 잊힌 사상이 되어 버렸다. 사회신용론은 1970년대에 일리치나 슈마허 같은 이들의 탈성장론을 구체적인 경제 정책에 의해 뒷받침해 줄 수 있었는데, 그것을 알아본 사람은 없었다. 그러나 오늘날에도 자본주의 시스템이 왜 자원을 낭비하고 환경을 파괴하면서 끝없는 경제성장을 이어 나갈 수밖에 없는지를 그만큼 잘 설명한 사람도 없다. 더글러스의 이론은 1930년대의 대공황을 너무나 적확하게 예언했으며, 당시에 그는 '경제 사상의 아인슈타인'으로 불리며 세계적인 명성을 누렸다. 그는 일본에서도 강연을 했으며, 그의 저작도 널리 읽혔다. 그럼에도 대전 후에는 완전히 잊힌 사상가가 되었다.

이처럼 그에 대한 평가가 일변한 주된 원인은 미국이 전쟁에 의한 군수 붐으로 완전 고용을 실현해 일단 공황을 극복한 데 있었다. 그러나 사회신용론 자체에도 문제가 있었다. 자본주의 시스템의 구조적 결함에 대한 그의 분석은 적확하며, 리먼 쇼크 이후 현재의 세계 경제 위기도 그가 지적한 은행 돈의 모순으로 설명할 수 있다. 그러나 사회신용론은 정책 면에서는 구체적인 내용을 빠트리고 있어 정책으로 실행하기에는 모호한 구석이 많았다.

예컨대 개별 기업에 대한 정부 통화 융자 문제가 그렇다. 누가 기업이 신청한 융자의 조건을 심사하고, 융자와 융자 금액을 결정할 것인가? 정부 통화와 시장 경쟁의 논리를 양립시킬 수는 있을까? 현존하는 모든 기업에 일률적으로 융자하는 경우에는 시장에서 밀려날 기업을 연명시킬 위험이 있다. 또 현존하는 유력 기업의 이익을 정부의 힘으로 떠받치는 셈이 된다면 이것은 일종의 파시즘이다. 더구나 특정 고객층을 겨냥한 상품으로 비즈니스를 일삼고 있는 기업에 공공적 의의가 있는 정부 통화를 융자해 주어도 되는가 하는 문제도 있다. 분명히 현재의 은행 융자를 온전히 정부 금융으로 바꿔 놓기에는 무리가 있으며, 은행 돈을 폐지했다고 해도 민간의 자금 수요를 충족시킬 민간 자본 시장은 필요하다.(이 문제의 해결책으로 거론되는 이슬람 금융에 대해서는 뒤에서 논하겠다.)

그리고 사회신용론에서 무엇보다 의문스러운 것은 정부 통화를 발행하는 '정부'가 어떠한 정부인가 하는 문제다. 이 '정부'가 의회제 국가의 내각을 가리키는 것일 수는 없다. 만약 내각이 통화 발행권을 가진다면 정부 통화는 집권 여당의 자의적인 이권 놀음에 악용되어 경제가 큰 혼란에 빠질 것이다. 따라서 더글러스도 정부 통화를 발행하는 기관을 '국가신용국'State Credit Office이라 부르고 있다. 이 기관이 '정부'인 것은 국민을 대표해 사회 전체의 이익을 고려해서 통화를 관리하기 때문이다. 국가신용국은 객관적 데이터에 근거해 국민 경제를 계산하고 생산과 소비의 균형을 맞추는 데 필요한 통화를 산정해 수시로 사회에 공급한다. 그 업무는 기상청이 기상을 관측해 일기 예보를 하는 것과 마찬가지로 주관이 개입될 여지가 없는 기술적인 것이다. 그러므로 기상청 업무에 외부자가 개입하는 일이 없듯이, 국가신용국의 공정하고 중립적이고 기술적인 업무에도 정치인이나 관료가 이권을 좇아 개입하는 일이 있어서는 안 된다. 국가신용국의 업무는 어디까지나 국가 전체의 이익을 대표하는 초당파적인 것이어야 한다.

그리고 바로 여기에 더글러스의 통화 개혁론이 공론에 그친 이유가 있다. 이런 기관은 의회제 국가와는 양립할 수 없다. 의회 정치의 본질은 경제성장이 낳는 부의 분배를 둘러싸고 벌어지는 유력한 이권 집단 간의 거래와 교섭이다. 이 체제 아래에서는 당파 싸움에 초연한 중립적인 국가신용국이 존재할 여지가 없다. 더글러스도 이 점을 인식하고는 '의회의 전능'을 비판했다. 그러나 그는 의회제 국가를 대신할 민주적 국가 체제를 명확하고 설득력 있는 형태로 제시하지 못했다. 통화 개혁에서 출발한 더글러스는 국가론이라는 난관에 봉착했던 것이다. 현대 국가는 법에 의해 통치되는 법치 국가이지만, 법은 사회생활의 틀에 불과하다. 사회생활의 핵심은 경제이며, 앞서 말했듯이 은행 돈이 이 경제를 작동시킨다. 현대 국가는 은행이 그림자 정부로서 통치하는 국가다. 그리고 의회와 관료제는 허울뿐인 민주주의 아래에서 사회의 부를 부유층에 집중시키는 은행 경제의 하수인인 셈이다.

따라서 은행이 통치하는 국가를 모든 국민이 경제적 시민권을 갖는 경제적 민주주의로 변혁하지 않는 한, 정부 통화의 발행이나 기본소득의 지급은 불가능할 것이다. 그러나 권력이 의회와 관료제에 집중된 오늘날의 국가를 권력이 넓게 분산된 지자체의 연합 국가로 바꿔 간다면 당파적 이권 다툼을 배제하고 지자체 간의 협의와 합의를 바탕으로 정부 통화를 발행할 수 있게 될 것이다.

그리고 오늘날에는 의회제 국가를 지자체 연합 국가로 점차 바꿔 나가기 위한 조건이 이미 갖추어져 있다. 더글러스의 시대는 소련이나 나치 독일과 같은 일당 독재를 전형으로 하는 정당 정치의 전성기였다. 그러나 오늘날에는 경제성장이라는 정당 간 이권 다툼의 전제 조건이 사라졌다. 그 결과 어떤 나라에서든 정당 정치는 유명무실해지고, 의회는 한갓 야심가들이 정권 쟁탈의 진흙탕 싸움을 벌이는 곳으로 전락했다. 이런 의회제 시스템 아래에서 정부 통화가 발행되면 집권 여당의 이권 놀음에 악용되어 경제가 무정부 상태에 빠질 것이다. 따라서 정부 통화는 원외 세력, 즉 여론의 강한 압력에 의해 정당의 당리당략을 초월한 초당파적 정책으로서 실현될 수밖에 없다. 그리고 이 점에서는 정당 정치가 이미 붕괴 상태라는 것이 오히려 긍정적이다. 군소 정당의 불안정하고 무정견한 연립 정권은 여론의 압력에 취약하다. 그리고 인터넷 시대에는 누구나 웹상에서 발언하면서 인터넷 여론 형성에 쉽게 참여할 수 있다. 의회가 인터넷 여론에 못 이겨 통화 금융 개혁의 초당파적 합의를 이루어 낼 가능성은 꽤 높다.

그리고 정부 통화는 당파 정치를 초월한 헌법의 기본 원칙에 입각해 입헌주의적으로 발행되어야 한다. 즉 정부 통화는 일본국 헌법 제1조의 "천황은 국민 통합의 상징이다"라는 원칙에 입각해 황실 통화로서 발행되는 것이 바람직하다. 구체적으로는 국가신용국을 법적으로 황실 직속 기관으로 두고 이 기관이 어디까지나 국민 통합의 원칙에 충실할 수 있도록 정치인과 관료, 이권 단체 등의 간섭을 일체 배제해 황실 통화를 발행하고 회수하도록 해야 한다. 지금까지 이야기해 왔듯이 정부 통화와 기본소득은 거시 경제의 플로flow 차원에서 생산과 소비의 균형을 이루는 방책으로서, 논리적으로 일체를 이루는 조치다. 정부 통화에 의한 은행 경제의 폐지는 기본소득 지급이라는 보완책 없이는 한쪽으로 치우친 정책이 될 것이다.

투자의 사회화를 가져오는 이슬람형 금융

그렇다면 국가신용국이 설립되어 정부 통화가 발행되었다고 상정해 보자. 정부 통화는 당연히 먼저 기본소득과 보상되는 할인의 실시에 충당된다. 그러나 2013년 현재 20~30조 엔이라는 수요와 공급의 갭이 있으므로 막대한 액수의 정부 통화를 발행하더라도 인플레가 발생할 위험은 없다. 정부 통화는 나라의 안녕을 위해 필요하다는 국민적 합의를 얻을 수 있는 대규모 사업에도 투입될 수 있을 것이다.

2013년 시점에서 말하자면 그런 사업으로는 도호쿠東北 재난 지역의 복구, 원전 사고로 파탄이 난 지역 전력사업 독점 체제를 대신해 지역 소규모 발전을 네트워크로 잇는 새로운 전국적 전력 공급 체제의 구축, 발생이 예측되는 난카이南海 해곡 거대지진*에 대한 방재 체제 구축 등을 생각해 볼 수 있겠다. 또 현존하는 원자력 발전소를 폐로하

---

* 필리핀해 판과 아무르 판의 수렴 경계인 난카이 해곡 일대를 진원지로 간주하는 대지진을 일컫는 말.

기 위한 막대한 비용도 정부 통화로 마련할 수 있으며, 이는 교부금을 잃은 원자력 발전소 입지 지자체의 지역 진흥책이 될 수 있을 것이다. 그리고 식량자급률을 1960년대의 70퍼센트까지 회복시키는 프로젝트도 고려할 만하다.

정부 통화는 기업에도 융자된다. 이 경우에는 이권 개입이나 무분별한 융자를 예방하기 위해 지자체의 수장이 관할하고 지자체 직원과 의회, 주민 대표로 구성되는 융자 협의회에서 융자 안건을 심사해 공공적 의의가 인정되는 사업에 융자하는 시스템을 고려해 볼 수 있다. 또 이런 공적 융자의 대상이 아닌 민간 융자에 관해서는 쿠란에 따라 이자를 금지하고 있는 이슬람 세계의 금융이 참고가 될 것이다.

이슬람 세계에서는 쿠란이 이자를 금지하고 있으므로 은행은 융자 수수료로 기본적인 수입을 얻는다. 융자 방식에는 다양한 패턴이 있는데, 기본적으로 융자처의 사업과는 파트너십 관계를 취하며 사업이 성공하면 사업 2 은행 1의 비율로 수익을 나누고, 사업이 실패하면 은행도 리스크를 진다. 스스로도 리스크를 지므로 은행은 무모한 융자를 하지 않는다. 미국에서 영업 확대 경쟁에 내몰린 은행이 변제 능력이 없는 저소득층에까지 주택 융자를 강매해 리먼 쇼크를 촉발한 것과는 사뭇 다르다.

또 이슬람형 금융에서는 사업에 실패해도 자산을 압류당할 위험이 없으므로 새로 사업을 벌이기도 용이하다. 이슬람 은행에서는 은행과 예금자도 파트너십 관계이므로 은행의 실적에 따라 은행 2, 예금자 1의 비율로 예금자에게 배당금이 지불된다. 여기서 예금은 투자를 의미한다. 은행의 실적에 따라 받는 배당금이 다르므로 예금자는 자신의 은행이 어디에 어떻게 융자하고 있는지에 관심을 가질 것이다. 그리고 미심쩍은 곳에 융자해 주는 은행에는 예금을 하지 않을 것이다. 은행은 남의 돈을 멋대로 굴릴 수 없다. 이처럼 이슬람형 금융은 투자의 사회화를 가져올 가능성이 있다.

자본주의 시스템의 문제는 특권적 부유층이 투자의 권리를 독점하고는 손익 계산만으로 투자하는 것이므로 만인에게 투자의 권리를 주는 것 역시 경제적 민주주의의 중요한 과제다. 지자체가 관할하는 융자협의회나 이슬람형 민간 금융은 이자 붙는 부채라는 은행 돈을 몰아낼 것이다.

정부 통화가 일단 발행될 경우에 정부 통화와 이미 유통되고 있는 은행권이 병존하는 이중 통화 상태가 그대로 이어질 것이라고는 생각지 않는다. 기본소득 지급에 사용되는 정부 통화가 당연히 주축 통화가 되고, 은행권은 장기적으로는 시장에서 밀려날 것이다. 그동안에 둘 사이에 환율의 차가 생겨 경제가 혼란스러워질 가능성은 있다. 그러나 이런 혼란을 피할 방책은 여럿 있다. 그 일례가 독일 통일에 즈음해 서독이 취한 통화 정책이다. 서독 마르크와 동독 마르크 사이에는 경제력을 반영해 예전부터 환율의 차가 있었으며, 베를린 장벽 붕괴 당시에 그 격차는 1:10까지 벌어져 있었다. 그러나 서독의 헬무트 콜 정권이 독일 통일을 위한 불가피한 비용으로서 서독과 동독의 마르크를 1:1 비율로 교환하도록 함으로써 독일은 큰 혼란 없이 통일을 이룩했다. 이 방식을 따르면 정부 통화가 발행된 후 일정 기간 동안 정부 통화와 일본은행권을 1:1 비율로 교환하면 된다. 아마도 그사이에 대다수 사람들은 수중의 일본은행권을 정부 통화로 교환할 터라 일본은행권으로 예금하는 일도 없어질 것이며, 일본은행은 시장에서 도태되어 자연스럽게 사라질 것이다.

대량 소비 사회는 평시의 전쟁 경제

더글러스는 제1차 세계대전을 현역 군인으로 치른 세대다. 이 전쟁은 철도 수송을 통한 각국 군대의 총동원으로 시작되어 잠수함, 항공기, 탱크로 벌이는 전투로 발전했다. 철도는 석탄으로 움직이며, 잠수함, 항공기, 탱크는 석유로 움직인다. 이 전쟁은 석탄을 에너지원으로 하는 1차 산업혁명에서 석유를 에너지원으로 하는 2차 산업혁명으로의 전환을 단적으로 보여 주었다. 그리고 더글러스의 사회 신용론은 20세기 초를 기해 1차 산업혁명이 완료되었음을 반영한 경제 사상이었다.

마르크스가 뭐라 말했든 간에 1차 산업혁명이 선진국의 서민층을 생필품이 부족하던 일상에서 해방한 것은 사실이다. 그것은 사람들의 기본적인 필요를 충족시킨다는 과제를 달성했다. 따라서 더글러스는 경제의 과제가 생산에서 분배로 옮겨 갔다고 생각했다. 변함없이 생산만을 중시하는 것은 낭비적·파괴적인 과잉 발전으로 이어질 터였다. 불행하게도 그의 견해는 20세기 세계에 대한 정확한 예언이 되었다. 대전 후 선진국들에서는 과잉 발전이 경제의 새로운 원칙이 되었다. 과잉 발전의 원인은 더글러스가 지적한 경제의 금융화이며, 원유에 힘입은 에너지 수지의 방대한 잉여가 그 물리적 조건을 이루었다. 따라서 1차 산업혁명은 영국에서 시작되었지만 2차 산업혁명은 당시에 주요 산유국이기도 했던 미국이 추진했다. 그러나 제1차 세계대전 후 미국이 누리던 전례 없는 번영을 돌연 끝내 버린 1930년대의 대공황은 경제 금융화의 진행에 의해 부가 극도로 치우쳐 분배되어 자본주의 시스템이 불안정해진 결과였다. 그리고 미국이 공황을 전쟁이라는 터무니없는 낭비로 극복한 것은, 고용에 의해서만 부를 분배하는 시스템은 필연적으로 낭비적·파괴적이라는 더글러스의 분석을 뒷받침하는 것이었다.

그리고 이 점에서 제2차 세계대전 후 미국에서부터 서방 세계 전체로 확대된 대량 소비 사회는 평시의 전쟁 경제라 할 수 있다. 과잉 발전은 사람들의 기본적 필요에서 비롯되는 것이 아니므로 이 경제 체제를 유지하기 위해서 엘리트는 대중의 의식을 조작해야 한다. 전쟁에는 프로파간다, 대량 소비 사회에는 사기적인 광고 선전이 불가결하다. 그리고 말할 나위 없이 현대의 자원과 환경 위기는 단순히 인간의 욕망이 아니라 자본주의 시스템의 낭비적·파괴적인 성격에서 기인한다. 여기에 오랫동안 잊힌 사상이었던 사회신용론을 재평가할 이유가 있다. 오늘날에는 피크 오일, 지구온난화의 위협, 글로벌 금융 자본의 파탄으로 인해 원유가 에너지원인 과잉 발전 경제는 완전히 끝을 고하고 있다. 현재 국제 금융 자본은 성장이 맞닥뜨린 절대적 한계의 계산서를 약자에게 돌려 기업과 국가, 가계를 채무 노예로 만듦으로써 난국을 타개하려 하지만, 이것은 문명의 전면적 파국으로 향하는 광기 어린 방책밖에 안 된다. 지금 무엇보다 필요한 것은 통화 개혁으로 금융 자본을 안락사시켜 낭비적·파괴적인 경제 체제에서 벗어나는 일이다. 정부 통화와 기본소득 같은 사회신용론의 정책을 시행하면 경제의 원칙을 과잉 발전에서 균형과 안정으로 바꿀 수 있다.

여기서 다시금 사회신용론의 과제는 경제성장이 아니라 생산과 소비의 균형이라는 점을 강조할 필요가 있다. 정부 통화의 발행은 케인스주의적 경기 부양책이 아니다. 생산된 부의 크기에 관계없이 정부 통화와 기본소득은 생산된 부의 원활한 소비를 가능케 한다. 따라서 향후 피크 오일로 원유 산출량이 점차 줄어들어 에너지 수지가 축소된다고 해도 이 정책은 그것이 부의 편재와 사회적 격차 확대를 초래하지 않도록 생산과 소비의 균형을 유지할 것이다.

플로의 확대가 아닌 스톡의 충실함을 지향하는 경제로

다시 한번 말하지만, 현대 사회의 근본적 문제는 사람들의 경제적 무권리 상태다. 사람들은 선거권 등 법적·형식적인 시민권은 가지고 있지만, 경제생활에 관여하고 참가할 경제적 시민권은 가지고 있지 않다. 그 때문에 사람들은 생활양식이나 사회생활을 좌우하는 테크놀로지의 양상을 자유롭게 선택할 수 없다. 지역의 친숙한 상점가가 교외의 대형 슈퍼 탓에 사라지거나, 도시 재개발로 유서 깊은 건물이 철거되고 지진이 잦은 지역에 원자력 발전소가 건설되는 것은 사람들이 투표한 결과가 아니다. 현대 국가는 법치국가이며, 국민에게 입법부 대표를 선거로 뽑을 권리가 있다는 이유에서 '민주주의'라는 말이 쓰인다. 그러나 이 민주주의는 겉치레에 불과할 뿐 국가의 요체가 아니다. 현대에는 돈을 움직이는 자가 모든 것을 움직인다. 현대 국가의 실체는 은행이 그림자 정부로서 통치하는 금권 국가인 것이다. 따라서 어떤 정당이 정권을 잡든 현실은 무엇 하나 바뀌지 않는다.

은행은 부를 특권적 부유층에 집중시키며, 이들의 손익 계산적 투자가 사회의 생활양식과 테크놀로지의 양상을 결정한다. 그러므로 오늘날의 과제는 경제적 국민주권의 실현이다. 사회신용론의 정책은 정부 통화로 은행에 의한 부의 집중을 배제하고, 기본소득을 통해 부를 개인 단위로까지 철저히 분산시킨다. 이 점에서 기본소득은 경제적 시민권을 보장하는 정치적 방책이지, 생활 보호와 같은 복지의 연장선상에 있는 것이 아니다. 소득 부족 탓에 구매력이 없는 사람들은 제대로 된 소비자 주권 역시 가지지 못한다. 기본소득으로 사람들의 구매력이 보장된다면, 상품의 구입은 소비자 주권을 실현하기 위한 투표 행동을 의미하게 될 것이다. 이렇게 해서 경제적 민주주의는 개인의 자유와 존엄의 원칙에 입각해 사람들에게 경제와 테크놀로지, 생활양식의 양상을 자유롭게 선택할 권리를 준다. 다만 거기서는 은행 돈이 폐지된 상태이므로 '지속적인 경제성장'이라는 선택지만은 사실상 실현하기 어렵다. 정부 통화로 생산과 소비의 균형을 이루는 경제는 자연히 플로의 확대가 아니라 스톡stock의 충실함을 지향하게 될 것이다.

경제학과 회계학은 플로와 스톡이라는 두 척도로 현실을 양으로서 측정한다. 플로는 '흐름'이며, 일정 기간에 양이 증감하는 속도를 나타낸다. 연간 상거래로 통화가 지불된 양을 나타내는 GDP는 전형적인 플로의 척도다. 그런가 하면 스톡은 '소유물'을 말하는데, 어느 시점에 사회가 소유하고 있는, 그때까지 축적해 온 부의 총계를 의미한다. 한 나라의 도로나 다리, 학교와 병원 같은 인프라가 스톡의 대표적 사례. 회계학에서는 이 플로와 스톡의 관계에 댐의 비유가 곧잘 쓰인다. 댐에 가둬 둔 물의 양이 스톡인데, 그것은 이따금 방류되므로 스톡이 유지되려면 주위 산에서 물이 유입되어야 한다. 이 유출과 유입이 플로다. 회계학에서 플로와 스톡은 완전한 상관관계에 있으며, 바로 거기서 스톡을 늘리려면 플로가 끊임없이 확대되어야 한다는 경제성장의 논리가 나온다. 은행은 경제학이 아니라 회계학 위에서 성립되는 제도다.

그리고 많은 사람이 경제에서의 플로와 스톡을 혼동하는 것도 은행 제도가 존속하는 한 요인이 되고 있다. 사람들은 은행을 거대한 금고와 같은 것으로 여기고, 그곳에서 스톡(예금)을 관리하고 있다고 믿는다. 그러나 은행의 목적은 사적 신용의 창조라는 형태로 플로를 만들어 내 그것을 은행의 이익이 되도록 관리하는 것이다. 플로의 관리라는 점에서 은행은 수중의 돈을 사람들에게 고금리로 빌려줄 뿐인 고리대금업과는 다르다. 또 은행은 비열하게 돈을 모으는 수전노도 아니다. 은행의 목적은 관리하고 있는 플로를 끊임없이 확대함으로써 경제 전체를 은행의 지배 아래에 두는 것이다.

그러나 플로를 끊임없이 확대하지 않으면 스톡은 늘지 않는다는 것은 정말일까? 예를 들면, 농작물의 품종 개량이나 재배 방법 개선에 의해 작물 수확량이 늘어난 경우, 이것은 스톡의 자연 증가일 뿐 플로의 확대와는 관계가 없다. 그리고 문명사를 통틀어 부의 증대는 대부분 이런 스톡의 자연 증가에 따른 것이었다고 생각된다. 더구나 근대 공업 문명 자체의 발전도 탄광이나 유전 같은 새로운 스톡의 발견에 빚지고 있다. 플로의 확대가 환경이라는 가장 큰 스톡의 파괴에 봉착하면 회계학의 논리는 완전히 무너질 것이다.

그리고 플로에 의한 끊임없는 유입이 없으면 스톡을 유지할 수 없다는 이야기도 이상하다. 스톡은 손질과 수리, 보수나 보강으로 보전되며, 그렇게 함으로써 소모와 노후가 진행되는 것을 늦출 수 있다. 회계학에는 이런 유지 maintenance의 관점이 빠져 있는 것이다. 이 점에서 스톡의 비유로서는 댐보다 삼림 쪽이 적절하다. 삼림은 가지치기 같은 정기적 손질을 게을리하지만 않는다면 몇 세기에 걸쳐서도 존속할 수 있다.

종, 생명 환경, 국토 보전이라는 농의 사명

자본주의 시스템 아래에서도 부를 어느 정도 사회에 널리 분배해 사람들을 가처분소득이 있는 소비자로 만들 필요가 있다. 따라서 은행은 부를 특권적 부유층에 집중시키는 한편, 부의 분배에도 신경 쓰는 모순을 감당해야만 한다. 이 모순을 완화하는 것이 완전 고용이다. 고용에 의해 소득을 분배하는 경제에서는 완전 고용이 실현되면 부의 집중과 분배의 모순이 어느 정도 완화된다. 그러나 완전 고용을 실현하려면 경제의 규모가 기하급수적으로 확대 성장해야만 한다. 따라서 은행 경제에는 끝없는 경제성장 이외의 다른 선택은 있을 수 없다. 그러나 정부 통화로 생산과 소비의 균형을 맞추고 기본소득으로 사람들에게 소득을 보장하는 경제에서는 경제의 원칙이 성장에서 스톡 유지로 바뀐다. 이 경제에서는 화폐적인 플로의 확대가 아니라 자연의 풍요로움, 도시 경관, 주거 환경 같은 스톡의 충실함과 보전이 풍요의 기준이 된다.

거기서 사람들은 질 좋고 튼튼한 것을 소량 생산해 정성스럽게 손질하고 수리해서 마모나 부식을 늦춰 가능한 오래 사용하려고 한다. 이것은 당연히 저에너지 및 자원

절약 사회를 낳으며, 엔트로피 증대를 되도록 억제하는 지리학적 문명의 과제와 일치한다. 그러므로 스톡(자산)의 보전을 중시하는 것은 단순한 경제 정책이 아니다. 플로의 성장에 전념하는 경제는 근대의 수송 문명이 낳은 것이다. 이와 달리 지리학을 규범으로 하는 문명에서 '유지'는 단순한 경제 원칙을 넘어 문명 자체의 성격이 된다.

이 문명의 근본적 과제는 무엇보다도 인류를 종으로서 보전하는 일이다. 종의 보전이라는 관점에서는 당연히 생명 환경의 보전이 최우선 사항이 된다. 그러나 종의 보전은 그저 인류의 생물학적 존속만을 의미하지 않으며, 인간을 인간의 본분에 입각해 보전하는 일이기도 할 것이다. 이 점에서 예컨대 교육과 의료의 양상은 인간을 인간답게 유지·보전한다는 관점에서 재고될 것이다. 오늘날 교육의 목적은 경제성장에 봉사할 노동력의 양성, 의료의 목적은 그를 위한 노동력의 '수리'로 여겨진다. 그러나 '인간의 유지'로서의 교육과 의료는 영재 교육이 아니라 세대를 통해 나라의 높은 문화 수준을 지키고, 첨단 의료보다는 예방 의학으로 전 국민의 건강을 유지하는 데 중점을 두게 될 것이다.

그리고 유지라는 문명의 과제의 중심에 있는 것이 바

로 국토 보전이라는 과제다. 앞서 말했듯이 농의 사명은 국토 보전에 있으며, 식료 생산은 그 부산물이라고 여기는 편이 좋다. 그러나 일본에서는 메이지 시대 이후 근대화 과정에서 전통적인 논밭일은 주로 식료 생산에 특화된 농업, 즉 산업의 한 분야로 여겨지게 되었다. 그리고 현대인은 근대 이전 사회는 농업이라는 한정된 산업 기반밖에 없는 빈궁한 사회, 가난에 시달린 사회라고 편견을 갖기 십상이다. 그러나 부유함과 풍요는 같지 않다. 일본인의 생활 감정에서 일본의 시가詩歌나 예술에까지 뻗어 있는 계절 감각이 보여 주고 있듯이, 일찍이 농은 생업인 동시에 미학이기도 했다. 아마도 정신이나 철학이기도 했을 것이다. 많은 문명에서 종교는 태양과 대지의 은혜에 대한 감사에서 생겨났다. 유대교의 신은 자연 바깥에서 역사를 관장하는 유일신인데, 농업적 요소가 극히 희박한 이 신조차 사람들에게 젖과 꿀이 흐르는 땅을 선사하리라 약속한다. 신의 율법을 지키는 것에 대한 보상은 비옥한 국토다. 인류가 세계 각지에서 정주하며 농경을 시작한 신석기 시대 이래로 문명은 어디까지나 농의 문명으로서 발전해 왔다. 농은 산업의 한 분야가 아니라 문명 자체의 원리였다. 그리고 지리학적 문명에서 농은 보다 높은 차원에서 다시금 문명의 원리가 될 것이다. 농업은 국토를 보전함으로써 인류를 종으로서 보전한다. 지리학적 문명에서 농업이라는 영위는 스톡 유지라는 문명의 과제에 대한 보편적 모범이 된다. 그리고 지리학적 문명은 화석 연료 에너지를 소진하는 경제학적 문명과는 반대로 엔트로피 증대 억제를 과제로 삼고 있으므로, 생명계를 보전하는 농업은 산업의 기준이 된다. 이는 한낱 전통적 농업 사회로 복귀하는 것이 아니다. 콜럼버스의 항해와 함께 시작된 근대 문명은 수송 문명인 동시에 과학적 지식을 과학으로서는 평가하지 않고 자본으로서 남용하는 문명이기도 했다. 그 때문에 과학은 가공할 파괴와 황폐화의 원인이 되었다. 이와 달리 지리학적 문명은 지리학, 생태학, 열역학의 과학적 통찰에 입각해 농을 다시금 문명의 원리로 둔다.

과학을 바탕으로 한 문명의 원리, 문명을 떠받치는 생산 전반의 질서를 의미한다는 점에서 '농'은 산업의 한 분야로서의 '농업'과는 차원이 다르다. 그리고 지리학, 생태학, 열역학에 의거한 그 자연상은 태양과 대지의 은혜에 대한 감사에서 생겨난 고대인의 신앙과 놀랄 만큼 닮았다. 고대 신화의 세계가 부활하고 있다. 거기서는 태양 에너지를 누리는 지구만이 유일한 생산자이며, 인간은 지구의 생산을 거들고 있을 뿐이다. 그리고 인간이 사용하는 갖가지 도구나 기술은 이처럼 거들고 시중드는 인간의 역할에 봉사하는 것이다. 이렇게 해서 근대의 경제학적 문명에서 보이는 '자본-노동-토지'라는 생산의 서열은 지리학적 문명에서는 '자연-인간-자본'이라는 서열로 역전된다. 인간은 아무것도 생산하지 못한다. 인간의 노동은 우주가 가진 충만한 에너지의 형태를 다양하게 전환하는 것일 따름이다. 따라서 인간이 일하는 것은 단지 생존하기 위해서가 아니라 우주에서의 인간의 지위를 이해하기 위해서다. 그리고 농은 생산 질서의 역전, 문명 양태의 전환, 인류 사상의 쇄신을 추진하는 원리와 다르지 않다.

이것이 농에 대한 새로운 전망이다.

덧붙이는 글
: 때에 따른 질문

마을의 자치, 도시와 국가의 민주주의
: 소손 자치의 기억이 발굴될 때

(2003년 8월)

히틀러는 촌장이 될 수 있었을까?

아돌프 히틀러는 국정 선거를 무대로 독재자가 될 수 있었다. 그러나 그가 독일의 어느 마을에서 촌장 선거에 입후보했다면 어떠했을까? 길거리에서 베르사유 조약과 유대인을 공격하는 연설만 하는 남자에게 마을 사람들은 표를 주었을까?

베르사유 조약을 부당하다고 느낀 마을 사람도 물론 있었을 것이다. 그러나 조약에 대한 평가가 어떻든 간에 마을의 다리와 도로의 정비, 초등학교 교원 채용, 노인 가구를 위한 난방비 지원 같은 '사소한 일'에 아무런 관심도 보이지 않는 촌장 후보에게 과연 그들은 표를 주었을까? 마을에 사는 유대계 가게 주인에게 편견을 가지고 있는 마을 주민도 있었을지 모른다. 그러나 그들은 작은 마을에서 이 가게 주인과 안면이 있었을 것이며, 가게 주인이 들여오는

술이나 훈제 생선 없이는 크리스마스나 부활절을 지내지 못했을 것이다. 그러므로 이 가게 주인이 세계 정복 음모를 꾸미고 있다는 이야기가 돌아도 좀체 믿지 못할 것이다.

마을에서 히틀러 후보는 틀림없이 낙선한다. 마을 사람들은 마을의 실정에 밝고 무엇이 마을 공통의 이익인지 알고 있으므로 생활인으로서 마을 정치를 판단한다. 마을 정치에도 정실情實이나 부정부패 같은 문제는 있을 수 있지만, 거짓 선동만은 통용되지 않는다.

이런 생활인의 식견은 독재 정치에 대한 효과적 제동 장치가 된다. 그렇기 때문에 1933년에 정권을 쥔 나치는 곧바로 우익 정당이나 노동조합, 사회단체와 함께 지자체에 대한 공격을 개시해 분권적이었던 바이마르 공화국 체제를 무력화하고, 독일 각 지역을 나치 대관구 지도자 Gauleiter의 지휘 아래에 두었다. 히틀러는 오로지 베르사유 조약과 유대인의 배반 및 음모를 비난함으로써 권좌를 꿰찼다.

유감스럽게도 국정 차원에서는 거짓 선동에 기댄 정치가 가능하며, 냉정하고 현명한 정치가보다 그런 선동가 쪽이 유리한 경우가 적지 않다. 게다가 이것은 지난날의 이야기가 아니다. 미국의 부시 정권은 이슬람 과격파가 벌였다는 9·11 테러 이후로 일관되게 거짓 선동 정치를 펼쳤다. 쇠퇴하고 있는 과격파 집단 알카에다의 존재는 진주만 공격이나 소련의 전략 미사일 수준의 위협으로 과장되었는데, 그것을 구실로 미국은 UN과 국제법을 무시한 단독 군사 행동에 돌입하며 국내에서 대통령에 대한 이의 제기를 틀어막는 권위적 체제를 구축했다. 그리고 부시 정권은 9·11 테러와 관계가 없는 이라크가 대량살상무기로 미국을 공격하려 한다는 거짓 선동을 바탕으로 침략 전쟁을 결행했는데, 이것은 유대인을 공격하던 히틀러가 느닷없이 소련을 선제공격한 사례와 흡사하다.

문제는 당시 여론조사에 따르면 미국인의 70퍼센트가 부시 정권을 지지하고 있다는 사실이었다. 이런 지지율의 배경에는, 대다수 미국 서민이 왜 미국이 테러 공격의 표적이 되었는지 그 이유를 전혀 모른 채 심리적으로 패닉 상태에 빠져 있다는 사실이 자리 잡고 있다. 선진국 미국의 이미지와는 달리, 대다수의 미국 서민은 해외는커녕 국내의 다른 주조차 몇 번 가 본 적이 없으며 그들이 구독하는 신문은 그 지역의 행사들이 크게 다루어지는 지방지로, 그들은 외국 사정에는 기본적으로 무관심하다. 그렇기 때문에 미국에서 외교나 군사는 전통적으로 동부의 권력 엘리트나 지식인의 관심사였는데, 9·11 테러는 이 엘리트와 서민 사이의 정보나 인식의 격차를 부각했다. 그리고 일부 양심 있는 지식인의 우려를 비웃기라도 하듯, 패닉 상태에 빠진 서민을 백악관이 거짓 선동으로 손쉽게 조작하는 상황이 벌어졌다.

인간이 이해할 수 있는 공동체의 규모

미국인도 정견이라 해 봤자 테러 대책밖에 없는 인물을 촌장으로 뽑지는 않을 것이다. 그러나 국정 차원에서는 그들도 과거의 독일인과 마찬가지로 선동에 현혹되어 집단 히스테리에 빠졌다. 이런 현상은 민주주의의 실효성에 사뭇 의구심을 품게 한다.

시민의 양식 있는 판단에 대한 신뢰 없이 민주주의는 성립되지 못한다. 시민이 사회 실정을 얼마간 적확히 이해하고 있는 것이 민주주의의 전제가 된다. 그러나 인간이 이해할 수 있는 공동체의 규모에는 나름의 한계가 있지 않을까? 그리고 공동체의 규모가 그 한계를 넘어서면 사람들이 사실과 거짓 선동을 분간하기 어려워지는 것은 아닐까? '민주주의'democracy라는 말을 만들어 낸 고대 그리스의 폴리스가 하나같이 인구 15만 이하의 규모였던 사실은 우연이 아닐지도 모른다.

물론 이런 의문에 대해 누군가는 지식과 정보의 부족은 학자나 평론가 또는 언론이 보완할 수 있다고 반박할지도 모른다. 그러나 민주주의의 근간을 이루는 것은 보통 사람들의 양식良識에 대한 신뢰다. 그것을 대신해 학자나 전문가의 분석과 조언이 중시되는 체제는 민주적이라 할 수 없다. 그뿐만이 아니다. 학자에게는 전문 지식은 있을지 모르지만 그것이 학자가 서민보다 세계 정세에 밝다는 것을 보증하지는 않는다. 국제 정치나 세계 경제의 실태는 결국은 살아 있는 인간일 뿐인 학자의 이해력을 능가한다. 따라서 전문가의 분석과 조언은 극히 자의적이거나 선동적인 것일 수 있으며, 그것이 학문의 이름으로 진지하게 받아들여진다면 오히려 민주주의에는 위험하다.

언론도 마찬가지다. 오늘날의 언론은 인공위성을 통해 지구 반대편에서 일어난 일을 실시간으로 보도하는 기술은 가지고 있지만, 기술의 진보가 언론인의 이해력 확대를 보증하지는 않는다. 실제로 언론인은 종종 사실이 아닌 이미지에 근거해 보도하는 경우가 있으며, 그 결과 어용 언론이 아니더라도 언론은 확실한 뉴스와 함께 한편으로는 착각이나 가짜 뉴스를 세상에 유포하게 된다.

도시화와 공업화의 충격에서 태어난 민주주의

스위스 연방 같은 예외는 있지만, 근대사는 대개 중앙집권적 국가 권력이 점차 확대된 역사였다. 이 확대는 민주주의라는 이름으로 정당화되어 왔다. 그리고 베를린 장벽 붕괴로 소련과 동구권의 일당 독재 체제가 외면당한 후로는 의회제, 보통선거, 복수정당제로 요약되는 민주주의가 규제 없는 시장경제와 나란히 시대의 어엿한 슬로건이 되었다. 오늘날 미국의 방약무인한 단독행동주의를 정당화하는 표어 역시 '민주주의'다.

그러나 앞서 이야기했듯이 인간이 제대로 이해할 수 있는 공동체의 규모에 한계가 있다면 거대한 집권적 국가 권력을 정당화하는 이 민주주의란 공중누각에 불과한 것이 아닐까? 그것은 권력 엘리트의 방자한 소행에 '국민의 동의'라는 겉치장을 해 주는 것은 아닐까?

유럽의 전통적 정치 이론에서 민주제는 왕정이나 귀족정과 대비되면서 다수자인 국민에 의한 지배 체제로 여겨져, 대체로 불가능한 이상이나 위험한 중우정치 등으로 부정적으로 평가되어 왔다. 그런데 이 말이 19세기 이후에 갑자기 혁명 운동이나 정치 개혁의 슬로건이 된 데는 사회학적 이유가 있다. 산업혁명 이후 진행된 도시화와 공업화는 모든 사람의 형편이나 생활 설계가 국가의 정책에 크게 좌우되는 사회 상황을 초래했다. 따라서 근대화가 진척된 나라들에서 보통 사람들이 자신의 요구나 의향이 국가 정책에 영향을 끼치는 정치 체제를 희구한 것은 당연한 일이었다.

이런 의미에서 근대 민주주의는 이데올로기가 아니라 사회학적 사실이 낳은 것이라 할 수 있다. 따라서 민주주의를 특정한 가치나 신념의 산물로 여겨 비난하거나 부인하는 것은 불가능하다. 이미 19세기 초에 토크빌이 간파했듯이, 민주주의는 가치가 아니라 사실을 표현하고 있다. 그러나 민주주의가 도시화와 공업화의 충격에 대한 보통 사람들의 반응에서 비롯되었다는 사실은 꺼림칙한 문제를 야기한다.

로크 같은 자유주의자는 시민 상호의 사회계약에 의한 정치 사회의 창조를 설파했지만, 근대 민주주의에서는 권력 엘리트의 결정에 대한 시민의 승인과 동의가 강조되었다. 국가의 민주화와 함께 사람들은 스스로를 점차 국가의 수혜자로 여기게 되며, 자신의 이익이나 의향에 대한 배려를 조건으로 엘리트의 결정을 받아들였다. 그 경우 민주주의가 독재와 구별되는 것은 민주주의에서는 의회, 선거, 정당의 선택이 국민의 동의를 제도화해 그것이 엘리트의 결정을 정당화한다고 여겨지기 때문이다.

이처럼 동의를 민주주의의 요체로 보는 사고방식의 원형은 『리바이어던』의 저자 홉스에게서 엿보인다. 홉스는 절대주의자가 아닌 투철한 민주주의 이론가였다. 그에 따르면 인간은 절대적으로 평등하다. 그리고 절대적으로 평등하기 때문에 사람들 사이에는 정사正邪나 선악의 판단을 둘러싸고 끝없는 싸움이 벌어져, 사람들은 서로 늑대처럼 싸우고 사회는 '만인은 만인에 대한 투쟁'을 계속하는 무질서 상태에 빠진다. 그렇기에 정치 사회의 창설이 필요해지는데, 그것은 어디까지나 개인의 자연권을 기초로 해야 한다. 홉스는 사람들 사이에서 벌어지는 싸움의 밑바탕에는 자신의 생존을 확고히 하고 근로의 성과를 누리고 싶어 하는 일반적 욕망이 도사리고 있다고 지적한다.

국가가 그런 욕망의 충족에 진력할 것을 조건으로 삼아 만인이 주권자에게 정사선악正邪善惡의 판단을 위임하는 것에 동의한다면, 개인의 자연권에서 출발해 대중 복지의 형태로 그것을 실질적으로 실현할 정치 사회가 탄생하게 된다.

이처럼 국가 권위의 근거를 국민의 동의에 두었다는 점에서 홉스는 민주적 사상가다. 그리고 근대 국가는 홉스의 이론에 입각해 권력을 확대해 왔다. 국민의 동의만 강조되는 경우에는 엘리트의 전횡과 그에 따른 시민의 수동성이 민주주의와 모순되지 않는다.

20세기의 역사를 돌아보면 국민의 동의는 권력자의 파워게임을 억지할 수 없었을 뿐 아니라 그것을 촉진하거나 그 게임과 점차 일체화되었음을 알 수 있다. 인간이 이해할 수 있는 공동체의 규모라는 관점에서 보면, 예컨대 보통 사람들에게 국제 정치는 이해를 초월하는 그로테스크한 도깨비의 세계에서 벌어지는 사건이라 해도 좋다. 그리고 불행하게도 이전 세기는 세계 시장의 성숙을 배경으로 국제 정치가 서민의 생활을 전에 없이 지배하고 뒤흔든 시대였다.

거기서 어떤 사태가 발생했는가? 국제 정치는 소수 엘리트의 비행과 음모와 사기의 기록이었다 해도 과언이 아니다. 국제적 폭주는 대전 이전 일본 군부만의 재주가 아니었다. 대중이 이해할 수 없는 사태라서, 권력 엘리트는 국제 정치에서 편견과 허영심, 독선과 공포심을 바탕으로 마음껏 파워게임에 몰두할 수 있었다. 국민은 그들의 비행을 억제하지 못했으며, 자신들을 국가의 수혜자라고 믿는 국민의 일국 민주주의에 의해 권력 엘리트는 오히려 지지와 격려의 대상이 되었고, 민주주의는 전시의 국민 총동원을 용이하게 만들었다.

유럽의 식민주의를 대표하는 국가였던 영국, 프랑스, 네덜란드가 본국에서는 선진적 민주주의 국가였다는 사실에 모순은 없다. 그리고 민주주의의 챔피언을 자부하는 미국이 극히 호전적인 나라라는 것에도 모순은 없다. 부시가 다음 대통령 선거에서의 승리를 굳히기 위해 선거 캠페인의 일환으로 이라크 국민을 클러스터 폭탄으로 살상한 것 역시 민주주의 시스템 내부의 일인 것이다.

국제 정치에 관해서 국민은 기본적으로 오리무중이므로 국민의 동의가 엘리트의 비행이나 어리석은 행위를 제어하기는 어렵다.

민주화를 위한 전쟁

최근 들어 자본, 상품, 정보가 국경을 넘어 자유롭게 이동하는 세계화가 국가 주권을 상대화했다거나 민족 국가의 시대는 끝났다는 등의 논의를 자주 접한다. 그런데 실제로 일어나고 있는 일은 민족 국가의 종언 같은 게 아니라 민주주의 위기의 심화다.

과연 오늘날 세계 경제의 동태는 어떤 국가도 통제할 수 없을 정도로 글로벌하다. 그러나 이것도 권력 엘리트가 변동환율제나 금융 규제 완화를 비롯해 그런 현실이 출현하도록 정책을 늘어놓은 결과다. 요컨대 세계화는 엘리트가 국가 권력을 한층 사유화하고, 근대 국가의 정통성의 기반인 민족을 부인하며, 국가를 오로지 자신들의 이해와 영향력 확대를 위해서만 동원하게 된 상황을 보여 준다.

물론 달러의 하락이 미국의 국제적 지위 상실을 시사하듯이, 세계화가 엘리트의 의도와 어긋나는 부작용을 낳을 수는 있다. 그러나 총체적으로 보아 세계화의 현황은 국제 정치에서 벌인 엘리트의 비행, 음모, 사기가 국제 경제 영역으로까지 확대된 것이라 할 수밖에 없다.

글로벌화의 시대에는 만능의 시장이 어떤 문제든 자

동적으로 해결한다는, 1990년대에 유행하던 논의는 이런 스캔들을 은폐하기 위한 것이 아니었을까? 그리고 시장 만능은커녕 문제투성이인 세계화를 유지하려면 엘리트가 국가 권력을 장악하고 있어야 한다.

따라서 미국이 9·11 테러를 계기로 레이건의 작은 국가에서 부시의 거의 파쇼적인 강한 국가로 일변한 것도 이상하지는 않다. 그리고 세계화와 그 속에서 미국의 지위를 지키려고 벌인 아프간·이라크전쟁은 미국 국민을 납득시키려는 목적에서 '민주화를 위한 전쟁'이라는 이름을 내걸고 있다.

자치가 길러 내는 토의 습관

민주주의에는 사회학적 근거가 있으므로 이에 이의를 제기해도 소용없다. 그러나 문제는 과거 두 세기 동안 민주주의의 역사가 자치의 이상과는 반대로 오히려 이 이상을 유린하는 것이었다는 사실이다. 게다가 현대인은 자치가 왜 중요한지를 올바로 이해하지 못하고 있다.

예컨대 그저 남의 간섭이 없는 것을 자치로 여기는 견해가 있다. 이런 견해는 대개 당사자의 이익은 당사자 자신이 가장 잘 알고 있다는 인식에 사로잡혀 있으며, 거기서 주민투표 같은 직접 민주주의가 자치의 궁극적 이상으로 평가된다. 그러나 타자의 간섭으로부터 프라이버시를 지키는 것을 중시하는 것은 자유주의 사상이다. 또 당사자가 자신의 이익을 올바로 인식할 수 있다는 견해는 계보적으로는 공리주의에 속한다. 어느 쪽이든 자치의 이념과는 관계가 없다.

그렇다면 히틀러가 촌장이 되지 못하는 이유를 다시 생각해 보자. 그것은 유대인 박해가 마을에 이익이 될지 여부를 마을 사람들이 마을의 실정에 비추어 검토할 수 있고, 경우에 따라서는 구체적 증거에 의거해 히틀러 후보에게 반론을 펼칠 수 있기 때문이다. 자치로 가능해지는 것은 이런 착실한 토의에 기반한 정치다.

실제로 히틀러의 선정적인 연설은 토의의 반대편에 서 있다. 그리고 민주주의에 항상 들러붙는 거짓 선동의 위험 역시 그 원인은 자치가 길러 내는 토의의 결여에 있다. 물론 자치를 누리고 있는 사람들도 이런저런 잘못을 저지르겠지만, 자치는 증거나 사실을 확인해 잘못을 바로잡을 기회를 준다. 바꿔 말하면 자치는 대등한 자격으로 정치에 관여하는 사람들 사이에서 '학습 과정으로서의 정치'를 실현한다. 민주주의가 사람들을 수동적인 국민으로 만드는 경향이 있는 것과 달리 자치는 사람들을 능동적인 시민으로 만드는데, 거기에서는 선거 운동으로 동분서주하는 것과는 다른, 학습하는 존재의 능동성이 나타난다. 각지에서 시행되는 주민투표 제도가 긍정적으로 평가되어야 하는 것 역시 그것이 적극적으로 토의하는 주민을 길러 내기 때문이다.

마을을 넘어선 사회에서 자치는 가능한가?

그러나 인간이 이해할 수 있는 공동체의 규모에 한계가 있다면 마을 크기를 넘어선 사회에서 과연 자치는 가능할까? 이 물음에 대한 답은 두 가지다. 바로 교육과 연방제다.

우선 교육은 인간의 생래적으로 한정된 체험이나 이해력을 확대하고 보완하며, 이질적 타자를 이해하려는 열린 태도라는 의미에서의 관용을 세상의 규범으로 정착시키는 데 힘써야 한다. 자치의 이상에서 보면 현대 교육의 의의는 매우 정치적이다.

둘째로 지역사회 수준에서 토의에 의한 자치 습관을 착실히 익힌 사람들은 국정 수준에서도 잘못된 판단을 하거나 선동에 넘어갈 확률이 낮을 것이다. 그러나 그런 정치가 실현되려면 국가가 '아래에서 위로'의 형태로 지자체의 연방으로서 조직되어 있어야 한다. 그리고 지자체에는 최대한의 자치권이 주어져야 한다. 그렇게 하면 사람들은 국정을 지역사회 자치의 연장으로서 이해하게 될 것이다.

그렇다면 국제 정치에는 어떻게 대처하면 좋을까? 우선 스위스의 방식을 고려할 만하다. 영세중립국으로서 국제 정치에 관해서는 어디까지나 외부자에 머물겠다는 것이 스위스의 선택이다. 다만 국제 정치는 멀리하더라도 국제 사회에 대해서는 적십자 활동이나 국제기구, 국제회의 장소 제공 등의 공헌을 한다.

거짓 선동이 버젓이 통용되는 국제 정치에 대한 불신이 강한 스위스인은 제2차 세계대전 중에도 당연히 중립을 지켰는데, 오늘날의 미국을 보면 단순히 나치를 악, 미국을 선으로 여기지 않은 스위스인의 태도도 이해할 수 있다. 그리고 이 스위스의 방식을 역시 예외로 둔다면, 미국의 폭거로 위기에 처해 있는 UN을 어떻게든 인류 사회의 궁극적 자치 조직으로서 재건할 방책을 모색할 수밖에 없다.

그런데 내가 국민의 동의를 강조하는 민주주의와 대비해서 자치의 이상이라고 일컬어 온 것은 역사적으로는 공화주의적 이상과 다르지 않다. 공화주의는 단지 군주제 부정이나 국민주권으로 정의되는 것이 아니며, 그 사상적 핵심은 바로 자치다.

　몽테스키외는 『법의 정신』이라는 저서에서 공화제의 원리를 미덕이라고 했지만, 그것은 부단한 학습을 통해 스스로를 규율하는 시민의 자세를 의미했다. 그리고 그에 따르면, 공화제는 시민에게 공익이 친근한 것으로 인식되는 작은 나라에서만 실현될 수 있다. 그러므로 공화제의 원리로 큰 나라를 세우려고 한다면 그것은 소국을 연결한 연방제 국가여야만 한다. 그리고 몽테스키외가 공화제 아래에서야말로 교육이 제 힘을 최대한 발휘한다고 말한 것은 곧 공화적 자치는 시민의 학습 과정이라는 것과 일치한다.

　사실 근대 민주주의는 이 공화주의의 이상이 좌절된 데서 비롯되었다. 프랑스 혁명은 당초에는 공화주의의 이상에 열광하면서 민중이 동의할 수 있는 중앙집권 국가의 창설이라는 과제에 직면했다. 미국은 뉴잉글랜드 식민지의 타운십 자치에 입각해 독립을 이루었지만, 그 후의 국토 확대와 경제 발전 과정에서 자치의 전통을 유명무실하게 만들어 버렸다. 그리고 20세기에 민주주의는 대중을 총력전에 동원하는 프로파간다에 빠졌으며, 자치의 이상은 거의 잊히고 말았다.

　그러나 아이러니하게도 베를린 장벽의 붕괴, 동유럽의 민주화에서 이라크전쟁에 이르기까지 민주주의가 금과옥조가 된 바로 그 시기에 어느 나라에서든 엘리트의 오만과 부패에 대한 사람들의 불신과 분노는 전에 없이 깊어졌다. 자치야말로 민중의 이상이자 현대의 여러 절실한 문제의 해결책인 것이다. 그렇기에 다시금 민중의 이름으로 자치를 추구하는 큰 물결이 21세기 정치의 드라마를 구성하게 될 것이다.

여전히 살아 있는 도쿠가와 시대의 소손 자치

역사를 거슬러 올라가 보면 일본인은 소손惣村 자치*라는, 세계적으로도 보기 드문 자치 전통을 가지고 있었던 게 아닐까 싶다. 도쿠가와 시대의 농민은 막부나 번 관리의 가렴주구에 시달리는 농노 같은 존재였다는, 막번 체제의 겉만 살핀 낡아빠진 언설은 일축해 버려야 한다.

---

* 중세 농민의 자치적 공동체 조직. 가마쿠라 시대 후기에 긴키 지방과 그 주변부에서 농민들이 스스로 자립적·자치적 마을을 세우는 움직임이 나타났고, 남북조 시대의 동란 와중에 일본 각지로 퍼져 나갔다. 신사의 제례나 공동 농작업, 전란에 맞선 자기방어 등을 통해 촌민 간의 결속을 다졌다.
** 무로마치 시대 후기부터 에도 시대에 걸쳐 마을 사람들이 협의를 통해 자주적으로 정한 규약. 일정 지역의 주민이 특정 산림, 어장 등을 공동 이용할 수 있는 관습상의 권리인 입회권이나 수리권 등 마을의 질서 유지에 관한 사항을 규정했다.

265

중세 말기의 장원제 붕괴에서 생겨난 소손은 연공 상
납 의무 이외에는 세계적으로도 보기 드문 광범위한 자치
를 누리고 있었다. 거기서는 일찍부터 '무라기메'村極め**라
는 마을의 법이 제정되어 마을 정치도 마을 모임에서의 합
의를 바탕으로 이루어졌으며, 나중에는 마을 대표가 마을
사람들의 호선互選이나 제비뽑기, 투표 등으로 선출되는 경
우도 있었다.

　　일본인은 봉건적이고 권위에 맹종하며 자치의 기개
나 법의 존중을 결여하고 있다는 종래의 일본인관은 메이
지 이후 천황제 국가가 이 풍요로운 전통의 단절과 망각을
가져온 역사를 직시하지 못한 데서 연유한다. 그러나 이 전
통은 지금도 지하수맥처럼 면면히 이어지고 있을 것이다.
그리고 소손 자치의 기억이 발굴되어 새로운 형태로 되살
아날 때, 만사가 답보 상태에 빠진 것처럼 보이는 일본이
전후 민주주의의 한계를 극복하고 다시 서는 길이 열릴 것
이다.

반구미소학교로 열매 맺은 교토
: 마치슈의 자치 정신

(2006년 11월)

교육에서 진행된 '위로부터의 근대화'

고대 도시 국가에 비해 근대 국가의 규모가 더 큰 것은 어째서일까? 민족주의 연구로 알려진 영국의 어니스트 겔너에 따르면, 그것은 학교 제도가 근대 국가의 요체이기 때문이다. 그러므로 국가는 최소한 학교를 재정적으로 유지할 수 있는 크기를 갖추어야 한다. 메이지 시대 일본의 정책은 이 견해를 뒷받침한다.

징병제, 학제와 함께 근대 일본의 국가적 지주였던 메이지 시대의 시정촌제市町村制는 소학교 설립의 의무와 일체화되어 있었다. 더욱이 메이지 정부의 정책에는 강제적인 '위로부터의 근대화'의 특징이 또렷이 드러나 있다. 정부는 학교 설립을 의무화하면서 설립과 운영의 비용을 주민과 자치단체가 부담하도록 하면서, 한편으로는 교육 내용의 국가주의적 규격화를 추진했다. 그러나 이 정책은 정부

로 하여금 지역 주민의 의향을 어느 정도 참작하게 했다고
도 할 수 있다. 그리고 그 후로 교육 내용의 규격화를 관철
하는 동시에 학교를 지역에서 떼어 내는 일이 국가 교육 정
책의 목표가 되었다. 오늘날 보수파나 문부과학성이 교육
개혁의 대의로 삼고 있는 교육 자유화론은 메이지 시대 이
래로 시행된 정책의 연장선상에 있는 것이라 봐야 한다.

　자유화론자들은 학구學區 규제를 완화해 학생과 학부
모의 학교 선택 자유를 확대하면 학교 간의 경쟁이 촉진되
어 공립학교가 다시 일어설 것이라고 말한다. 이런 언설은
국가에 의한 교육 규격화의 완료를 전제로 하고 있다. 따라
서 학생에게는 엇비슷한 학교를 비교·검토해 근소한 차로
지망 학교를 정하는 허울뿐인 자유가 있을 뿐이고, 학교는
교육의 질이나 독자성이 아니라 학생 모으기라는 양적 목
표로 경쟁하게 된다. 또 도시에서는 사립학교를 택하는 가
정이 늘고 있는데, 이것도 사립이 공립과 거의 분간이 안
가는 교육을 하고 있기 때문에 일어나는 일이며 사립과 공
립은 오로지 재학생의 출신 계층에서만 차이가 있다. 고로
자유의 이름으로 정당화되고 있는 것은 교육의 독자성이
나 다양성이 아니라 국가 규격으로 포장된 교육이다.

　학구 제도는 행정에 의한 경직된 규제의 한 사례가 아

닐까? 우선 아이들은 정신적 백지 상태로 학교에 입학하는 게 아니라는 점에 주의해야 한다. 어린이는 입학 전에 이미 가족이나 지역사회에서 어떤 형태로든 교육을 거친다. 그리고 이 교육은 교사가 학생을 장래의 시민으로 육성하기 위한 기초 또는 출발점이다.

그런 의미에서 지역은 어린이에게 단순한 지리적 장소가 아니라 '산다'라는, 인간에게 가장 기본적인 사항을 학습하는 장이다. 그렇기 때문에 지역과의 유대를 잃으면 학교는 수용소와 비슷해진다. 입주 시기가 제각각인 주민들이 어지럽게 섞여 사는, 대도시 근교의 (지역과의 연결이 느슨한) 신설 학교에서 학교 폭력이 빈발한다는 사실은 잘 알려져 있다.

교토 '반구미소학교'로 보는 '또 하나의 근대화'

앞서 이야기했듯이 공교육은 근대 국가의 요체다. 그렇다면 지역 주민이 자치의 일환으로 학교를 세우고 운영하며 어린이들을 지역의 유산을 지키고 발전에 공헌하는 시민으로 길러 내는 '또 하나의 근대화'는 불가능했던 것일까? 그런 교육을 통해 도쿄 한곳에만 집중되지 않는, 지역의 개성과 다양성을 생명으로 하는 국가를 세우기란 불가능했던 것일까?

나는 여기서 꿈이나 이상 같은 것을 말하는 게 아니다. 국가의 학제 발포에 3년 앞선 1869년에 일본 최초로 탄생한 소학교인 교토의 '반구미番組소학교'를 떠올리는 것이다.

에도 시대 말기의 근왕좌막勤王佐幕 항쟁으로 어지러워진 교토에도 새 시대의 도래를 예감하던 마치슈町衆*의 회합이 열렸다. 화가나 서예가, 향료상 등 시정의 지식인들로 이루어진 이 회합 구성원들은 후쿠자와 유키치의 『서양 사정』에 감화되어, 이제 서당의 시대는 끝났고 후쿠자와가 말하는 '소학교'를 세울 때가 왔다고 생각했다. 그리고 서당을 운영하던 니시타니 료호가 1868년에 회합을 대표해 교토에 '소학교 건설의 급무'라는 제목의 문서를 제출한 것이 계기가 되어 교토의 지역 구분이던 마치구미町組를 기반으로 소학교를 설립하는 움직임이 시작되었다.

교토에서는 길을 사이에 둔 양쪽 지역을 '마치'町라고 일컬었는데, 스무 군데 이상의 마치를 묶어 마치구미라고 불렀다. 그리고 메이지 유신 후에 교토부府에 의한 두 차례

★ 무로마치 시대에 종래의 조정 관리, 무사, 승려와 구별되는 상공업자나 하급 무사 등의 조직적 집단. 교토 등지에서 지역 차원의 갖가지 자치 조직을 두고 활동했다. 이는 에도 시대 조닌의 선구를 이루었고, 당시의 하극상 풍조를 반영해 사회적·경제적으로는 물론이고 문화·예능 방면에서도 새로운 활동을 펼쳤다.

의 개정으로 새로이 반구미番組**가 된 마치구미를 '학구'로 삼아 학제 발포에 앞서 예순네 곳의 반구미 소학교가 생겼다. 메이지 정부가 시행한 학구제는 프랑스에서 들여온 것이었는데, 교토에서는 16세기 이래의 유서 깊은 지역 단위가 그대로 학구가 된 것이다.

교토부의 대부금도 나오긴 했지만, 학교 건립은 기본적으로 건설 용지를 포함해 지역민의 기부에 의존했다. 학교의 운영비는 기부 외에 주민들로부터 '가마도킨'竈金***을 거두고는 '소학교 회사'라는 금융 기금을 설립해 거기서 나오는 이자로 충당했다. 가마도킨은 자녀가 없는 세대도 분담했는데, 이로써 지역민이 학교를 지역의 재산으로 여기는 기풍을 길렀다고 한다. 그리고 주민들은 교사 개축 비용 등을 거듭 기부로 조달했으며, 교육회를 꾸리기도 하면서 학교를 지원했다. 이렇게 해서 교토의 학구는 1941년에 국민학교령으로 폐지될 때까지 독자적 재원으로 교육비를 스스로 부담하는 관습을 남겼으며, 오늘날에도 교토 시민과 소학교의 관계에는 독특한 면이 있다.

교토의 아동은 6세에 반구미소학교에 입학해 서당 교육에서 탈피한 새로운 교육을 받았다. 당시의 커리큘럼을 보면 읽고 쓰기나 습자習字, 산수 외에도 국제법이나 세계

** 지역 자치 조직의 일종.

*** 각 가정이 부뚜막(竈) 수에 상응하는 금액을 낸다고 해서 붙은 이름.

지리를 가르쳤으니, 그 무렵 고도古都 교토에 흘러넘치던 개국의 기운을 짐작케 한다. '수신'修身은 공중위생 과목이었다.

그러나 반구미소학교가 한낱 학교에 그치지 않았다는 사실 역시 강조해야 한다. 학교에는 교실은 물론이고 행정실, 작업실, 강당 등이 있었고, 학구를 순찰하는 경라대警邏隊의 주둔소, 관리들이 행정 서무를 보는 관청이나 종두 등을 하는 보건소의 역할도 겸하고 있었으며, 강당은 마치구미의 공민관으로 쓰였다. 더구나 학교는 소방서이기도 해서 지붕 위의 화재 감시대에 경종을 설치했고, 그것으로 주민들에게 시각을 알리기도 했다. 학교는 실로 커뮤니티의 중심이었다. 이렇게 해서 마치구미별 소학교 설립은 종래의 지역 연대가 주민들의 조직적인 자치로 발전해 나가는 계기가 되었던 것이다.

지역 자치와 단결 없이 국토의 제대로 된 발전은 불가능하다

교토는 오랜 마치슈 자치의 역사를 가지고 있다. 오닌應仁의 난* 이후 수도 교토에서 조정과 무가 양쪽의 영향력이

---

* 무로마치 시대 오닌 원년에 발발해 11년간 이어진 내란.

쇠퇴해 상공업을 담당하는 마치슈가 그 공백을 메운 점, 그리고 거듭되는 전란과 농민 봉기의 위협에 맞서 주민의 자위력을 갖출 필요가 있었던 점 등이 그 배경에 있었을 것이다. 게다가 도쿠가와 시대의 교토는 막부 직할령이라서 번교藩校**가 없었고, 그 대신에 주민에게 심학心學이나 양학을 가르치는 다양한 민간 교육 시설이 번성했다.

교토가 일본 어느 곳보다 먼저 시민의 창의와 부담으로 소학교를 설립한 데는 교토가 이처럼 민간 교육의 중심지였다는 사정이 있을 것이다. 그러나 반구미소학교로 열매 맺은 마치슈의 자치 정신은 교토가 직면한 전에 없는 위기 속에서 발휘된 것이기도 했다.

메이지 유신 직후 단행된 도쿄 천도로 교토는 천황을 빼앗겼다. 천황과 조정은 교토의 오랜 노포老鋪와 가업 문화를 상징하는 존재이며, 교토京都는 본래 '천자가 계시는' 지역을 의미하는 한어이므로 이는 도시의 개성과 존재 이유를 박탈당한 것이나 진배없었다. 그 결과, 메이지 초기의 교토는 일찍이 40만이었던 인구가 절반 가까이 줄어 쇠퇴일로를 걷게 되었다.

그러나 교토는 옛 헤이안쿄平安京 시절부터 도시 계획이 낳은 도시였다. 그리고 마치슈의 자치 정신은 교토를 근

***

** 에도 시대에 여러 번이 무사의 자제를 교육하기 위해 설립한 학교.

대적 도시 계획에 의해 재생시키려는 시도 속에서 새롭게 발휘되었다. 물론 당시 사람들은 도시 계획 같은 말을 알지 못했다. 그러나 사실상 마치슈의 도시 계획은 문·물 양면에 걸친 포괄적인 것이었다. 문화적 측면이 반구미소학교, 물질적 측면이 비와호의 물을 교토에 끌어다 지역 수력 발전에 이용함으로써 교토를 산업 도시로 부활시킨 비와호 소수疏水*였다.

반구미소학교에는 교토 문화의 보전과 발전이 걸려 있었다. 귀족 저택처럼 교토의 공예품으로 장식된 교실에서 아이들은 니시진오리西陣織**의 고장에 걸맞게 일본 회화의 기본을 익혔다. 그 결과, 반구미소학교는 저명한 미술가를 배출할 수 있었는데, 그보다 중요한 것은 이러한 교육으로 교토의 일반 시민이 고도 특유의 미의식을 갖추게 되었다는 사실이다. 고도의 미의식이야말로 교토의 가장 큰 자산인데, 계획적인 교육이 없었다면 이 자산을 잃어버렸을지도 모른다. 따라서 교토가 지금도 여전히 고도의 아름다운 모습을 간직하고 있는 것을 그저 전통의 무게 덕으로 돌릴 수만은 없다. 그것은 반구미소학교와 비와호 소수 같은 시민 자치의 정신이 떠받친 도시 계획의 찬란한 성과다.

문제는 교토의 사례를, 교토가 오랫동안 일본의 문화

---

* 관개용의 인공 수로를 통해 물을 보냄.
** 교토 니시진에서 나는 비단의 총칭. 일본의 대표적 고급 직물이다.

수도였던 도시이기에 가능했던 독특하고 예외적인 사건으로 보아도 좋은가 하는 것이다. 오히려 관료주의적이며 도쿄 중심이었던 '위로부터의 근대화'와는 구별되는, 시민의 지역적 자치에 근거한 '아래로부터의 근대화'의 모범 사례가 아닐까? 근대 일본 사회는 공동체의 질서인가 개인의 자유인가 하는 이율배반으로 갈라져 왔지만, 공동체는 여건이 아니라 개인의 자유로운 협력으로 창출되는 것이라는 게 교토의 회답이었다.

그리고 이 회답은 창의적인 도시 계획으로 이어졌다. 이렇게 해서 도시 계획에 의한 교토의 소생이 도리어 근대 일본의 역사를 비춘다. 즉 일본 근대화의 특징은 국토의 다양하고 균형 잡힌 발전을 가능케할 도시 계획이나 지역 계획이 부재했다는 것이다. 국토는 부와 권력에 의해 자의적이고 난잡하게 개발되었으며, 우연이라는 요소가 그 양상을 좌우했다. 따라서 교토의 사례는 모범이자 교훈이다.

그것은 시민의 지역 자치와 단절 없이는 국토의 고른 발전이 불가능하다는 것, 그리고 교육이라는 것은 미래를 계획하는 일이므로 공교육은 도시 계획이나 지역 계획의 일부여야 한다는 점을 시사한다.

무역의 논리, 자급의 논리

(2008년 11월)

논의되어야 할 것은 자급이 아니라 무역이다

인류는 오랜 역사를 통해 생활에 필요한 기본 물자를 한정된 자원을 이용해 확보해 왔다. 그리고 다양한 기후와 풍토의 지역 자원을 이용하는 능력은 놀라울 정도로 능숙하고 유연했다. 북극권이나 칼라하리 사막에서도 인간은 굶지 않았다. 이 지역에서 생활 물자를 조달할 능력이 없었다면 인류는 멸망했을 것이다. 그러고 보면 생활 물자를 자급으로 조달하는 것은 인류에게는 대수롭지 않은 일이며, 특별히 논할 만한 사항은 아니라고 할 수 있다. 새가 하늘을 날고 물고기가 물속을 헤엄치는 것처럼 인류는 지역의 주민으로 살아왔다. 그리고 이 지역적 자급이 없었다면 요리를 비롯한, 풍토에 뿌리내린 인류 문화의 다양성도 없었을 것이다.

이런 자급과 상반되는 것이 무역이다. 그리고 무역은

자명한 현상이 아니다. 역사적으로 보면 무역은 오래도록 인간 생활에 필수불가결한 것이 아니었다. 아마도 20세기 전반까지는 세계 대부분의 지역에서 식량과 에너지를 거의 자급했을 것이다. 우리의 일상생활이 국제 무역 네트워크에 깊숙이 얽혀든 것은 고작 제2차 세계대전 이후의 일이다. 그리고 세계 어딘가에서 일어난 사건이 즉시 우리 일상생활 속 식품이나 일용품 가격에까지 영향을 끼치는 세계화 현상은 최근 20여 년 사이에 일어난 일에 불과하다. 어쨌든 무역은 본래 필수불가결한 것이 아니라서 무역의 존재 이유에 대해서는 설명이 필요하다. 논의되어야 할 것은 자급이 아니라 무역이라는 현상 쪽이다. 더구나 술집의 안주에 이르기까지 대부분의 식자재가 수입되고 있는 상황을 초래한 글로벌 무역에 대해서는 모두를 납득시킬 만한 탄탄한 논거가 필요할 것이다.

그러나 그런 '무역의 철학'이 존재한다는 이야기는 들어 본 적이 없다. 무역은 자연 현상처럼 여겨진다. 데이비드 리카도의 유명한 비교 생산비설도 무역의 방식을 논한 것이지, 무역의 옳고 그름을 고찰한 것은 아니다. 게다가 무역은 필연적인 현상이므로 논의할 것이 없다는 반론이 있을지도 모르겠다. 그러나 무역은 필연적이지 않다. 고대의 스파르타나 현대의 부탄과 같이 원칙적으로 국제 무역을 거부하고 자급을 지향하는 국가도 있다. 그러니 무역은 어디까지나 선택 사항일 뿐이며, 따라서 무역을 선택하는 이유를 밝혀야만 한다.

'자급은 선, 무역은 악'이라 말하려는 것이 아니다. 무역은 선택 사항이므로 무역의 이유, 목적, 한계 등이 제대로 제시되어 논의의 대상이 되고, 그런 논의를 거쳐 무역의 양상을 결정해야 한다는 이야기를 하고자 할 뿐이다. 언제부터 세계 무역이 우리가 두려워하며 섬겨야 하는 신이 된 것일까? 지금 같은 세계 무역 경쟁에서 이기지 못하면 일본은 살아남지 못할 것이라는 협박성 언설 때문에 무역의 이유와 목적에 관한 논의가 봉쇄되는 일이 있어서는 안 된다.

지역 간 무역과 원격지 무역

그러나 자급이라고 해도 이를테면 이누이트의 완전 자급은 예외다. 교환의 역사는 인류사와 궤를 같이한다. 세계 각지에 산재한 석기 시대 유적에서는 화폐 대신에 사용된 것으로 보이는 흑요석이 발견되었다. 그리고 초기의 소박한 물물교환은 분업의 발달, 화폐의 출현, 운송 수단의 진보로 공동체 간 무역으로 바뀌기에 이른다. 그럼에도 무역의 역할은 최근까지도 제한적이었다. 어디서든 서민의 일상생활은 지역적으로 자급 가능한 생활 물자에 의존했지 무역에 좌우되지는 않았기 때문이다. 예컨대 제2차 세계대전 이전의 일본은 에너지의 약 70퍼센트를 자급했다. 즉 목탄으로 난방을 하고, 땔감으로 목욕물을 덥히며, 소와 말을 경작과 운송에 부렸던 것이다. 당시의 일본에서조차 경제 자급도가 이렇게 높았으니, 좀 더 과거로 거슬러 올라가면 무역은 더욱 예외적이고 특별한 현상으로 나타난다.

그리고 고대 이래로 무역이 공동체 경제에서 이차적이었던 시대에는 무역은 지역 간 무역과 원격지 무역으로 나뉘어 있었다. 지역 간 무역은 서민의 일상에도 다소 영향이 있을 생활 물자를 인근 지역 간에 정기적으로 대량 교역하는 것으로, 북유럽을 무대로 목재나 모피 등을 취급한 중세 북부 독일의 한자Hansa동맹*에 속한 도시 간의 무역이 그 대표적인 예다. 그런가 하면 원격지 무역은 훨씬 먼 곳의 이국적이고 진기한 산물을 왕후 귀족과 같이 부와 권세를 과시하고픈 특권층을 위해 거래하는 것으로, 위험이 큰 만큼 성공하기만 하면 막대한 이익을 기대할 수 있는 무역

---

* 독일 여러 도시가 상업상의 목적으로 결성한 동맹. 12세기경 유럽의 상인 단체인 한자의 이름을 땄다.

이었다. 그 대표적인 예가 바로 실크로드를 통한 로마와 중국의 교역이다.

그런데 오늘날의 세계 경제의 특징은 지역 간 무역과 원격지 무역이라는 전통적 구분이 완전히 사라져 예전에는 예외적·모험적인 사업이었던 원격지 무역의 논리가 요즈음에는 우리 일상생활을 구석구석 지배한다는 점이다. 이제는 미국산 콩과 아랍의 원유 없이는 세끼 챙기기도 여의치 않을 것이다. 그리고 이런 대전환은 인류 사회 전체의 발전에 따른 자연스러운 결과가 아니라 어디까지나 유럽인의 주도로 추진된 것이다.

세계 무역의 탄생: 생활양식의 끊임없는 창조적 파괴

중세 이래로 유럽인의 식생활에는 후추가 빠질 수 없었다. 그 이유는 유럽이 중국이나 인도처럼 농사짓기에 적합한 땅이 아니라서 유럽인은 고기를 많이 섭취하게 되었고, 그 때문에 고기의 보존과 가공을 위해 후추가 필요했던 데서 찾을 수 있다. 어쨌든 유럽은 그들의 풍토에서는 재배되지 않는 이국의 산물을 일상적으로, 그리고 대량으로 필요로 했다는 점에서 완전히 예외적인 지역이다.

잘 알려져 있듯이 콜럼버스가 팔로스항에서 미지의 바다로 출항한 목적도 인도의 향신료와 일본의 황금을 구하려는 데 있었다. 그리고 콜럼버스 항해는 스페인 사람들에 의한 신세계 아메리카 약탈과 식민지화로 귀결되었다. 이들 정복자의 아스테카 및 잉카의 금은 약탈으로 유럽의 통화량은 비약적으로 증대되었다. 마르크스가 자본의 원시적 축적이라고 부른 것의 실태가 바로 이 약탈이었다. 그리고 유럽에서는 담배나 설탕 등 신세계 산물에 대한 수요가 생겼고 신세계로 이주한 유럽인에게는 종래의 생활양식을 유지하기 위한 물자가 필요했기 때문에 대서양을 사이에 두고 무한히 확대되는 시장이 탄생했다. 이 시장의 거대한 수요를 충족시킨 것은 카리브해 연안의 플랜테이션에서 일하는 흑인 노예의 노동이었다.

풍부한 자본, 무한히 확대되는 시장, 값싼 노동력이라는 자본주의 성립의 조건은 이렇게 갖추어졌다. 자본주의는 생산력의 발전이 아니라 국제 무역에서 비롯되었던 것이다. 그리고 이 대서양 무역이 현대 무역의 원형이라 할 수 있다.

역사적으로 보면, 완전히 이질적인 사회 간의 접촉에는 몇 가지 유형이 있다. 하나는 중국과 로마의 실크로드

무역에서 나타나는, 저마다 확고한 생활양식을 가지고 있는 사회 간의 임시적·부분적·주변적인 접촉이고, 다른 하나는 흉노와 같은 유목 민족이 정주 농경 문명을 침범해 약탈이나 정복을 일삼는 것이다. 그런데 유럽인의 식민주의는 문명사회가 상대적으로 미개한 사회를 침략해 그 사회를 문명사회의 주변으로 편입시켰다는 점, 말하자면 두 사회의 폭력적 이종 교배를 실현시켰다는 점에서 역사상 전례가 없는 것이었다.

　무역의 관점에서 볼 때 중요한 것은 이 교배의 결과로 두 사회의 생활양식이 격변했다는 사실이다. 그 후로 담배를 피우고 코코아를 마시는 것은 유럽인의 생활의 일부가 되었다. 식민지를 전제로 한 무역은 서민이 일상적으로 소비하는 생활 물자를 대량으로, 그리고 지속적으로 운송해 유통시키는 무역이었다. 게다가 이것은 중국의 비단이나 인도의 모슬린 같은 전통적 특산품을 취급하는 무역이 아니라 미지의 상품에 대한 새로운 수요를 촉발하는 무역이었다.

　이렇게 무역과 생활양식 사이에서 종래의 주종 관계가 뒤집히면서 무역 자체가 새로운 생활양식을 창조하게 되었다. 이 같은 생활양식의 끊임없는 창조적 파괴가 지금도 여전히 세계 무역의 원리인 것이다. 왜냐하면 세계 무역의 과제가 필요 물자의 상호 교환이 아니라 시장의 무한 확대이기 때문이다. 그리고 플랜테이션 경영 등에서 자본이 유통 과정뿐 아니라 생산 과정마저 지배하게 된 것 역시 대량의 비전통적 수요를 충족시키기 위한 것이었다고 할 수 있다.

세계 무역의 발전과 근대 국가의 형성

이처럼 근대의 세계 무역은 식민주의의 폭력을 모태로 하여 태어났으며, 이에 종사하는 자가 얻은 막대한 이익은 신세계의 식민지화나 흑인 노예의 존재와 일체화되어 있었다. 이는 지역 간의 대등한 교역에서 발전한 것이 아니며, 오히려 대등한 교환으로 위장한 항상적 약탈이었다고 해야 할 것이다. 그리고 세계 무역의 전개가 유럽에서 근대 국가가 형성되던 때와 시기적으로 겹친다는 사실도 놓쳐서는 안 된다.

세계 무역의 발전은 유럽 여러 나라의 패권 경쟁, 국왕이나 의회가 궁극의 주권자인 국내 통치 체제의 수립 같은 문제와 복잡하게 얽혀 있었다. 콜럼버스의 항해는 스페인 왕실의 후원 없이는 불가능했고, 17세기에 스페인을 밀어내고 대서양 무역의 주역이 된 영국은 청교도혁명 이후 귀족과 상인이 결탁해 지배하는 나라가 되었다. 무역은 국가가 관리하게 되면서 격렬한 국가 간 경쟁의 무대가 되었고, 무역으로 얻은 부가 국력의 요체로 여겨졌다. 오늘날에도 세계 무역의 핵심에는 변함없이 국가 간 경쟁이 존재하며, 자유무역은 국가로부터 자유로운 무역이기는커녕 이 경쟁을 촉진하기 위한 것이다.

이런 유럽식 세계 무역은 역사적으로 상업이나 무역의 일반적 유형에서 벗어난 특이한 것이며, 이는 이슬람 세계의 무역과 비교해 보면 금방 알 수 있다. 이슬람 사회는 도시적·상업적인 성격을 띠며, 무역이 그 번영을 지탱하고 있었다. 그러나 그것은 중동의 지역적 이점을 살려 동서의 문명을 이어 주는 중개 무역인데, 정평 있는 각지의 특산물을 취급하는 그런 보수적인 무역에서는 새로운 생활양식이 창조된 바가 없었다. 식민주의와도 무관했고 상업 자본이 생산 과정까지 지배하는 일도 없었다. 무역은 국가가 관여하지 않는 개별 상인의 사업이었다. 그래서 무역에 의한 번영에도 불구하고 서민은 변함없이 지역적 자급을 바탕으로 생활했다. 이러한 무역이 자본주의에서, 그러니까 끊임없이 새로운 수요를 창출해 무한히 확대되는 시장과 그에 상응하는 생산 조직으로 이어지기는 불가능했다.

세계 무역의 충격이 낳은 근대 개인주의

역사책에 따르면 중세와 근대를 나누는 기준은 봉건적 신분 사회의 속박으로부터 해방된 자유로운 개인의 출현이다. 그렇다면 자유로운 개인을 낳은 것은 무엇일까? 통설처럼 로마 교회에 반대한 프로테스탄티즘에서 비롯되었던 것일까? 그러나 근엄한 중세 수도자의 계율로 돌아가고자 했던 루터를 개인주의자라고 보기는 어렵다. 근대의 개인주의를 낳은 것은 사실 세계 무역의 충격이었다.

중세에는 모든 사람이 모종의 공동체에 귀속되어 그 공동체의 규칙을 따랐다. 폐쇄적인 공동체에서는 호혜성의 원리가 작동하므로 사람들은 타인의 동의나 승인에 의해 자신의 존재가 제약된다고 느꼈다. 사람들은 이미 정해진 권리와 의무의 망 속에서 지냈으며, 국왕조차 갖가지 관습이나 서약에 얽매인 존재였다. 그리고 상인도 상인이기 이전에 기독교 신도여야만 했다.

그런데 식민지 경영과 세계 무역은 그 부와 권력의 원

천을 공동체 외부에 두는 인간상을 등장시켰다. 그리고 이 점에서 근대의 자유주의적 개인주의의 비조鼻祖라 할 수 있는 존 로크가 『통치론』이라는 저서에서 북미 대륙으로 이주해 농지 개발에 종사하는 영국인을 모델로 삼아 개인의 자연권을 논한 것은 상징적이다.

　　이 이주자는 공동체의 호혜성으로부터 완전히 벗어나 있다. 그는 아메리카 원주민에게 대가를 지불하지 않고 토지를 손에 넣고, 공동체의 승인 없이 원하는 만큼 토지를 제 것으로 만들 수 있다. 그리고 토지가 가져다준 부는 모두 그만의 것이며, 교회의 자선 사업에 대한 기부를 강요받지도 않는다. 그의 유일한 의무는 부지런히 일해서 자신이 소유한 토지에서 최대한의 부를 효율적으로 창출하는 것이다. 그와 사회의 관계는 거래 자체이며, 사유재산의 보호를 대가로 국가 창설에 동의하는 그의 사회계약 또한 그렇다. 나아가 그는 공동체의 간섭뿐 아니라 자연의 제약에서도 해방되어 있다. 초과 생산된 농산물은 저장해 본들 부패한다. 그러나 그것을 상품으로 팔아 화폐로 바꿔 두면 그는 영원히 부패할 걱정 없는 화폐를 무한히 축적할 수 있다. 이런 이주자의 자유는 안락을 보장하는 수단으로 여겨진 사적 부의 증식을 끝없이 추구할 자유다.

로크는 영국을 세계의 대양을 지배하는 상업 제국으로 일으켜 세운 젠트리층*의 대변자였다. 그리고 그의 논의는 근대의 자유주의적 개인주의가 아메리카 대륙의 식민지화를 계기로 성립된 세계 무역 체제와 완전히 일체화된 것임을 드러낸다. 봉건제를 타파한 것은 프로테스탄트의 신념 같은 게 아니라 자본을 가진 인간이 큰 이득을 볼 가능성을 열어젖힌 식민지 무역이다. 유럽인이 남북 아메리카의 광대한 토지와 풍족한 자원을 거저 손에 넣는 우연이 없었다면 이 무역은 성립되지 못했을 것이다.

참고로 로크의 경제적 개인주의만이 근대 개인주의는 아니다. 종교전쟁의 통절한 체험에서 태어난 또 하나의 개인주의가 존재한다. 종교전쟁의 원인에는 국가나 종교, 당파에 대한 사람들의 맹목적 충성이 있었다. 사람들이 세상에 통용되는 선악의 기준을 그대로 받아들이거나 자신의 생활 속에서 이를 재검증하지 않는 한, 사회의 혼란은 계속된다. 그래서 몽테뉴로 대표되는 또 하나의 개인주의는 사회의 압력에 굴하지 않고 자주적·독립적인 선악 판단에 근거해 책임을 지고 행동할 것을 개인에게 요청한다. 이것은 공화국의 이상이다. 이 윤리적 개인주의를 로크류의 경제적 개인주의와 혼동해서는 안 된다.

★ 중세 후기 영국에서 하급 귀족이 지주로 변신해 형성된 계층.

지금까지 무역의 역사를 되돌아봤는데, 여기서 몇 가지 결론을 끌어내 보자. 첫째, 무역은 경제적으로 오랫동안 주변적 현상에 불과했다. 둘째, 민중은 항상 안정된 지역적 자급 생활에 만족하고 있었다. 민중이 무역을 요구하며 폭동을 일으켰다거나, 자급하던 민족이 빈궁을 견디다 못해 무역을 시작했다는 이야기는 들어 본 적이 없다. 셋째, 무역은 어디서나 부와 권력을 가진 특권층에 의해, 특권의 유지와 확대를 목적으로 추진되었다. 최근의 노골적인 사례가 천안문 사태로 권력의 정통성이 흔들린 중국 공산당 정권이 자급에서 무역으로 체제를 전환한 일이다. 넷째, 현대 무역의 특징은 생활양식의 끊임없는 창조적 파괴와 그에 따른 시장의 무한한 확대에 있다. 다섯째, 나아가 무역은 공동체나 자연에 제약되는 일 없이, 자유로운 선택으로 욕망의 충족을 추구하는 개인이라고 하는 자유주의적 개인주의 이데올로기와 일체화되어 있다. 고로 필요한 물자의 호혜적 교환은 무역의 본래 목적이 아니다.

미국 중심 세계 무역 체제의 완성

영국은 세계 무역으로 이익을 취하기 위해 상업 제국을 형성했다. 영국에서 시행착오를 거쳐 일군 성과를 의식적·계획적으로 추구한 나라가 미합중국이다.

오늘날의 세계 무역 체제는 기본적으로 미국이 설계하고 그들의 패권으로 세계에 강제한 것이다. 미국이 두 차례의 세계대전에 참전한 것은 민주주의를 지키기 위해서가 아니라 미국 중심의 글로벌 무역 체제를 완성하기 위해서였으며, 그것은 제2차 세계대전 이후 IMF, 세계은행, GATT가 보완하는 브레턴우즈 체제로 실현되었다. 이 체제 아래에서는 금 1온스당 35달러로 달러 가치가 고정되고 각국 통화 가치가 달러를 기준으로 정해짐으로써 국가 간 무역이 별다른 지장 없이 달러로 결제되어 세계 무역량이 비약적으로 증대했다. 그리고 IMF나 세계은행의 역할도 단지 외환 시장 안정과 후진국 원조를 넘어 미국식 경제성장 논리에 세계를 편입시켜 성장의 조건을 확보하는 데 있었다.

그러나 세계 무역이 달러로 결제된다는 것은 미국에 상품을 수출해 달러를 벌어들일 능력이 없는 나라는 세계 무역에 참여하지 못하고, 석유 등 전략적 자원을 뜻대로 수입하지도 못한다는 것을 의미했다. 이는 전후 세계 경제에 선진국과 개발도상국 간의 격차를 비롯한 갖가지 큰 왜곡을 초래했다.

오로지 달러를 벌어들이기 위해서 나라 형편에 맞춰 균형 잡힌 국토와 경제를 희생시킨 극단적 사례가 일본의 경제 발전일 것이다. 냉전 탓에 아시아 여러 나라와의 지역 무역을 기대할 수 없었던 점이나 제2차 세계대전 이전부터 제기된 인구 과밀이라는 문제가 있었다고는 하지만, 전후 일본의 미국 일변도 수출 경제는 역시 비정상적이었다. 그 결과, 공업용 자원이 전무한 작은 섬나라는 미국을 넘어서는 자동차 생산국이 되었는가 하면, 미국과 중국에 이어 세계 3위의 원유 수입국이자 식량자급률이 선진국 중 최저 수준에 가까운 세계 최대의 식량 수입국이 되어 버렸다. 이는 미국 중심의 무역 체제에 대한 세계적으로 유례없는 과잉 적응이라고 해야 할 것이다. 이는 또 일본 사회와 문화의 미국화, 원유를 대량으로 소비하는 미국식 생활양식에 대한 과잉 적응이기도 했다.

근래에는 원유와 식량 가격 상승이 이어지는 가운데 일본의 번영을 떠받쳐 온 조건들이 소멸하고 있다. 당장 중국과의 무역이 일본 기업을 지탱하고 있는 것 같지만, 중국은 국책으로 개방 체제를 취하고 있을 뿐 예전의 미국처럼 세계 무역을 유지하려는 의식이 있는 건 아니다. 따라서 일본으로서는 경제 본위에서 생활 본위로 돌아서는 과감한 체제 전환 이외에는 미래가 없다.

그러나 브레턴우즈 체제가 좀 더 심각한 문제를 불러일으킨 곳은 제3세계의 신흥 독립국들이었다. 미국은 이 체제를 통해 자국에서만 통용되는 경제성장 논리를 이들 국가에 강제해 왔다. 근대화를 위한 자본과 기술이 없는 이들 국가는 IMF의 융자나 세계은행의 원조에 기대어 근대화를 꾀했으나 구미형 경제성장의 조건을 갖추지 못한 상태에서 그런 융자나 원조로 결실을 거두는 경우는 극히 드물었고, 윤택해지기는커녕 항상 부채에 시달리게 되었다.

세계 무역의 종언: 식량 주권, 그리고 민주주의의 재정의를 향해

지금 세계를 뒤흔들고 있는 식량 위기는 미국이 주도하는 세계 무역 체제가 초래한 궁극적 귀결이다. 독립 당시에는 식량을 수출하던 아프리카 여러 나라는 이제 전체적으로 식량의 4분의 1을 수입하고 있다. 이렇게 된 주된 이유는 부채에 시달리는 나라들에 대한 IMF와 세계은행의 '은행 관리'에 있다. 1980년대 이후 신자유주의 색채를 강화한 이 두 조직은 제3세계에서 선진국형 공업을 모델로 한 농업을 추진해 대규모 농지에서 수출용 환금 작물을 재배하도록 장려해 왔다. 게다가 GATT 체제 아래에서 이루어진 농산물 무역의 자유화에 의해 정부의 지원을 받은 미국 및 유럽의 값싼 농산물이 쏟아져 들어와, 지역에서 가족농업에 종사하는 자작농에게 심대한 타격을 주었다. IMF와 세계은행의 경제 전문가들은 농업에서는 전통적 가족농업을 능가하는 것은 없음을 이해하지 못한 것이다. 그런 의미에서 요즈음의 식량 위기는 단순한 식량 확보의 문제가 아니며, 바로 거기에서 엘리트의 세계 무역 논리와 민중의 지역적 자급 논리가 첨예하게 대립하고 있다고 해도 과언이 아닐 것이다.

물론 식량 위기는 중대한 문제지만, 세계의 현황을 비관할 필요는 없다. 콜럼버스의 항해로 시작된 세계 무역의 시대는 끝나 가고 있다. 그 첫째 이유는, 미국의 쇠퇴로 달러가 폭락하고 있는데도 유로나 위안화가 달러 대신에 세계 무역의 결제 통화가 될 가능성은 없기 때문이다. 그렇게 되면 자유무역은 종언을 고하고 무역은 국가 간 수시 협정에 근거해 이루어지는 본래의 형태를 되찾게 될 것이다. 둘째 이유는, 앞으로도 원유 가격은 계속 상승할 것이므로 대량의 상품을 원거리까지 신속하게 운송하기가 비용 면에서 그만큼 어려워지기 때문이다. 예를 들어, 원유가 배럴당 200달러가 되면 중국 제품은 미국 시장에서 가격 경쟁력을 상실할 것이다. 그리고 식량 위기와 원유 가격 앙등은 세계 각지의 사람들에게 다시금 지역생산·지역소비 원칙의 중요성을 일깨워, 선진국에서도 텃밭을 가꾸거나 농민 공동체 시장에서 그 지역의 농산물을 구입하는 사람들이 급속히 늘고 있다. 기껏해야 텃밭에 불과할지라도, 이 역시 인류가 '기본적인 생활 물자는 지역에서 자급한다'는 오랜 상식으로 돌아가는 한 계기가 될지도 모른다.

그리고 무엇보다도 세계 무역의 종언을 예감케 하는 것은 GATT 대신에 자유무역의 원칙을 보다 철저히 관철시키기 위해 1995년에 창설된 WTO의 도하 라운드가 선진국과 개발도상국의 대립으로 완전히 교착 상태에 빠졌다는 사실 때문이다. WTO의 노림수는 전 세계적인 관세 일괄 인하에 있다.

2008년 7월에 제네바에서 열린 153개 가맹국의 교섭은 전면 결렬되어 재개 전망조차 불투명하다. 결렬의 최대 원인은 정부 지원을 받는 선진국의 과잉 농산물이 대량으로 유입되면 자국의 영세 농민들이 큰 타격을 입을 것이라는 이유로 인도가 긴급 수입 제한 조치인 세이프가드safe-guard를 유연하게 운용하자는 주장에서 한발도 물러서지 않은 데 있었다. 이 교섭에서는 중국과 브라질도 존재감을 드러냈다. 무역의 영역에서는 북北의 선진국이 남南의 개발도상국에 저 좋은 대로 규칙을 강요하던 시대가 완전히 끝난 것이다. IMF와 세계은행의 신자유주의는 자유무역이 약육강식 논리의 다른 이름이라는 인식을 세계에 확산시켰고, 그것이 결국 WTO를 좌초시켰다고 할 수 있다.

이처럼 개발도상국이 격렬히 저항한 배경에는 남과 북을 불문하고 역사적으로 세계 무역의 최대 희생자였던 자작농과 원주민이 국경을 넘어 협력하며 목소리를 내기 시작했다는 사실이 있다. 그 목소리를 대표하는 것이 1992년에 온두라스에 본부를 두고 창설된 비아캄페시나Via Campesina*다. 비아캄페시나는 세계 각지의 자작농, 원주민, 농촌 여성, 어민으로 구성된 100개 이상의 조직이 연합한, 회원 수 1억 5천만에 달하는 세계 최대의 민간 조직이다. 창설된 지 얼마 되지 않았지만 이미 국제적으로 무시할

* '농민의 길'이라는 뜻이다.

수 없는 존재다.

비아캄페시나가 종래의 식량 안보 대신에 주장하는 식량 주권의 원칙을 헌법 조항으로 삼는 나라도 있다. 식량 주권이란 '국제 시장에 좌우되지 않고 국민이 자신의 먹을거리나 농업을 스스로 정의할 권리'를 가리키며, 따라서 농산물을 단지 상품으로만 유통시키는 무역 자유화나 현지 자작농의 존속을 어렵게 하는 식량 원조 등은 주권 침해에 해당된다. 더구나 그것은 식량과 관련해 국토나 식문화의 양상에까지 미치는, 자신의 독자적 생활양식을 선택하고 지킬 수 있는 권리이며, 생활양식을 창조적으로 파괴하는 세계 무역에 대한 근원적 반대인 것이다.

비아캄페시나의 요구는 자급에 국한되지 않는다. 문제는 농민 이외의 사람들도 포함한 지역 주민이 인간다운 생활에 필요한 기본적 자원과 물자를 스스로 관리하는 것이다. 민주주의의 요체는 선거 제도의 유무에 있는 것이 아니라 그러한 생활양식에 관한 지역 주민의 자치에 있다. 따라서 무역과 자급을 둘러싼 논의는 결국 민주주의의 재정의라는 문제에 이르는 것이다.

미국발 국제 금융 위기가 드러낸 것
: 시대는 글로벌에서 로컬로

(2009년 2월)

위기는 글로벌화의 치명적 귀결

주택 버블의 파탄이 촉발한 미국의 금융 위기는 그 여파가 쓰나미처럼 전 세계로 밀어닥쳐 기업의 도산이나 수익 감소, 실업 증가 같은 형태로 실물 경제에도 심각한 타격을 주었다. 그리고 미국과 유럽의 언론은 이 사태를 '경기 후퇴'가 아니라 사실상 금기어였던 '공황'이라는 말로 표현하기 시작했다. 일반 시민이 사태의 심각성을 알게 된 것은 미국 정부가 공적 자금을 동원해 금융업계에 개입하겠다고 공표한 때였지만, 사실 이 위기는 2007년에 이미 표면화되어 있었다. 그리고 정부와 연방준비은행은 몇 가지 대책을 강구했지만, 위기의 진행을 막을 만한 수단이 없었다. 따라서 헨리 폴 재무장관이 AIG 등 주요 금융 기관을 공적 자금으로 긴급 구제할 것이라고 발표해 본들 거대한 댐의 붕괴를 모래주머니를 쌓아 막으려는 꼴일 뿐이었다.

최근 들어 언론에는 이 경제 위기를 둘러싼 논평과 분석이 넘쳐 나고 있지만, 업계 매체에서나 볼 법한 경제학자들의 난해한 논평이나 코멘트가 주를 이루고 있다. 그리고 이상하게도 이 위기를 1980년대 이후 미국이 일관되게 추진해 온 세계화와 연결시키는 논의는 찾아볼 수가 없다. 이 위기의 직접적 원인이 된 것은 분명 월스트리트의 방자한 머니게임이며, 그것을 정당화해 온 신자유주의 도그마다. 그렇다면 이 위기는 무책임한 은행가와 관련 업계 어용학자의 소행일까? 그렇지 않다. 이 금융 위기에는 역사적 배경이 있다. 그것은 위기의 진원지가 된 미국이라는 나라의 역사다. 그리고 역사의 장기적 관점에서 보면 지금 일어나고 있는 사태는 단순한 경제 위기가 아니라 미국 문명의 붕괴라고도 할 수 있는 측면이 있음을 알 수 있다.

미국은 마치 십자군처럼 자유무역을 기치로 내건 나라다. 19세기의 영국도 자유무역을 표방했지만, 그것은 대양을 지배하는 식민 제국 특유의 주장일 뿐이었다. 미국은 자유무역을 보편적 원칙으로까지 추어올려 강대국으로서 전 세계가 그에 따르기를 요구했다는 점에서 역사상 전례가 없는 나라였다. 그리고 1980년대 이후 미국은 자유무역의 원칙을 국민 경제 개념을 부정하고 국가 주권을 상대화하는 세계화의 원칙으로까지 발전시켰는데, 현재의 금융 위기는 그 세계화가 미국에서 치명적 귀결을 맞은 것이다.

대공황의 기억과 경제의 군사화, 자유무역

세계 대부분의 나라에서 20세기는 전쟁의 세기였다. 두 차례의 대전에서 비교적 큰 피해 없이 헤어난 전승국 미국 또한 1930년대 대공황을 체험했다. 실제로 미국의 행동은 모두 이 공황의 기억에 의해 설명된다 해도 과언이 아니다. 그렇다면 왜 공황이 발생했을까? 그 원인으로는 여러 가지를 들 수 있지만, 공황이 일어나는 기본 메커니즘은 부채와 소득 격차라는 두 가지 요인으로 설명할 수 있다. 첫째, 자본주의 경제는 은행 신용으로 작동하며, 기업이나 개인은 부채를 이자를 얹어 은행에 변제해야 한다. 둘째, 기업 입장에서는 고용된 근로자에게 지불하는 임금은 생산 비용의 일부에 불과하며, 상품 가격에는 생산 설비의 감가상각비나 연구 개발비 등도 포함된다. 따라서 이를테면 '착취'가 없다 해도 근로자의 소득 총계는 언제나 상품 가격의 총계를 밑돌게 된다. 그리고 시장 경제에서는 기업이나 정부가 아니라 오직 근로자만이 소비자다.

이렇게 해서 자본주의에는 근로자의 구매력 부족으로 재화나 서비스가 순조롭게 팔리지 않는다는 문제가 항상 따른다. 이것은 기업에는 과잉 생산의 문제이며, 근로자에게는 소득 부족으로 인한 과소 소비의 문제다. 그러나 부채와 소득 부족이라는 이 요인은 점차 새로운 시장이 개척되어 경제가 성장해 나가면 그다지 문제가 되지 않는다. 그러나 근로자의 소비가 위축되고, 과잉 생산 탓에 묵은 자본이 주식 등에 투기되면서 경제는 말하자면 양극으로 분해된다. 그리고 구매력 부족으로 경기가 악화되면 과잉 자본으로 인한 투기 붐이 부풀어 터진다. 경제성장을 촉진하던 은행 신용은 일변해서 경제에 제동을 걸고, 기업과 가계는 부채로 옴짝달싹 못 하게 된다. 이것이 공황이다.

미국 금융 위기를 촉발한 서브프라임 모기지의 경우에도, 근로자의 소득은 늘지 않는 상황에서 은행이 신규 상품 개발이나 시장 개척에 광분했다는 사정이 있었다. 그리고 은행이 이렇다 할 수입이 없는 저소득층에까지 주택 담보 대출을 해 준 것이 위기를 촉발했으니, 이는 경제의 양극 분해로 인한 공황의 패턴에 들어맞는다고 할 수 있다.

미국이 그동안 1930년대 대공황의 기억에 사로잡혀 있었던 것은 루스벨트 대통령의 뉴딜 정책이 결국 공황을 해결하지 못한 쓰라린 경험이 있기 때문이다. 미국을 악몽 같은 공황에서 구한 것은 제2차 세계대전으로 인한 군수 붐이었다. 그런 까닭에 전쟁에서 되살아난 미국은 공황 재발을 예방할 수 있는 체제의 구축을 국가의 최우선 과제로 여기게 되었다. 그리고 이 과제에 입각해 미국은 두 가지 전략을 확립했다. 하나는 세계대전으로 공황을 해결한 경험에서 배운 경제의 군사화다. 전쟁 경제라는 것은 순전한 낭비이므로 과잉 생산의 문제가 발생할 우려가 없다. 또 하나는 과잉 생산의 문제를 무역으로 해결하는 것으로, 이를 위해 세계대전으로 얻은 비할 데 없는 강대국의 지위를 활용해 공산권 이외의 모든 나라를 자유무역의 원칙에 합의토록 했다. 전쟁 전의 국제 무역에는 세계 공통의 원칙 같은 건 없었으며, 오히려 각국은 금본위제가 무너지고 공황이 진행되는 가운데 보호주의, 덤핑 수출, 자급 정책 등으로 기우는가 하면 수입을 엄격히 제한했다. 뉴딜 시기 미국의 스무트-홀리Smoot-Hawley 관세법은 보호주의의 표본이었다. 따라서 전쟁 후 미국이 과잉 생산 문제를 무역으로 해결하려는 국가 전략을 세움으로써 사상 처음으로 세계 무역의 원칙이 자유무역이라는 이름으로 성립된다.

그리고 이 전략을 지탱한 것이 미국 중심으로 구축된

브레턴우즈 체제다. 이 체제 아래에서 국제 환시세는 '금 1온스=35달러'로 고정되었고, 각국 통화 역시 달러와 연동해서 고정되었다. 일본의 경우 '1달러=360엔'이 되었다. 그리고 달러 가치가 신뢰를 얻음에 따라 각국은 무역으로 벌어들인 달러를 금으로 교환해 줄 것을 미국에 수시로 요구할 수 있게 되었다. 이 달러-금본위제를 구축한 미국의 노림수는 상품 가격의 국제적 안정과 이를 통한 세계 무역의 순탄한 확대에 있었다고 할 수 있다. 세계 무역의 확대는 미국에 더욱 큰 번영을 안겨 줄 터였다. 그러나 달러를 금이 뒷받침하는 특별하고도 강력한 통화로 만들자 모순이 생겼다. 각국은 '달러벌이'를 무역의 주요 과제로 삼았다. 그리고 각국이 달러를 손에 넣음으로써 달러가 전 세계로 퍼진다는 것은 곧 미국이 큰 무역 적자를 낸다는 뜻이다. 브레턴우즈 체제에는 미국이 무역 적자를 내지 않으면 세계 무역이 굴러가지 않는다는 모순이 있었다. 그렇기 때문에 세계 각국이 전쟁의 참화로부터 부흥을 이룬 1960년대에 들어서자 이 체제는 삐걱거리기 시작한다. 각국은 미국의 적자 탓에 실질적으로 가치가 떨어진 달러화를 점차 불신하게 된다.

미국의 적자에는 다른 원인도 있었다. 현대 무역은 일

본이 제3세계 국가에서 바나나를 수입하고 간장을 수출하는 식의 특산품 교역이 아니다. 자동차나 텔레비전은 오로지 가격과 성능으로 평가되는 국제 상품인데, 공업적 방식으로 생산되는 농산물에 대해서도 똑같이 말할 수 있다. 그러므로 현대 무역의 실태는 동일 범주의 상품을 생산하는 각국 기업에 의한 세계 시장 쟁탈이다. 바꿔 말하면, 전후 세계에서는 일본이나 유럽 나라들 역시 과잉 생산 문제의 해결책을 무역에서 찾기 시작한 것이다.

글로벌화·금융화로 초래된 공동화와 마이너스 성장

그리고 1971년의 닉슨 성명으로 달러와 금의 태환이 정지되어 세계는 변동환율제로 이행했다. 이로써 미국은 금 보유량에 구애받지 않고 달러를 얼마든지 발행할 수 있는 터무니없는 특권을 쥐게 되었다. 달러는 세계 무역의 주된 결제 및 준비 통화이므로 달러를 마다할 나라는 없다. 따라서 미국은 수입품의 대금을 치르기 위해 달러를 찍어 내기만 하면 그만이며, 무역 수지 개선에 신경 쓸 필요도 없어진다. 또 각국은 무역상의 필요에 따라서도, 그리고 변동환율제 아래에서 환율이 가장 안정된 통화라는 점에서도 외화는 달러로 준비하려 한다. 그 결과, 해외 자본이 끊임없이 미국으로 흘러들게 된다. 그리고 달러 기축제가 성립된 1970년대는 시장의 포화, 기술 혁신의 정체, 원유 가격 상승 등으로 선진국의 자본주의가 성장의 한계에 봉착한 시기이기도 했다. 그 후로 기업의 수익은 점차 떨어졌고, 이는 지금도 회복되지 않고 있다. 미국은 다시 과잉 생산과 과잉 자본의 문제에 직면한 것이다. 그리고 레이건 정부 이후 미국은 과잉 생산의 문제를 경제의 글로벌화로, 과잉 자본의 문제는 경제의 금융화로 해결하려 했다. 기업은 소비 둔화에 상품 가격 인하로 대처하려 했고, 저렴하고 풍부한 노동력에 의해 생산 비용을 줄일 수 있는 해외로 생산 거점을 속속 옮겨 글로벌화했다.

그러므로 세계화는 미국이 과잉 생산 문제를 무역으로 해결하려는 전략의 궁극적 귀결이며, 그 전략의 전제는 달러 기축제 덕에 자본이 전 세계를 자유롭게 이동할 수 있다는 사실이다. 동시에 세계화 때문에 미국 경제는 극도로 부실해져 금융업, 군수산업, 농업, 저임금 서비스업 외에는 국내에 이렇다 할 산업이 없는 상황이 되었다. 이 국민 경제의 쇠퇴로 인한 근로자 소득 감소가 금융 위기의 근본적 원인이다. 그렇다면 어째서 금융업계가 위기를 촉발했다고 하는 것일까? 은행에서 빌린 돈은 은행 입장에서는 장부상의 자산이라도 빌린 사람에게는 부채일 뿐이다. 그것은 국민 경제 전체에서도 어디까지나 마이너스 자산이다. 따라서 월스트리트만이 번성했던 근래의 미국은 마이너스 성장을 거듭하는 나라였다. 그리고 기업, 가계, 국가가 빚더미에 올라앉은 와중에 금융업계마저 부채에 짓눌려 쓰러질 것으로 판명된 순간, 미국 경제는 붕괴되었다.

　　따라서 이 위기는 금융업계의 소행이라기보다 세계화의 귀결이다. 왜냐하면 머니게임의 자금은 간접적으로 중국, 일본, 러시아, 중동 산유국 등에서 나왔기 때문이다. 이들 국가는 수출을 통해, 그리고 외환시장에 개입해 달러를 매입함으로써 확보한 거액의 외화 준비로 미국의 국채나 주식을 사는 형태로 달러를 미국으로 환류시키고 있다. 이미 재정적으로 파탄이 난 채무국 미국은 이 해외 자본의 유입으로 연명해 왔다. 미국이 공적 자금으로 일부 금융 기관을 구제한 것도 자칫 도산을 방치했다가는 그 대주주인 중국이나 러시아가 향후 국채를 사지 않게 될 위험이 있었기 때문인 듯하다. 그중에서도 중국의 존재는 크다. 중국이 미국의 소비자를 겨냥한 값싼 상품을 생산하는 공장이 되고 그 수출로 벌어들인 달러가 미국에 투자되어 그 소비와 재정, 머니게임을 지탱하는 글로벌 경제의 비뚤어진 구조를 제쳐 놓고는 지금의 금융 위기를 생각할 수 없다.

세계화의 종언, IMF의 권위 실추

이 위기가 세계를 어떻게 바꿔 놓을지는 누구도 알 수 없지만, 세계화의 종언이라는 관점에서는 몇 가지를 예상해 볼 수 있다.

첫째, 미국형의 낭비적·획일적인 소비 문명의 종언이다. 서브프라임 사태의 배경에는 집을 '삶'이 아닌 상품으로 여긴 미국인의 태도가 있다.

둘째, 지금보다 단순했던 1930년대의 공황조차 뉴딜로는 해결하지 못했다. 미국은 국가적으로 파산해 옐친 시대의 러시아와 같은 빈국으로 전락할 가능성이 있다. 게다가 미국에는 당시 러시아인의 생활을 지탱한 '다차'와 같은 서민들의 가정 농원도 없다.

셋째, 그렇게 되면 달러는 폭락하고, 그에 따라 달러 기축을 전제로 한 세계화는 완전히 끝난다.

넷째, 미국이 국제 경제를 금융적으로 지배하기 위한 도구였던 IMF의 권위는 실추되며, IMF의 엘리트 회원국이었던 일본 등 G7 국가의 국제적 지위도 세계의 다극화 속에서 크게 떨어진다.

실제로 IMF는 사람을 빚더미에 앉혀 노동의 성과를 등쳐먹는, 월스트리트나 하는 일을 제3세계 국가들을 상대로 벌여 왔다. 그러지 않고서야 1960년대 독립 당시에는 식량을 수출하던 아프리카 국가들이 지금은 기아와 빈곤에 허덕이고 있을 이유가 없다. 특히 최근에는 카길 등이 주름잡는 농산업이 미국에서 그나마 얼마 남지 않은 수출 경쟁력 있는 산업이 되기도 해서, IMF는 그에 맞춰 움직이게 되었다. 그리고 융자를 구실로 제3세계 국가들의 농업에 대해 사사건건 간섭을 하게 되었다.

그 대표적 사례가 아프리카의 말라위다. IMF는 말라위에 융자의 대가로 소농에 대한 정부 지원의 철폐, 농산물 가격 자유화, 정부 농정 부문의 민영화 같은 구조 조정 정책을 강요했다. 또한 흉작인데도 외국에 대한 채무 변제를 위해 비축 식량을 수출할 것을 요구하면서 말라위에서는 다수의 아사자가 발생했다. 그제야 정부가 전통적 가족 농업을 지원하는 쪽으로 방침을 바꾸고 소농에 대한 지원 가격으로 비료와 종자 배포를 재개함으로써 말라위는 3년 만에 잉여 농산물을 수출할 정도가 되었다. 이 사례만 보더라도 현재의 세계적 식량 위기에 IMF나 세계은행이 무관하지 않다는 것을 알 수 있다. 선진국의 금융 위기로 IMF는 자금 부족에 빠져 크게 흔들리고 있는데, 선진국을 이롭게 할 뿐인 이런 샐러리맨 대상 융자 기관 같은 국제 금융 기관은 이참에 전폐해야 한다. 통화와 무역 문제를 다룰 국제 기관이 필요하다면, 그것은 선진국의 회원제 클럽 같은 게 아니라 모든 나라가 일국일표一國一票의 입장에서 토의·의결하는 UN 총회가 관할하는 기관이어야 할 것이다.

WTO의 좌초는 세계 소농의 역사적 승리

그리고 세계화의 종언과 함께 자유무역의 원칙 자체도 전 세계적으로 빛이 바랠 것이다. 쇠락해 가는 미국을 대신해 자유무역을 보편적 원칙으로서 강경하게 주장할 나라가 있으리라고는 생각되지 않기 때문이다. 달러 기축제뿐만 아니라 무역 적자를 얼마나 내든 미국은 태연할 수 있는 나라였다는 점도 자유무역론을 떠받쳐 왔지만, 이 버팀목은 사라진다. 게다가 철저한 무역 자유화를 꾀한 WTO의 도하 라운드가 주로 제3세계 국가들의 저항으로 좌초한 상황이므로 현재 무역은 이미 양국 간 협정에 근거하는 것이 되었다. 아마도 이 금융 위기를 기점으로 이제껏 확대되어 온 세계 무역은 돌연 축소될 것이다. 축소의 첫째 이유는, 미국이 견인해 온 세계적 소비 붐의 종언에 있다. 공황은 사람들에게 검소하게 사는 습관을 들인다. 그리고 원유 가격은 향후에도 오르기만 할 것이므로 먼 바닷길로 상품을 수송하는 무역은 점차 채산이 맞지 않는 사업이 될 것이다. 더구나 달러가 폭락하기라도 한다면 주요 결제 통화가 없어지므로 세계 무역은 큰 혼란에 빠질 것이다. 유로나 위안이 달러를 대신할 실력을 갖추고 있지는 못하다. 물론 달러 없이도 다양한 결제 방법이 있지만, 적어도 무역에는 지금보다 더한 시간과 노력, 비용이 들 것이다.

그러나 무역 축소의 최대 원인은 이 위기를 계기로 각국이 안으로만 눈을 돌리게 되는 데 있을 것이다. 이 상황에서는 어떤 나라든 자국민의 생활 보장을 최우선 과제로 삼을 수밖에 없다. 그 점에서 보면, 미국과 유럽에 대한 수출이 격감한 중국이 농촌 인프라 정비를 중심으로 하는 내수 확대로 방향을 튼 것은 향후 세계의 동향을 미리 보여주는 셈이다. 또한 이것은 세계화가 부정해 온 국민 경제 관념의 부활과 국가 주권이 갖는 의의의 재확인을 의미한다. 중국의 경우에는 수출 경제가 도시는 서방 선진국 같고 농촌은 아프리카 같은, 지역 격차와 소득 격차로 갈라진 나라를 만들어 버렸다. 그리고 일본 지방들의 열악한 상황을 보면 이런 격차 확대는 글로벌화된 세계의 공통 현상이라는 것을 알 수 있다. 따라서 국민 경제의 재생은 지역의 개성을 존중하면서 격차를 없애는 경제적 민주주의의 실현이어야 한다. 그리고 금융 위기로 자유무역이 흔들리기 전부터 이미 그런 경제적 민주주의는 태동하기 시작했다. 2008년 7월 제네바에서 WTO의 도하 라운드가 결렬된 주된 원인은 미국과 EU가 추진하는 농산물 무역의 전면 자유화에 맞서 개발도상국의 농민층이 격하게 저항한 데 있었다. 정부 지원을 받은 구미의 값싼 농산물이 유입되면서 괴멸적 타격을 입어 온 소농의 입장을 인도와 중국이 대변함으로써 회의가 결렬되었던 것이다.

참고로 이 도하 라운드가 성공했다면 일본의 식량자급률은 19퍼센트가 될 참이었다. WTO의 좌초는 언제나 자유무역의 최대 희생자였던 세계의 소농에게는 전례 없는 승리였다. 그리고 그들은 단순한 경제적 이해에서 움직인 게 아니다. 농민에게 농업은 비즈니스가 아니라 생활양식이다. 농민과 WTO의 싸움은 생활양식, 민족의 전통이나 조상 대대의 기억, 그리고 지역의 자연과 자원의 다양성을 지키기 위한 싸움이기도 했다.

자급이 경제의 이상이 될 때

세계 각지에서 벌어지는 농민의 저항을 지탱하고 있는 것은 지역화의 논리라고 할 수 있을 것이다. 이 논리의 요점은 지구 전체에서 특정 지역으로 공간을 좁히는 것이 아니다. 요점은 '일하는 것'이 '사는 것'에 종속되며, 토지가 자본과 노동에 우선하는 것이다. 땅과 더불어 살아가는 농민에게 일은 추상적 노동이나 생산, 투자가 아니라 삶의 한 양태다. 그리고 바로 여기에서, 세계 무역이 축소되는 시대에 지역에 뿌리내린 삶을 대표하는 농민의 생활양식이 사회의 모범으로 자리 잡을 가능성이 생긴다. 20세기의 공황기에는 공업 노동자의 고용 확보가 중시되어, 어느 의미에서는 그것이 파시즘과 전쟁으로 이어지기도 했다. 그런데 현재의 금융 위기는 경제성장의 논리 자체가 초래한 것이다.

21세기 세계는 끝 모르는 경제성장의 대가인 식량과 물과 에너지의 위기에 직면해 있다. 현대의 가장 중요한 과제는 식량과 물의 확보, 그리고 에너지 문제의 해결이다.

그리고 이 문제는 돈과 기술로는 해결하지 못한다. 이 문제에는 지역에 거주하는 형태로 지역의 자연에 적응해 지역의 자원을 활용하는 지역적 해결책밖에 없다. 그중에서도 식량에 관해서는 지금도 인류의 반수를 점하는 농민 이외에 그 누가 문제를 해결할 수 있을까? 내친김에 말하자면, 최근에는 미국을 1930년대의 공황에서 구해 낸 것은 전쟁이 아니라 가족 농업에 대한 뉴딜의 농산물 가격 보장 정책이었다는 연구도 나오고 있는 실정이다.

지역화는 출구 없는 터널 같은 이 위기와 혼란의 시대에 사람들을 이끌 수 있는 인식의 기준이며 행동의 지침이다. 세계화의 종언은 세계에 전쟁과 기아의 시대를 가져올지도 모른다. 또 국민 경제 관념의 부활이 파쇼적 관리 국가로 귀결되지 않으리라는 보장도 없다. 그러나 세계화의 종언이 요청하고 있는 것은 경제의 지역화이므로 지역에 뿌리내린 경제적 민주주의라는 인식이 있다면 그러한 일탈은 겪지 않을지도 모른다. 자유무역의 권위가 실추된 세계에서는 보호주의와 자급이 세계적 추세가 되고 무역은 국민 경제를 부분적으로 보완하는 데 그칠 것이다. 그러나 무역이 없어지지는 않을 것이므로 달러의 실추 후에 세계의 통화 무역 체제를 어떻게 재구축할 것인가 하는 문제는 남는다. 그리고 여기서도 대국 중심의 약육강식 논리가 통할 위험이 있다. 따라서 세계는 그 통화가 공정히 평가되는 통화 주권을 모든 나라에 보장해야 하는데, 그런 체제를 설계할 때 하나의 기준이 되는 것은 금융 위기와 무관한, 안정된 지역 생활의 영위일 것이다.

어쨌든 향후에는 자급이 경제적 이상이 될 가능성이 있다. 그리고 케인스가 「국가의 자급자족에 관하여」라는 글에서 말했듯이, 사람들의 진정한 만족감은 무역으로 얻은 값싸고 획일적인 상품의 소비에서가 아니라 자급형 경제가 가져다주는 높은 생활의 질에서 오는 것이다.

기본소득 보장과 농 기반의 지역 계획에 기초한 자급형 경제로

(2009년 8월)

일본의 위기는 금융 위기 이전부터

세계 경제는 각종 지표로 보아 공황이라고 할 수 있는 상태다. 그중에서도 일본의 침체가 극심한 편인데, 지난해 GDP가 연율 12.7퍼센트나 감소한 것은 선진국 중에서 최악이다. 그런데 일본의 은행이 월스트리트의 머니게임에 손을 내밀지 않았는데도 일본 경제가 금융 위기의 진원지인 미국보다 훨씬 심각한 타격을 입고 있는 것은 기묘하지 않은가? 일본 GDP가 이렇게나 축소된 이유에 대해서 많은 평론가와 학자는 "금융 위기로 해외의 소비가 저조해서 자동차 수출이 반감되는 등 공업 제품 수출이 침체된 탓"이라고 말한다. 그러나 이 설명은 기이하다. 2007년의 UN 통계에 따르면, GDP에서 수출이 점하는 비율은 독일이 46.8퍼센트, 한국이 46.4퍼센트, 중국이 41.3퍼센트인 데 비해 일본은 17.6퍼센트에 불과하다. 일본 경제는 그 비율이 11.9

퍼센트인 미국 다음으로 내수형 경제인 셈이다. 도요타 공장 앞에서 영업 중인 라멘 가게는 간접적으로 외수 의존일지 모르지만, 그렇다 하더라도 일본이 독일이나 중국에 대해 보이는 차이는 뚜렷하다. 그렇다면 머니게임도 하지 않고 무역 입국이라고도 할 수 없는 일본이 어째서 이토록 심각한 타격을 입고 있을까? 그 답은 간단하다. 버블이 붕괴된 1990년대 이래로 일본 경제는 공황과 다르지 않은 상태였기 때문이다. 현재의 금융 위기가 발생하기 전부터 '워킹 푸어'나 '저축 제로 세대' 같은 말들이 시대를 상징하고 있었다.

다만 그사이에도 미국에서는 소비 버블, 중국에서는 그에 도움을 받은 수출 버블이 일본의 GDP를 명목상으로는 밀어올린 것이다. 그러나 도요타나 소니가 해외에서 벌어들인 돈은 그대로 해외에서의 생산 거점 확대 등 기업 글로벌화를 위해 쓰였고, 일본 국내로 돌아와 국민을 윤택하게 해 주는 일은 없었다. 그러므로 버블 이후 일본의 경제성장을 일본 국민이 실감하지 못한 것도 당연하다. 수출에 의한 경제성장은 일본 경제의 실상을 은폐하는 분식회계와 같은 역할을 해 왔다. 그리고 이번 금융 위기로 겉만 번지르르하던 그 실상이 드러나, 이전부터 구렁텅이에 빠진 경제 상태가 만천하에 알려진 것이다. 그러므로 지금 같은 일본 경제의 위기에 역사적 사정이 다른 구미 국가들을 모방하는 방법으로 계속 대처할 수는 없다. 일본 특유의 사정이라 하는 것은 내수형 경제인데도 그 내수가 전부터 무너져 왔다는 사실이다. 그리고 어째서 그렇게 되었는지를 이해하려면 버블 시기로 거슬러 올라가 일본 경제의 구조적 문제점을 밝혀내는 작업이 필요하다.

지역 경제의 재생 없이 경제 위기는 끝나지 않는다

1980년대의 버블 발생은 시장과는 아무런 관계도 없는 국제 정치의 산물이다. 대일 무역 적자의 확대로 궁지에 몰린 미국의 요청으로 이루어진 1985년의 플라자 합의로 엔화 절상이 결정되었고, 넘쳐 난 돈이 일본에서 토지 투기 버블을 일으켰다. 이 플라자 합의를 계기로 일본 경제는 그때까지의 제품 생산에서 동떨어진 채 금융화하는가 하면, 은행 돈이 경제를 교란하게 된다. 그리고 일본형 버블도 시장이 아니라 정치의 산물이다. 그 주된 특징 중 하나는 중앙(관료와 집권 여당)과 지방 사이에서 이루어지는 식민지적 횡포의 구조다. 즉 엔화 절상과 내수 확대에 의한 수출 드라이브 억제라는 미국이 안긴 과제를 소화하려고 중앙은 지자체에 대해 닥치는 대로 지방채를 발행해 토건 공공사업을 진행할 것을 강요했다. 이런 횡포의 구조는 세계적으로 유례가 없다. 바로 이때부터 일본 지자체의 재정 위기가 시작되었다.

그리고 버블 붕괴와 함께 일본의 주요 은행들은 방대한 불량 채권을 끌어안고 지불 능력을 잃은 좀비 은행이 되었는데, 여기서도 다시 위기 타개책으로 중앙의 지방에 대한 횡포의 구조가 활용되었다. 1990년대에 오부치 정권 등이 남발한 공공사업은 흔히 버블 후의 디플레에 대처하기 위한 케인스주의적 정책이라고 이해되고 있지만, 분명 이 관점은 잘못된 것이다. 토건형·이권개입형 공공사업은 다나카파 계통의 다케시타 정권에서 끝났다. 1990년대의 공공사업은 제네콘(종합건설사)에 융자하는 좀비 은행을 간접적으로 구제하기 위한 것이었다. 그리고 여기에서도 중앙은 다시 지방채 발행에 의한 공공사업을 강요해 지방을 희생시킴으로써 금융 자본을 구제했다. 그 전형적 사례가 현재 재정 파탄 상태인 오사카부다. 중앙은 오사카에 조만간 지방 교부금으로 우대해 줄 것이라는 거짓 약속을 하고는 간사이 공항이나 공항 인근 타운과 같은 대형 프로젝트를 지방채로 추진하게 했다. 간사이 공항 건설에 관해서는 미국 쪽의 요청도 있었던 듯하다. 그리고 고이즈미 정권이 중앙의 약속과는 반대로 지방 교부금을 삭감한 탓에 오사카부는 그만 사다리를 차 버린 꼴이 되었다. 그러나 오사카 역시 도쿄만 글로벌 도시가 되는 가운데 로컬 타운으로 전락하는 게 아니냐는 불안과 초조에 짓눌렸던 것은 아닐까? 어쨌든 이와 같이 일본의 내수가 괴멸한 원인은 중앙의 강요로 떠안은 부채로 인한 재정 위기, 고령화, 산업 공동화라는 삼중고에 시달리는 지방의 피폐한 형편에 있다. 그러므로 지방 경제, 지역 경제의 재생 없이는 경제 위기도 끝나지 않을 것이다.

공황을 종식시킬 수 있는 전 국민에 대한 기본소득 보장

현재의 경제 상황은 공황이라는 인식이 퍼짐에 따라 '뉴딜'이라는 말이 부활하고 있다. 그러나 1930년대의 뉴딜은 미국의 대공황에 기껏해야 진통제만 놓은 것일 뿐이고, 공황은 세계대전에 의해서만 끝날 수 있었다는 것은 오늘날에는 상식이다. 그러면 어째서 전쟁이 공황을 종식시킨 것일까? 전쟁 자체는 국가의 부채를 급상승시켜 경제에는 플러스가 되지 않는다. 그러나 전쟁 중의 내핍 생활은 사람들 사이에서 잠재적 수요를 팽창시킨다. 그리고 남자는 징병되고 여자는 후방의 공장에서 일하는 국민 총동원 체제에 의해 한때나마 완전 고용이 실현된다. 따라서 대전이 끝났을 때 미국에서는 거대한 잠재적 수요가 고용에 의한 소득으로 뒷받침된 유효수요가 되어 폭발한 것이다. 바꿔 말하면, 공황을 종식시킨 것은 당시의 총력전이 전 국민에 미친 소득 보장 효과였다. 그리고 대다수 국민의 소득 부족이 공황의 근본 원인이라는 것은 오늘날에도 변함이 없기 때문에 현재의 위기를 타개하기 위해서도 전 국민에 대한 일률적·무조건적·지속적인 기본소득 지급 정책이 불가결하다고 할 수 있다. 기본소득 보장이라고 하면 곧바로 재원財源이 문제로 떠오르는데, 이것은 은행업계를 대표하는 일본은행으로부터 통화 발행권을 회수해 정부가 스스로 통화를 발행하면 되는 일이다. 그리고 정부가 공공의 복리를 목적으로 통화를 발행함으로써 경제는 탈금융화한다. 정부 통화에 의한 기본소득 보장은 유토피아가 아니라 마음만 먹으면 내일이라도 당장 실행할 수 있는 정책이다.

젊은 층을 중심으로 지방으로 향하는 민족 대이동도 가능하도록

그리고 강조해 두자면, 기본소득은 종래의 복지 국가의 연장선상에 있는 정책이 아니다. 물론 전 국민에게 기초 연금 수준의 소득이 보장되면 부수적 복지 효과는 있겠지만, 이 방책의 본래 과제는 모든 국민의 공통 이익에 부합하는, 은행의 주판놀음과는 다른 돈의 흐름을 만들어 내는 것이다. 이 방책은 사람들의 구매력을 보강해 생산과 소비의 간극을 해소하고, 경제를 안정시킨다. 더욱 중요한 것은 이를 통해 고용과 소득을 둘러싼 불안이 해소되면 사람들이 실험적인 생활양식을 받아들일 수 있게 된다는 점이다. 지금 우리가 직면하고 있는 것은 공황 외에도 온난화나 원유 생산 감소 등이 겹친 복합적인 위기이며, 이는 관료나 학자가 머리로 짜낸 정책으로 해결될 수 있는 것이 아니다. 이 위기를 극복하려면 수많은 이름 없는 사람들이 풀뿌리 차원에서 시행착오를 거듭하며 새로운 생활양식을 모색해야 한다.

그리고 기본소득의 가장 큰 의의는 생활에 얽힌 불안을 제거해 그러한 사회적 실험을 가능케 하는 데 있다. 그러한 실험의 일례로, 예컨대 이 방책을 국토에서 인구가 편중되게 분포하는 왜곡을 바로잡기 위해 활용할 수도 있다. 앞서 중앙의 지방에 대한 횡포의 구조를 언급했는데, 일본의 근본 문제는 아름다운 국토가 있는데도 인구가 수도권에만 비정상적으로 집중되었다는 점이다. 그 이유는 도쿄에 가면 고용과 소득 면에서 유리하다는 것밖에 없다. 그렇다면 기본소득 지급 실시에 즈음해 수도권을 일정 기간 기본소득 보장 대상에서 제외하면 어떨까? 그렇게 하면 젊은이들을 중심으로 수도권에서 지방으로 향하는 인구 대이동이 벌어져, 인구 분포의 왜곡이 단번에 시정될 것이다. 그리고 지방 인구가 늘고 소득이 보장되면 지역 경제도 절로 활성화된다. 기본소득을 유용하게 쓰려면 물가가 싼 곳을 고르는 쪽이 좋을 것이므로 이 정책은 분명 인구가 적은 지역이나 섬 지방의 인구를 증가시킬 것이다.

지금 필요한 것은 농업을 기축으로 한 지역 계획이다

미국의 오바마 정권이 자신들의 경기자극책을 환경에 투자하는 '그린 뉴딜'이라고 일컫자 많은 나라의 정부가 그 흉내를 내고 있다. 국가의 적자 지출에 의한 공공사업 확대는 오히려 공황을 악화한다는 문제는 여기서 제쳐 두자. 내가 지적하고 싶은 것은 각국 정부가 여론 조작을 노리고 한낱 보여 주기 식으로 '그린'이라는 말을 사용하고 있다는 사실이다. '그린'이라는 말은 진정한 의미로 사용해야 한다. 그린은 우선 지역의 자원을 활용한 자급형 경제를 뜻한다. 무역을 부정하는 것은 아니다. 그러나 무역이라는 것은 각국이 자급을 원칙으로 삼으면서 자국에서 생산되지 않는 필요불가결한 것을 선택적으로 교환하는 일이다. 그 점에서 세계화는 무역조차 못 되며, 자본에 의한 제국주의적 지배의 추구라고 해야 할 것이다.

그리고 그린은 무엇보다 문명의 토대를 석유 중심의 '광물계'에서 '식물계'로 전환하는 것을 의미해야 한다. 태양광 발전 같은 에코 비즈니스도 이 전환에 기여하는 한에서만 의미를 가진다. 그러나 이 식물계로의 전환이라는 과제는 계통적으로 검토되고 있지 않으며, 식용 작물에서 에탄올을 추출하는 식의 유해한 이야기만 들려온다. 그러나 식물을 이용한 에너지 자급의 가능성은 지방 경제에는 큰 사업 기회다. 예를 들면, 목탄 엔진과 마麻다. 패전 직후에 일본의 거리를 달리던 목탄 버스와 달리, 지금은 폐재廢材를 연료로 고속도로도 달릴 수 있는 고성능 목탄 엔진이 재야 연구자들에 의해 개발되고 있다. 교통과 운수에 그것을 사용한다면 에너지 자급률이 비약적으로 향상될 뿐 아니라 임업이 다시 전쟁 전과 같이 일본의 주력 산업이 될 수 있을 것이다. 도요타나 혼다가 목탄차에 손을 대지는 않을 것이므로 이는 지방 기업의 활로가 된다.

그리고 마가 연료뿐 아니라 여러 분야에서 석유를 대체할 수 있다는 것이 잘 알려져 있는데도 여태껏 아편의 원료가 된다는 이유로 마 재배가 금지되고 있는 것은 불가해한 일이다. 일본에서 마는 미 점령군이 재배를 금지하기 전까지만 해도 주요 작물의 하나였다. 미군 점령기의 유산을 그대로 둘 필요가 있을까?

식물계로 문명의 토대가 전환되면 자연히 농업이 중요한 위치를 점한다. 오늘날에는 농업의 재생이나 식량자급률 향상이 세간의 슬로건이 된 감이 있지만, 그 핵심을 보면 온통 농업에 기업을 참여시키고 대규모화를 통해 효율을 높여 국제 경쟁력을 갖출 수 있게 하겠다는 이야기뿐이다. 이래서는 이번에는 농업으로 버블을 일으키려 한다는 소리를 들어도 별수 없을 것이다. 요컨대 인식이 근본적으로 잘못된 것이다.

농업의 기본적 사명은 국토와 전통의 보전이며, 상품

으로서의 먹을거리 생산이 아니다. 그러므로 농업은 자본만 투자하면 발전하는 산업이 아니라 지역의 양상 자체다. 산업에 불가결한 수리水利만 놓고 보더라도 지역 전체의 관점에서 생각해야만 한다는 것이 분명하다. 이 나라가 지금 필요로 하는 것은 단순한 농업 재생이 아니라 농업을 기축으로 한 지역 계획이다.

물론 그것은 관료나 학자가 머리로 짜낸 계획이 아니다. 지역 주민이 스스로 수립하고 민주적으로 결정한 계획이다. 일본의 주민 운동은 이제껏 중앙과 기업에 대한 저항 또는 방어 운동이었다. 그러나 지금부터는 스스로의 생활 양식을 적극적으로 만들어 나가는 주민 운동이 되어도 좋지 않을까? 만약에 정부 통화가 발행된다면 시민의 공공복지가 융자의 기준이 될 것이므로 그러한 주민 운동이 없으면 경제는 굴러가지 않을 것이다.

세계 무역의 붕괴와 일본의 미래
: TPP-타이타닉 승선에 늦는 것은 좋은 일이다

(2010년 12월)

땅에 떨어진 오늘날 일본의 언론 보도

현재의 일본 언론을 보고 있으면 과거 소련의 공산당 어용 언론이나 북한 국영 방송을 비웃지 못할 노릇이다. 리먼 쇼크로 세계 경제가 요동친 이래로 언론은 하나같이 재계 응원단이 되어 있다. 대기업은 국익은 안중에도 없이 자사가 살아남는 것밖에 생각하지 않는데도 말이다.

텔레비전의 뉴스 캐스터나 신문사 논설위원이 하는 말을 보면 온통 제멋대로다. 시청자나 독자에게 세상사의 판단 소재가 될 사실을 제대로 전하는 것이 언론 본래의 사명일 것이다. 그런데 요즘에는 경제 뉴스라 하여 언론이 사실을 보도하기는커녕 프로파간다를 퍼뜨리고 있다. 현재 이런 여론 유도의 초점이 된 것이 바로 TPP다. "식량자급률이야 어찌 되든 TPP에 참가하지 않으면 일본은 국제 경쟁에서 뒤처져 경제적으로 파멸한다"라고 협박하는 듯한 언사로 사람들을 불안하게 만든다.

　여기서 내가 지적하고 싶은 것은 TPP 참가를 둘러싼 갑론을박 이전의 문제다.

　TPP 찬성파는 잠꼬대라도 하고 있는 게 아닐까? 자유 무역 촉진 같은 것은 당치도 않다. 리먼 쇼크 이래로 세계 무역은 점점 무너지고 있다. 댐의 붕괴와 같은 이 사태는 관세 철폐로 대처할 수 있는 수준이 아니다. 이것이 보도되어야 할 사실이다. 그리고 절벽에서 굴러 떨어진 차 안에서 마저 필사적으로 액셀을 밟고 있는 부류가 바로 TPP 추진파다.

제동이 걸리지 않는 세계 무역의 축소는 무엇을 의미하는가?

세계 무역 붕괴의 현황을 살펴보자.

　붕괴의 조짐은 WTO가 각국 무역 장벽의 전면적 철폐를 목표로 한 도하 라운드가 좌절된 데서 나타났다. 2008년 7월에 제네바에서 열린 교섭이 결렬로 끝난 이유는 미국과 EU에서의 농산물 대량 유입에 맞서서 자국 농민을 보호하기 위해 중국과 인도가 긴급 제한 조치의 발동 조건을 완화하도록 요구했기 때문이다. 중국과 인도는 자국 인구의 대부분을 이루는 빈농층을 배제한 채 외국의 자본과 기술에 의해 일부 도시만 번영하는 왜곡된 경제 발전을 추진해 왔다. 그 결과, 두 나라의 농촌에서는 폭동과 빈농의 자살이 끊이지 않았다. 농산물 수입 자유화로 계속해서 빈농층을 궁지에 몰아넣다가는 체제가 위태로워지기 때문에 중국과 인도는 도하 라운드에 저항한 것이다.

교섭이 재개될 전망은 보이지 않고, 이후 자유무역은 되는대로 일부 나라들에 의해 '양국 간 협정'이라는 형태로 존속하고 있다. WTO 자체는 이미 죽은 것이나 진배없다. 그리고 도하 라운드 교섭이 결렬되고 2개월이 지나서 리먼 쇼크가 세계를 직격한 것은 우연이 아니다.

세계화는 세계 어디서나 지역 간, 사회계층 간 격차를 확대했다. 중국과 인도에 도시와 농촌의 격차 문제가 있듯이 미국에는 국내 산업의 공동화에 의한 근로자의 임금 감소, 계층 간 소득 격차 확대의 문제가 있으며, 그 결과 나타난 서민의 소득 부족과 과잉 자본의 투기 자금화가 미국을 진원지로 하는 세계 공황을 초래했다.

이 공황으로 기존의 활발하던 소비 시장은 세계에서 자취를 감추었다. 중국도 예외는 아니다. 도시와 농촌의 격차를 그대로 방치해 온 중국에서 정부가 시행한 경기자극책은 오히려 일부 도시에서 당 관료의 부패가 얽힌 위험한 버블을 낳고 있을 뿐이다.

이 공황으로 세계의 주요 은행은 모두 사실상 파산했는데, 각국 중앙은행과 정부는 이 사실을 쉬쉬하며 수습하고 있다. 하지만 곧 은행 채무에 짓눌린 근대 조세 국가의 해체라는 형태로 파국이 (EU를 중심으로) 표면화될 것이다.

세계 무역의 영역에서 심각한 파국이 닥치리라는 것은 당초부터 명백했다. WTO의 2010년 2월의 발표에 따르면, 세계 무역은 2009년에 12퍼센트라는 전후 최대의 축소치를 기록했다. 리먼 쇼크로부터 1년이 지나 각국 정부의 경기자극책이 있었음에도 불구하고 이런 형국이다.

세계 무역의 축소는 멈추지 않는다. 무역에 의한 국제 상품 수송의 90퍼센트는 해운이 맡고 있다. 따라서 세계 무역의 현황을 알려면 영국의 발틱해운거래소가 산출하는 발틱운임지수BDI를 보면 된다. 이것은 광석이나 곡물 등을 벌크* 상태로 운반하는 부정기 외항 화물선의 고용 상황을 보여 주는 것으로, 수년 후의 무역 및 세계 경제 동향을 파악할 가장 적확하고 객관적인 바로미터다. 이 지수

---

* 선박에서, 다발 짓지 않고 흩어진 채로 막 쌓은 화물.

는 2008년에 90퍼센트 가까이 격감했으며, 그 후로 중국의 자원 사재기로 일시적으로 조금 회복되긴 했으나 여전히 침체 상태에 빠져 있다.

관세가 높은 경우라면 그 때문에 무역이 양적 침체를 겪을 수는 있을 것이다. 그러나 무역 자체가 축소되는 경우에 그 원인은 활발한 소비 시장의 세계적 소멸뿐이다.

전통적 교역과 무역이 '세계 무역'으로 변모하는 과정

나는 지금까지 '세계 무역'이라는 말을 써 왔다. 그러나 묘하게도 WTO나 TPP의 논리이기도 한 세계 무역은 상식적인 의미에서 말하는 무역과는 다르다.

이 문제를 설명해 보자. 대개는 상식적으로 '무역'이라 하면 예컨대 일본이 인도에 기계를 수출하고 그 대가로 카레 가루의 원료를 수입하는 행위를 떠올릴 것이다. 무역은 호혜적 교역이다. 그리고 카레라이스의 주재료는 국산 쌀과 채소이며, 카레 가루가 그것을 보완한다. 국민 경제는 자급이 원칙이며, 무역은 그것을 보완하는 이차적인 것에 불과하다. 이런 무역은 도쿠가와 시대의 쇄국 일본도 하던 것이다.

그러나 세계 무역은 이와는 다른 차원의 일이다. 세계 무역의 기원은 17세기 유럽의 중상주의에 있다. 중상주의 국가는 상업 활동으로 축적한 금은을 국력의 징표로 여겼는데, 국력은 곧 강국 간 패권 싸움에서 재력에 힘입어 승리를 거두는 능력을 의미했다. 이렇게 해서 상업과 국가적 패권 추구가 결합됨에 따라 이것이 세계 무역 논리의 원형이 되었다. 다만 당시 영국 같은 나라가 해외에서 벌이던 것은 약탈이지 무역이 아니었다.

산업혁명의 시대에 들어서면 기계가 대량 생산한 상품을 팔아 치워야 했기 때문에 외국 시장이 중시되어 세계의 공장인 영국 입장을 대변하는 자유무역론이 등장했다. 그러나 영국은 식민지에서 자원과 상품의 판로를 확보할 수 있었기 때문에 제국주의에 안주해 세계 무역의 논리를 완성시키지 못했다. 그리고 나중에 일본이나 독일도 제국주의에 의존해, 침략 전쟁을 통해 광역 공영권共榮圈이나 생존권生存圈을 확립하려 했다.

그런 가운데서 세계 무역의 논리를 완성시킨 쪽은 20세기의 미국이다. 엄밀히 말하자면 세계 무역이라는 것은 미국이 제2차 세계대전 후에 전 세계에 강요한 통상 시스템이며, 미국이 군사적 패권을 배경으로 세계에 이를 강요한 원인은 1930년대의 대공황에 있었다고 할 수 있다. 따라서 이 시스템을 전통적 교역이나 무역과 혼동해서는 안 된다. 미국은 자본주의가 가장 순수하게 발전한 만큼 그 모순도 명확히 드러난 나라다.

그리고 자본주의의 요체인 근대의 기계제 대공업에도 깊은 모순이 존재한다. 우선 기계에 의한 생산 자동화가 진행되면 고용은 감소하고 근로자의 임금도 늘지 않는다. 또 근대 기업은 생산 설비에 대한 거액의 지속적인 투자를 필요로 하며, 기업 회계는 그에 반비례해 근로자의 급여에 할당되는 부분을 축소해 나간다.

더구나 기업에는 설비 투자를 위한 은행 융자가 필요하며, 그 결과 평균적으로 상품 최종 가격의 절반이 이자 지불로 나간다. 따라서 근로자는 설령 실업 상태가 아니더라도 자신의 적은 소득으로는 설비 투자비나 이자 지불분이 가격에 덧붙은 상품을 얼마 사지 못한다. 이렇게 해서 자본주의의 순조로운 발전 자체가 수요 부족, 과잉 생산, 유휴자본의 투기자본화, 은행에 대한 채무 증대라는 문제를 낳고, 거기서 공황이 발생한다. 이 모순을 해결하려면 소득 재분배를 해야만 하는데, 자본주의에 그런 메커니즘은 없다.

그런데 수요 부족과 과잉 생산 문제를 무역 확대로 해결할 수는 없을까? 무역은 자본주의를 구한다. 대공황으로 신음하던 미국이 체제의 숙명적인 모순을 해결하기 위한 계통적 전략으로 무역을 채택했을 때 세계 무역의 논리는 완성된 것이다.

그리고 이 국가 전략을 실현하기 위해 전후의 패권국 미국은 통화와 무역의 브레턴우즈 체제를 수립했다. 이 체제 아래에서는 무역으로 벌어들인 달러를 수시로 '금 1온스=35달러'로 미국이 보유한 금과 교환할 수 있다는 조건에서 서방 국가들의 고정환율제가 유지되었다. 그 노림수는 상품 가격의 국제적 안정과 무역 대금의 원활한 결제에 의해 세계를 미국 기업에 유리한, 장벽 없는 시장으로 만드는 것이었다. 다만 거기에는 호혜적 상품 교역으로 국민 경제를 보완하는 전통적 무역 요소가 남아 있고, 미국이 허용할 수 있는 무역 적자를 금 보유량이 제한하고 있었다. 아직은 금과 달러가 연동되고 있었으므로 그런 의미에서 '질서'는 유지되고 있었다.

그러나 그 후 베트남전쟁에 따른 재정적 출혈이나 일본·유럽과의 경쟁에 시달린 미국이 1971년의 닉슨 성명으로 달러와 금의 태환을 정지하자 이 체제는 끝났으며, 세계는 준準금본위제·고정환율제에서 달러 기축제·변동환율제로 이행했다. 달러를 대신할 세계 무역의 준비·결제 통화는 존재하지 않고 각국이 세계 무역에 참여하려면 달러 준비가 필요하다는 사실을 활용해 미국은 달러 발행국의 특권을 쥐고 강압적 태도로 나오기 시작했다. 그 후로 미국은 수입품의 대가로는 달러를 찍어 내면 그만인, 불로소득으로 살아가는 나라가 되었다. 그러나 무역 적자에 개의치 않는 미국 경제는 규율을 잃고 1970년대 이래의 원유 상승까지 겹쳐 결정적 쇠퇴를 맞는다.

세계화는 '체제 위기의 수출 싸움'이다

흔히 세계화라고 하면 무역의 철저한 자유화와 확대에 의해 각국 경제의 국제적 상호 의존이 심화되는 것으로 여긴다. 그러나 이 관점은 잘못된 것이다. 무역 확대가 미국의 국가 전략이었던 시대는 브레턴우즈 체제와 함께 끝났다. 그리고 세계 경제의 글로벌화를 주도하는 미국은 무역 확대는커녕 거액의 수입 초과에 시달리는 채무국이 되었다.

　문제는 결국 무역이 수요 부족과 과잉 생산이라는 자본주의의 모순을 해결하지 못한 데 있다.

그래서 1980년대 이후에 미국 기업은 수요 부족을 상품 가격 인하로 대처하려고 임금이 싼 개방 체제하의 중국으로 생산 거점을 속속 옮겼다. 중국의 무역 흑자는 이들 기업의 대미 수출이 대부분을 차지한다.

한편 천안문 사태로 권위가 흔들린 중국 공산당 정권은 고도 경제성장으로 민중의 불만을 잠재우려 했지만, 그것은 되레 빈농층이 배제되고 바다에 면한 몇몇 도시만 수출 경제로 번영을 구가하는 왜곡된 발전을 가져왔다. 그리고 도시와 농촌의 소득 등에 구조적 격차가 있는 이상, 수출로 벌어들인 달러를 국내로 돌리면 악성 인플레가 발생할 위험이 있으므로 달러는 내수 확대가 아니라 미국의 국채나 주식에 투자되었다. 이처럼 중국이나 일본 같은 무역 흑자국에서 유입되는 과잉 자본이 산업이 쇠퇴한 미국에서는 월스트리트의 머니게임 자금이 되어 급기야 미국 경제를 부채로 옴짝달싹 못 하는 상태로 밀어넣고 공황을 발생시킨 것이다.

그런 까닭에 세계화의 본질은 무역 확대가 아니라 달러 기축제가 가능케 한 '체제 위기의 수출'이다. 미국은 쇠퇴한 자본주의의 위기와 국가 부채를 중국으로 수출하고, 중국은 공산당 정권의 위기를 미국으로 수출해 왔다. 공황에 의한 세계화의 종식은 조만간 세계적인 달러 신뢰 붕괴로 귀착되어, 이제껏 체제 위기를 수출해 온 미국과 중국도 공멸할 가능성이 크다.

그리고 달러가 붕괴되면 달러를 대신할 수 있는 기축 통화가 존재하지 않으므로 미국이 자본주의의 모순을 타개하려고 국가 전략으로 세운 세계 무역은 '미국의 세기'와 함께 종언을 고할 것이다. 물론 이것이 무역 자체의 소멸을 의미하지는 않는다. 각국은 지금 러시아, 중국, 브라질이 그렇듯이 서로의 통화로 무역을 결제할 것이며, 바터(물물교환) 무역도 유효하다. 바꿔 말하면, 세계 무역의 종언과 함께 무역이 호혜적 상품 교역으로 국민 경제를 보완하는 본래의 역할을 되찾을 가능성도 있다.

그러나 일단 자급도가 높은 국민 경제가 굴러가야 무역도 보완적인 것이 될 수 있다. 자급이라 하면 곧장 쇄국을 떠올릴지도 모르겠지만, 일본에서도 자급은 그다지 오래된 일이 아니다. 전쟁 전에 일본은 에너지의 약 70퍼센트를 목탄 등으로 자급했으며, 전후 부흥기에 그럭저럭 잡화를 수출하던 때도 자급도는 높았다. 아니, 쇄국이라 해도 부정적으로 평가해서는 안 된다. 에도 시대의 일본이 쇄국으로 일관한 것은 당시에 그만큼 경제적·기술적으로 축적한 것이 있었기 때문이며, 쇄국은 높은 생활의 질과 생활에 널리 스민 미의식 면에서 일본을 세계적으로 유례가 없는 문명국으로 만들었다.

피크 오일에 대비한 문명의 전환을 '지역'으로부터

나는 TPP가 도하 라운드처럼 실패로 돌아갈 공산이 크다고 본다. 세계적으로 침체되는 소비 시장을 놓고 각국이 쟁탈전을 벌이는 상황에서 국제적 합의는 쉽지 않으며, 설령 협정이 실현된다고 해도 각국은 겉으로는 자유화를 외쳐도 안으로는 보호주의에 머물러 잡음이 끊이지 않을 것이다.

그러나 내가 무엇보다도 묵과하기 어려운 것은 재계 응원단이 된 언론이 뿌리는 언사의 어리석음, 공소함, 망상적 비현실성이다. 사람들은 "TPP에 가맹하지 않으면 일본은 국제적으로 뒤처지게 된다"고들 말한다. 어디에서 뒤처진다는 말일까? 타이타닉 승선에 늦는 것은 나쁘지 않은 일이다.

일본은 국내 시장이 좁거나 농민이 빈곤해 곡예적 무역 입국에 의존해야 하는 나라가 아니다. 2011년의 세계은행 통계에서 일본 경제의 수출의존도는 약 16퍼센트, 무역이 GDP에서 차지하는 비율은 세계 170개국 중 164번째다. 기업이 국내 시장만 가지고도 장사를 해 볼 수 있다. 독자적 운신이 충분히 가능하다고 본다.

TPP 가입은 국내 시장의 포화로 수출에 목매는 대기업의 요구 사항인데, 대기업은 벌어들인 외화를 쌓아 두거나 해외에서 투자하지 국내 경제 순환에 공헌하지는 않는다. 중소기업이 숙련된 종업원을 잃지 않으려고 필사적으로 고용을 유지하고 있는 데 반해, 도요타나 캐논은 일찌감치 파견 근로자 해고를 단행했다.

TPP로 떠들썩한 언론이 모르는 척하고 있는 것이 바로 피크 오일 문제다. 국제에너지기구는 2010년 11월에 "세계의 원유 생산은 2006년에 피크(증산 한계점)를 넘어섰다고 본다"라고 발표했다. 더 이상 경제성장이 불가능한 것이다. 앞으로는 원유 생산이 점차 감소해 공업 경제는 연료를 잃은 상태에 빠져 서서히 위축될 것이다. 무역을 떠받치는 해운도 연료 가격 상승으로 채산이 맞지 않게 된다. 피크 오일이라는 엄연한 사실은 금세기가 에너지와 식량 위기의 세기라는 것, 그리고 인류의 미래는 장기적으로는 농업 중심의 지역 공동체에 있다는 것을 보여 준다. 이 위기는 중국 등에서 이미 표면화되고 있다. TPP 운운할 상황이 아닌 것이다. 우리는 때를 놓치기 전에 문명의 전환을 위한 작업에 나서야만 한다.

그리고 무역 문제라면, 일본 경제의 아킬레스건은 대부분의 에너지와 식량을 수입에 의존하고 있다는 것이다. 현재의 세계정세를 보면 에너지와 식량을 향후에도 별 지장 없이 수입할 수 있다는 보장은 어디에도 없다. 따라서 엔고로 수입이 용이한 지금이야말로 에너지와 식량 자급도를 높이는 정책을 거국적으로 추진해야 한다.

그런 방향 전환을 중앙 정부에는 기대하지 않는 편이 좋을 것이다. 필시 그런 전환은 지방의, 지역민의 움직임에서 비롯되고, 그것이 지자체를 움직이며, 나아가 지자체가 국가를 움직이는 형태로 전개될 것이다. 거기에 일본의 미래가 있음을 나는 확신한다.

나의 농적 생활

후지사와 유이치로

유년기

나는 1957년에 막 분가한 작은 농가의 장남으로 신슈 아즈미노의 호타카마치(현 아즈미노시)에서 태어났다. 누나가 둘 있다. 본가에도 사촌누이가 둘 있었다. 여자아이뿐이었던 후지사와 집안에서 마지막으로 내가 태어났다. 세대적으로는 전후 베이비붐을 조금 지난 골짜기 세대다. 고도 경제 성장이 한창인 가운데서 태어난 조금 별난 세대라 할 수 있을지도 모르겠다. 모든 공업 제품이 점차 일상에 넘쳐 나던 시절이었다.

나름대로 농사일을 돕기는 했지만 식구들에게 귀여움을 받아서 그랬는지 금세 질려 버려 오래가지는 않은 것 같다. 아직은 마을의 집들이 품앗이로 모내기를 하던 때라 오전과 오후에 여럿이서 떠들썩하게 새참(당시만 해도 고히루小晝라 했다)을 먹은 기억이 있다. 농번기에는 하루에 다섯 끼도 더 먹었다. 모내기와 벼 베기 철이 되면 학교가 쉬었다. '거들기 방학'이라 했다. 또 마을 축제를 핑계 삼아서도 하루 정도는 빠질 수 있었다.

학교 공부는 체육 외에는 별로 좋아하지 않았고, 등하

곳길에 지정거리는 것이 큰 재미였다. 이것은 그 후의 내 삶을 암시한 것일지도 모른다. 벼 베기가 끝난 논에 들어가 짚더미에 파묻혀 놀곤 했다. 겨울 아침에는 눈 위를 걸을 수 있었기에 오로지 논두렁길만 걸어 등교했다. 당시만 해도 눈이 많이 내렸고, 겨울이면 지금보다 훨씬 추웠다. 아침잠이 많아 늘 지각을 하거나 아슬아슬하게 등교했다. 한 동네 친구가 의리 있게 항상 기다려 주었다. 결국 둘 모두 지각하고 말았지만. 월요일에는 전교생이 교정에 모이는 조례가 있는데, 그 앞을 둘이서 타달타달 지나 신발장까지 갔다. 부끄러운 일이라서 기억하고 있는데, 선생님도 우리를 이미 포기했는지 크게 혼난 기억은 없다. 지정거리며 하던 이런저런 놀이가 좀 지나쳤다 싶으면 불려 가서 주의를 받곤 했다. 남 앞에서는 얌전하고 소심한 성격이었다고 스스로 생각하지만, 장난은 꽤 많이 쳤을지도 모르겠다.

소학교 때인지 중학교 때인지는 잊어버렸지만, 장래 희망에 대한 작문 시간이 있었다. 나는 "아버지의 뒤를 이어 농사를 짓고 싶다"라고 써서 친구들에게 놀림을 받았다. 다들 거의 농가 출신인데도 농사를 짓겠다고 쓴 건 나 하나였던 듯하다. 나도 딱히 바라던 직업이 떠오르지 않아 농사라고 적었을 뿐이다. 그런 시대에 자랐다. 실제로 중고교 동급생 중에서 전업농가는 현재 나 하나뿐이다. 물론 겸업농가는 꽤 있고 겸업 쪽이 농가의 형태로서는 좋다고 생각하지만, 전업농가가 너무 적은 것은 사실이다. 겸업이라 해도 자기 먹을 것을 기르는 텃밭 외에는 대부분 남에게 맡기는 경우가 많다. 그래도 퇴직 후에 열심히 농사를 짓고 있는 사람이 드물게나마 있다. 농업을 지탱하고 있는 부류는 아즈미노에서도 고령자뿐이다.

2009년 5월, 전업농가였던 본가의 큰아버지가 돌아가셨다. 그때의 조사弔辭에 내 어린 시절의 기억도 적었으므로 여기에 인용하고 싶다.

작별의 말
'젊은 큰아빠'. 예전부터 큰아버지를 그렇게 불렀지요.
본가에는 큰아빠와 큰엄마, 젊은 큰아빠와 젊은 큰엄마가 있었습니다.
오십 몇 년 전에 내가 태어났을 때 첫 사내아이가 태어났다며 크게 기뻐했답니다.
낡은 초가집에서 곧잘 날 안아 올리고는 "무거워졌네" 하며 놀아 주셨죠.

그 무렵부터 이미 젊은 큰아빠는 눈이 보이지 않았습니다
만, 후지사와 집안의 기둥이기도 한 건실한 사람이었던
것 같습니다.

생활 자체가 농업이던 시대였습니다. 염소를 길러 그 젖
을 마시고 돼지나 소를 기르는가 하면 닭을 쳐 달걀도 먹
었습니다.

오래된 집에서는 누에도 쳐서 아이에게는 아주 흥미로운,
놀기에 안성맞춤인 곳이었습니다. 누에가 서걱서걱 뽕잎
을 갉아먹는 소리가 방 안에 퍼졌습니다.

그 집이나 논밭에서 젊은 큰아빠는 묵묵히 뽕잎을 따거나
잡초를 베고, 가축에게 풀과 모이를 주었습니다.

논밭을 오갈 때는 젊은 큰아빠가 나를 태운 채 리어카를
끌고 가던 모습이 지금도 선명히 떠오릅니다.

눈은 보이지 않아도 귀로는 남보다 배는 잘 듣고 발은 땅
을 착실하게 디디고 자신 있게 살았습니다.

쌀과 보리, 콩 등 무엇을 길러도 남 못지않게 거두는 게 자
랑이었습니다.

실제로 근사한 작물만으로 2정보쯤 되는 논밭과 고추냉

346

이 밭을 둘이서 멋지게 일구었지요.

눈이 안 보이는데도 어떻게 그런 일을 다 할 수 있는 건지 어린 마음에 신기하기만 했습니다. 그런 젊은 큰아빠의 뒷모습을 보고 자랐기 때문에 지금 저도 농사일을 하고 있는 것이겠지요.

제가 농사일을 시작한 후로는 함께 작업을 하며 이래저래 많이 배웠습니다.

"농부는 씨를 뿌리지 않고는 아무것도 시작할 수 없지."

"이것도 저것도 단번에 해낼 순 없어. 하나씩 해치울 수밖에."

농사일을 하는 짬짬이 하이쿠를 읽고, 정치나 사회 이야기도 자주 했습니다.

"먹을거리까지 외국에 의존하는 짓은 언제쯤 그만두려나."

"젊은이들은 왜 저런 정치에 분노하지 않는담."

땅에 발 디딘 삶을 살아서 그만큼 잘 볼 수 있었겠지요.

부지런히 공부도 하고, 라디오를 손에서 놓지 않고 언제나 뉴스나 주식 동향을 들었습니다. 점자책이나 녹음된 소설도 많이 빌려다 읽었지요.

농사짓는 것이 전보다 많이 빡빡해진 걸 알고는 트랙터나 콤바인 같은 값비싼 농기계를 사 주거나 보조해 줘 여간 도움이 된 게 아니었습니다.

스무 해 가까운 투병 생활은 혹독했지요.

지기 싫어하는 젊은 큰아빠였기 때문에 거기까지 싸울 수 있었다고 생각합니다.

몸이 힘들다며 길게 이야기하지는 못했습니다.

그러나 머리만은 마지막까지 건강했습니다.

"난 일주일밖에 더 못 산다" 하고는 뒷일을 부탁하며 곁에서 자고 있던 큰엄마에게 "먼저 가네" 하고 말했다 합니다.

아직도 큰아빠께 배우고 싶은 게 많지만, 남은 우리가 어떻게든 논밭과 집을 지켜 나가서 다음 세대에게 물려줄 테니 앞으로는 천국에서 우리를 지긋이 지켜봐 주세요.

오랜 시간 정말로 고마웠어요. 그리고 애 많이 쓰셨어요.

부디 편히 쉬세요.

지금 생각해 보면 큰아버지는 중국 전선에서 부상을 당한 데다 전쟁 후의 나쁜 영양 상태까지 겹쳐 실명한 듯하다.

학창 시절

내가 농사일을 본격적으로 시작한 것은 스물여덟 살 때다. 그 수년 전까지만 해도 내가 농사를 지으리라고는 생각지 못했다. 장남이니까 집에서 멀리 떨어지면 안 되겠다고 생각한 게 고작이다. 그런 의미에서 인간은 역시 시대의 자식이 아닐까 싶다. 자신이 태어난 시대의 영향에서 자유로울 수는 없다. 고도 경제성장이라는 시대의 파도에 떠밀리며 살아온 세대, 가족이었다. 그렇지만 그 거대한 파도에 편승해 산 것도 아니다. 내 부모는 파도에 실릴 만큼 요령 좋은 편이 아니었고, 따라서 유복한 가정도 못 되었다. 본가의 기계 작업도 아버지가 할 수밖에 없었다. 그런데도 수입을 올리기 위해 뭔가 해 보려는 기색은 없었다. 나날의 생활로도 이미 충분히 벅차다는 느낌이었지만, 논밭 덕인지는 몰라도 태평하게 살아올 수 있었다고 생각한다. 부모로 말하자면 세 아이를 모두 대학까지 보냈으니 말 다 했다. 아이들에게도 명확한 장래 희망이 없었던 듯, 나도 특별히 갖고 싶다고 생각한 직업은 없었다. 그저 아침 일찍 일어나기 힘드니 시간에 구애받는 직업은 힘들지 않을까 생각한 정도였다. 아버지는 얼마간 남에게 도움이 되고 수입도 좋은 자리에 취직하길 바란 것 같지만, 그런 기대에 부응하려는 의욕을 보인 아이는 없었다.

장래의 전망이라고는 없던 나도 웬일인지 사회 구조에는 흥미를 느꼈다. 아마도 고도 경제성장의 어두운 면에 관심이 있었기 때문이 아닐까 싶다. 고도 경제성장의 자식이라는 것은 공해와 함께 성장했다는 의미이기도 하다. 미나마타병과 이타이이타이병, 공업 지대의 대기 오염, 모리나가 비소 분유 중독 사건*이나 가네미 유증**과 같은 식품 공해가 속속 나타났다. 신문이나 텔레비전에서 공해 문제가 다루어지지 않는 날이 없을 정도였다. 내가 신문을 읽거나 텔레비전 뉴스를 보는 어른스러운 아이가 아니었는데도 눈과 귀에 들어왔다. 반공해 운동과 소비자 운동이 각지에서 들끓었다. 지금 와서 생각해 보면 그 무렵부터 산업이나 사회의 구조에 문제가 있는 게 아닐까 하고 막연히 느끼고 있었던 것일지도 모른다.

사회의 빛과 어둠이라는 면에서 말하자면 어두운 면에 관심이 갔다. 왜 그랬는지는 잘 모르지만, 아마도 가정

---

* 1955년 다량의 비소가 혼입된 모리나가 유업의 분유를 먹은 유아들이 비소 중독을 일으킨 사건. 130명의 사망자와 1만 명 이상의 피해자를 냈다.
** 1968년 규슈를 비롯한 서일본 일대에서 독성 오염물질 등이 혼입된 식용유를 섭취한 사람들에게 장애가 발생한 공해병.

환경 때문이 아니었을까 싶다. 아버지는 소심하고 세상사에 영 서툴러서 주위와 엇나가는 일은 꺼렸고 변화를 싫어했다. 반면에 어머니는 성미가 센 편으로 새로운 것을 좋아했고, 요령도 좋았으며 시대에 뒤처지는 것을 싫어했다. 그러니 싸움은 일상적이었다. 나는 그것이 싫었지만, 애초에 문제없는 가족 같은 건 없다. 이상적인 가족 같은 건 텔레비전 드라마나 CM 광고에나 등장하는 모조품일 뿐이라는 것을 당시의 내가 알 턱이 없었다. 또한 갖가지 사회 문제는 가족이라는 장에도 상당한 영향을 준다. 가족도 사회의 일부이므로 당연한 것이지만, 의식하지는 못해도 어찌어찌 느끼고는 있었을 것이다. 사회에 뭔가 문제가 있는 것은 아닐까 하고 말이다.

그리고 사회로 조금 눈을 돌려보면 세계에서는 베트남전쟁 등으로 분쟁이 끊이지 않았고, 국내에서도 연합적군의 아사마 산장 사건*** 등이 강렬한 인상을 주었다. 무엇보다도 내 학창 시절에는 고등학교나 대학이나 학생 운동이 다소 누그러진 상태였다. 무엇에 대해 화내는 건지, 무엇과 싸우는 건지조차 알지 못했다. 이런 사회 문제를 학교 수업에서는 전혀 다루지 않았으니까. 이따금 잡담처럼

***1972년 2월 일본의 신좌익 조직인 연합적군의 조직원 다섯 명이 나가노현의 휴양시설인 아사마 산장에서 인질을 붙잡고 경찰과 대치하다 진압된 사건.

언급하고 넘어가는 정도였다. 사회는 어떤 구조로 되어 있으며 이런저런 문제가 일어나는 까닭은 무엇인지 나는 전혀 알 수 없었다. 이것은 어두운 밤을 손으로 더듬으며 걸어가는 듯한, 장래에 대한 막연한 불안감을 안겨 주었다. 교사들도 이런 사회 문제에 대해 자신의 의견을 표명하면 좋겠다고 생각했다. 그러나 나도 말로 설명할 수 있을 만큼 명확한 문제의식을 가지고 있었던 건 아니다. 나는 원래 체육 계통이어서 고교 시절이라 하면 농구부에서 뛴 추억이 거의 전부다.

대학은 도쿄수산대학(현 도쿄해양대학)으로 갔다. 이렇다 할 이유가 있었던 건 아니다. 국립인 데다 기숙사도 있고, 무엇보다도 학비가 싸다는 것이 가장 큰 이유였다. 학생은 일본 전국에서 모였지만, 서서히 도시 출신 학생의 비율이 높아지던 때였다. 아침에 눈을 뜨면 기숙사의 이층 침대에서 운하를 지나는 정기선이 보였다. 처음에는 그 소리를 들으며 잠이 덜 깬 채로 '대체 여긴 어디지? 왜 내가 여기 있지?' 하는 망연한 느낌이 들었다. 신슈 출신도 의외로 많았다. 나중에 알았는데 내수면內水面 어업에서 신슈는 꽤 선진적이었다. 내 고향 아즈미노는 송어 양식으로는 전국제일의 출하량을 자랑했으며, 사쿠의 잉어도 에도 시대부터 유명했다. 스와호의 빙어는 치어인지 알인지는 몰라도 전국의 호수로 보내진다.

어린 시절에는 냇가에서 곧잘 놀았다. 송어 양식장 근처에는 도망친 물고기가 몰려들어, 그것을 노리고 낚시를 했다. 둑중개도 많이 잡혔다. 아버지 말로는 전쟁 전까지만 해도 어부가 제법 많았다고 한다. 아버지의 어린 시절에는 댐도 별로 없어서 연어나 메기, 장어가 바다에서 올라왔고, 물고기가 다양하고 양도 많았다고 한다. 큰 하천에 둘러싸인 데다 다리도 별로 없어 나룻배 일도 있었다고 한다.

아즈미노는 옛적에 아즈미족이라는 해양 민족이 규슈에서 건너온 데서 유래한 지명이라는 설이 있다. 이 지역의 축제는 모두 오후네마쓰리御船祭*다. 매년 산에서 나무를 베어 와서 큰 배를 만들고, 그 배에 올라탄 하야시囃子**의 장단에 맞춰 마을 쪽에서 밧줄을 끌어당겨 신사에 배를 봉납한다. 높은 북알프스(히다산맥)에 둘러싸인 땅에서 오후네마쓰리라니, 참으로 기묘한 일이다.

높은 산과 고원이 좋아서 아즈미노로 이주하는 사람도 많다. 그러나 어린 시절의 나는 이 높은 산이 별로 좋지

* 신위를 모신 가마를 배에 싣고 강, 호수, 바다에서 제사 지내는 일.
** 풍물로 박자 맞추는 음악을 연주하는 사람.

않았다. 마치 벽에 에워싸인 듯 숨이 막히는 기분이었다. 눈 덮인 조넨산의 우뚝 솟은 자태는 아름답긴 해도 너무 험하고 높다. 그게 나로 하여금 더 넓은 세계가 보고 싶다는 막연한 감정을 품게 했던 건지도 모른다. 게다가 집에서 되도록 멀리 떨어져 있고 싶기도 했다. 이런 생각은 누구나 한 번쯤 하지 않을까? 어쩌면 배를 타고 멀리 갈 수 있을지 모른다는 기대감도 있었을 것이다. 어쨌든 장래에 대한 진지한 고민에서 대학에 간 게 아니라는 것만은 확실하다. 다만 산에 관해 말하자면 어딜 가든 높은 산맥이 없다는 사실에 어딘가 아쉬움을 느끼긴 했다.

막연하고 무계획적인 진학이었으니 학업에 힘쓸 기운 같은 건 솟지 않았다. 모처럼 바다에 관계된 학교에 들어왔으니까, 하는 생각에서 잠수부에 들어갔다. 스쿠버다이빙이 해 보고 싶었다. 배에 타는 것은 다른 학과의 일이라 유감스럽게도 실현되지 않았다.

잠수부 연습은 상당히 고되었다. 매월 지바 소토보에 있는 대학 실험장으로 합숙하러 갔다. 그토록 동경하던 넓은 바다를 지척에 두고도 연습에만 시간을 쏟느라 느긋이 즐길 여유가 없었다. 그러나 바닷속은 역시 별세계였다. 변화무쌍한 지형과 해초의 숲, 각종 어패류, 처음 보는 해우海牛 같은 진기한 생물로 가득했다. 그 후로도 5년간 오키나와나 이즈 칠도伊豆七島에 몇 차례나 잠수하러 갔다.

　　비용이 많이 들어서 아르바이트도 했다. 기숙사 칠판에 매일 그날의 아르바이트 모집과 조건이 적히는데, 조건이 좋은 자리는 먼저 본 사람 차지였다. 결국 갖가지 아르바이트와 다이빙의 추억이 대학 생활의 전부가 되어 버렸다. 거의 '잠수 학생' 상태였다. 아르바이트는 대체로 3D 업종 일이 많았지만 그래도 벌이는 괜찮았다. 다이빙 특기를 살려 도쿄만 수질 조사 아르바이트도 했다. 하수로 가득한 도쿄만에 잠수해 보면 하수 때문에 내 손조차 볼 수 없었다. 그러나 학교 수업보다는 아르바이트 쪽이 훨씬 재미있었던 것은 틀림없다. 대학에서도 갖가지 사회 문제가 일어나게 되는 구조를 설명해 주는 수업은 없었다. 다만 어떤 수업인지는 잊었지만, 전쟁 중에 시작된 필리핀의 항일 운동 이야기에 흥미를 느낀 기억은 난다. 내용도 정확히 기억하고 있지 못하지만 제2차 세계대전 이전부터 이어진, 일본과 아시아 나라들의 관계에 관심을 가졌다. 대학에서 비로소 생생한 근현대사를 접했다는 생각이 들었다.

장애인 대상 교육에도 관심이 갔다. 헬렌 켈러처럼 귀도 안 들리고 눈도 안 보이는 채 태어난 아이들에게 무엇을 어떻게 가르칠 것인가 하는 문제는 상상도 못한 세계였다. 이것도 내용은 거의 잊었지만, 인상에 남은 것 하나는 기억한다. '1, 2, 3……' 같은 숫자나 '동서남북' 등 방위 개념보다 '좌우'의 구별을 가르치기가 훨씬 어렵다는 이야기였다. 좌우라는 개념은 상대적인 것으로, 방위처럼 누구에게나 동일한 것이 아니고 각자가 선 위치에 따라 변한다는 것을 가르치기는 아주 어렵다. 왜 이것을 기억하고 있는가 하면, 실은 나도 좌우를 잘 구별하지 못해 애를 먹은 일이 있기 때문이다.

졸업 논문

대학에서 유일하게 해냈다고 생각하는 것은 졸업 논문이다. 수업에서는 열등생이었던 나는 곧잘 함께 바다에 놀러 가던 친구의 "졸업 논문을 꼭 쓰지 않아도 되는 세미나가 있다"는 꾐에 넘어가 어업과 어부의 입장에서 탈원전을 호소하던 미즈구치 겐야 교수의 세미나에 들어갔다. 일단은 수산 자원 유지를 연구하는 세미나였지만, 뭘 해도 상관없는 자유로운 분위기였다. 그 때문인지 별로 내키지도 않던 졸업 논문을 써 볼까 하는 생각이 들었다. 시간도 많았다. 심심파적이었는지도 모르겠다. 다만 산업의 실태나 사회 구조 등 학교에서는 가르쳐 주지 않는 문제를 스스로 생각해 보고 싶긴 했다. 그 무렵의 화제였던 공해나 식품 문제가 염두에 있었을 것이다.

제목은 「지역 산업으로서의 송어 양식」이었다. 내 고향 아즈미노에서는 히다산맥에서 흘러 내려오는 용수를 이용한 고추냉이 재배나 송어 양식이 활발했다. 또 정밀 기계 공업도 맑고 풍부한 지하수를 따라 지역에 퍼지고 있었다. 이런 지하수 자원을 둘러싼 산업의 추이에도 흥미가 있었다. 공해를 일으키지 않고 오래 지속되는 산업이란 어떤 것인가? 그런 관점에서 일본의 지역 산업으로 유명한 니가타현 쓰바메시의 양식기洋食器 산업을 조사해 보았다. 금속 가공업과 양식업을 비교하는 건 무리가 있지 않나 하는 의견도 있었지만, 처음부터 넓은 의미에서의 산업을 염두에 두고 있었으므로 나에게는 어떤 산업이든 상관없었다. 또 다소 억지 같긴 하지만 둘 다 같은 시나노강의 최상류와 최하류에 자리 잡은 산업이라는 의미에서 둘이 완전히 별개라고 할 수는 없으리라는 생각도 들었다.

아즈미노의 송어 양식은 원래 전후에 북미 수출용으로 시작된 것이다. 양식기도 이름으로 미루어보아 수출 목적의 비교적 새로운 산업이라고 생각했다. 분명 양식기의 역사는 얼마 되지 않았지만, 낫 등을 만드는 대장일이나 일본 못인 와쿠기和釘를 다루는 금속 가공의 역사는 에도 시대부터 이어져 왔다. 대체로 중소기업이 가내공업으로 벌이고 있다는 점에서도 지역 산업이라 할 수 있을 것이다. 품목은 시대에 따라 바뀌지만, 금속 가공이 쓰바메시 산업의 중심이었다. 실제로 엔고로 인해 양식기 산업이 막히면 내수 전환을 위해 골프용품이나 주방용품 등으로 품목을 다양화했다. 쓰바메시의 양식기는 한때 세계 시장을 석권할 기세였다. 흔히 지역 산업이라고 하면 대개 영세하고 기술 수준이 낮다고들 하지만, 쓰바메시는 높은 기술 수준을 가지고 있었던 것이다. 송어 양식 관계자의 말을 들어 봐도 기술 수준은 아주 높은 듯했다. 전후에는 지방에서도 외화(달러) 획득에 역점을 두었다는 것을 알 수 있다.

그리고 변동환율제로 이행하면서 일어난 엔고 현상

은 지역 산업의 방향 전환을 촉진했다. 30년 전부터 내수 전환을 꾀하기 시작했던 것이다. 송어 양식도 북미 수출에만 의존할 수 없어 국내 판매 강화를 고심하고 있었다. 그러나 막상 해당 지역의 소비자를 대상으로 설문 조사를 해 보니 별로 먹고 있지 않았다. 한 해에 한두 번 정도 먹는가 하면, 전혀 안 먹는 사람도 많았다. 그래서 대도시 시장에 중점을 두었을 것이다. 현지에서는 하천 방류 등에 의한 낚시 대회 같은 수요가 그나마 있을 법했다. 지역민은 민물고기라고 하면 그냥 낚는 것이지 돈 주고 사는 건 아니라고 여겼던 것일까? 거기까지 조사를 하진 않았다. 다만 세미나에서는 하천 방류에 대해 부정적인 연구가 많다는 것을 알게 되었다. 특히 당시부터 연구자들 사이에서 외래 어종의 방류는 토종 생태계를 파괴하는 것으로 문제시되고 있었다.

내 관심은 처음부터 공해에 있었지만, 지역 산업에는 심각한 공해가 거의 없었다. 어째서 그럴까? 특히 쓰바메시 등지의 금속 가공업에서는 도금 과정에서 나오는 폐액 처리가 큰 문제일 거라고 생각했지만, 어떤 자료를 봐도 그런 문제가 있다는 내용은 없었다. 유감스럽게도 쓰바메시를 실제로 찾아가 본 적은 없지만 언젠가는 한번 가 보고 싶다. 결론부터 말하자면 쓰바메시도 아즈미노의 송어 양식도 중소기업 또는 가내공업적인 것이며, 그 종사자는 현지에 살고 있는 경우가 많다. 일단은 그 지역 주민인 것이다.

그리고 지리적 이점이나 역사 등을 살려 생업을 꾸려 가고 있다는 느낌을 받았다. 경기나 사회 정세의 영향은 받아도 지역 주민이 자본가와 노동자, 생산자와 소비자로 나뉘어 대립하는 일은 별로 없다. 그 점에서 정밀기계공업처럼 큰 자본과 노동력을 필요로 하는 산업은 많은 문제를 일으킨다. 실제로 최근에는 폐수에 의한 것으로 추정되는 지하수 오염 문제가 종종 발생하고 있다. 또 지하수위가 낮아지는 문제도 생기고 있다. 고추냉이 재배처럼 자연 용수를 이용하는 것이 아니라 공업은 지하수를 펌프로 끌어올려 쓰며, 실은 송어 양식도 많이 끌어다 쓴다.

졸업 논문을 정리하면서 산업이라는 큰 관점에서 보면 자본과 노동, 생산과 소비가 지나치게 동떨어져 있는 것이 공해나 소비자 문제를 낳고 있는 건 아닐까 생각했다. 그 점에서 지역 산업은 산업의 방식으로는 바람직한 것으로 여겨졌다. 그리고 나중에 직업을 선택할 때도 졸업 논문을 쓰며 한 경험은 내 머릿속 한구석을 떠나지 않았다. 또 지역 산업의 원점은 농업이며, 지역 산업도 농가의 부업으로서 시작된 것은 아닐까 하는 생각도 들었다.

다음 '직업은 철학자?'라는 글은 취농하고 시간이 좀 흐른 후인 1998년 2월에 자본, 노동, 생산, 소비의 분열과 대립에 대해서 마쓰모토시의 유기농 가게 '야오야 오야오야'*가 발행하는 「오야오야 전언판」이라는 광고지에 기고한 글이다.

직업은 철학자?

나는 직업을 묻는 물음에 곧장 농업이라 답하지 못한다. 대부분의 수입을 농사일로 얻고 있으니 농민이라고 답하는 게 당연한데도 도저히 목소리가 나오지 않는다. 다음에 나올 말은 대체로 정해져 있어서 이를테면 "수입은 어느 정도 되나요?", "무엇을 재배하세요?", "대단합니다" 같은 식인데, 이런 물음에 일일이 답하기가 귀찮아졌기 때문이다. 연소득은 가공용 토마토 덕에 올해에 겨우 100만 엔 가까이

---

* 유기농 채소와 무첨가 식품을 파는 신슈 마쓰모토 소재의 가게.

끌어올렸다. 본가의 쌀 수익금까지 합치면 한 가구 세 명이서 180만 엔 정도를 간신히 번 셈이다. 아버지와 어머니가 국민연금을 조금 받고 있어서 그럭저럭 지내고 있지만, 농협 은행 계좌는 항상 빠듯하다. 기술적인 것에 관해 물어오면 더더욱 기가 죽는다. 작물에 대한 지식이 깊은 것도, 이렇다 할 기술적 성과가 있는 것도 아니다. 게다가 현금을 손에 쥐는 것은 9월과 10월뿐이고, 그 후로는 오로지 작물을 기르기만 한다. 겨울 석 달 동안에는 거의 할 일이 없다. 다행히 올해에는 큰 눈 덕에 '야오야 오야오야'八百屋おやおや의 눈 치우기라는 예상치 못한 임시 수입이 있었다. 여러분도 만약 큰 눈으로 골머리를 앓고 있다면 꼭 나에게 연락하기 바란다. 트랙터 한 대로 단돈 3천 엔에 치워 드립니다!

그래서 직업을 물으면 '눈 치우기'라고 답하고 싶지만, 시급은 좋아도 항상 있는 일거리는 아니다. 가을에 마치다 씨 댁에 사과 수확을 거들러 갔더니 이십대의 무직 청년 한 사람이 있었다. 그는 백수나 떠돌이에 가깝다. 이런 젊은 이를 만나면 동지가 생기는 것 같아 마음이 무척 든든하다. 그도 누군가가 직업을 물어 오면 아무래도 답하기가 궁색해지는 듯하다. 그래서 그는 고심 끝에 '화가'나 '철학자'라고 답한단다. 그 말을 듣고 나는 무심코 득의의 미소를 지어 버렸다. 보통 화가나 철학자는 수입이 적거나 거의 없는 게 당연하게 여겨진다. 그러나 언젠가는 남모르는 노력이 열매를 맺어 후세에 이름을 남기는 위대한 사람이 될지도 모른다는 환상을 남으로 하여금 품게 한다. 수입이 적다고 해서 나무랄 들을 일도 없거니와, 자세한 속내를 물어 와도 알 듯 모를 듯 답해 두면 보통 사람들에게는 통할 것이다. 그리고 "녀석은 보통 사람들과는 좀 다르지"라며 존중받게 될 것은 확실하다.

그래서 나도 그를 따라 앞으로는 "직업은 철학자입니다" 하고 답하려 한다. 화가도 좋지만 내게 예술적 센스가 없다는 것은 내 행색만으로 바로 간파된다. 그러므로 철학자라고 답해 두면 무뚝뚝하게 있든 멍하게 있든 필시 뭔가 심오한 생각을 하고 있는 것으로 여기며 방해하지 않으려고 모두들 배려해 줄 것이다. 그리고 이렇게 말하는 나 스스로도 내게 철학자의 자질이 있지 않나 싶다. 왜냐하면 중학교 때까지 나는 좌와 우가 헷갈려서 꽤 애를 먹었기 때문이다. 아버지가 "젓가락을 집는 손이 오른쪽이고 밥공기를 드는 손이 왼쪽이다" 하며 가르쳐 줘도 나와 아버지는 서로 마주 보고 식사를 하므로 좌우가 거꾸로 생각되었다. 게다가 아버지는 원래 왼손잡이라서 젓가락과 펜을 쥘 때 말고는 칼이든 톱이든 호미든 전부 왼손으로 쥔다. 이래서야 뭐가 뭔지 알 수 없지 않은가? 오른쪽이란 무엇이고, 왼쪽이란 어느 쪽인가? 이런 철학적 의문을 어린 시절부터 품던 것이 지금의 철학자 유이치로를 만들었다고 해도 과언이 아니다.

덕분에 나는 흔히 말하는 '우익인가 좌익인가', '자본인가 노동인가', '동서 대립'과 같은 문제를 조금도 이해할 수 없었다. 그리고 내가 태어난 해는 모리나가 비소 분유 중독 사건이 일어나고 2년 뒤로, 그 후 소비자 운동이 일어나고 미나마타병이나 욧카이치 집단 천식 등에 맞선 반공해 주민 운동도 전국적으로 확산되었다. 주민 운동이나 소비자 운동과 함께 자란 세대인 셈이다. 인간은 토지나 금전, 주식을 먹고 살지는 못하며, 마찬가지로 노동을 들이마시거나 먹으며 살 수도 없다. 물과 대기와 땅의 은택 없이는 살아가지 못한다. 따라서 철학자 유이치로의 제1명제는 "인간은 본래 같은 지구의 주민이며 소비자다. 그리고 자본과 노동은 인간이 사회를 만들어 가기 위해서는 불가결한 것이지만, 어디까지나 수단일 뿐. 자본과 노동이 어느새 목적이 되어 지구에 해를 끼치게 된 건 아닐까?"라는 것이다. 이 생각이 지금까지 나를 떠받쳐 왔고, 앞으로도 그럴 것이다. 내게 철학은 직업이라기보다는 삶의 방식에 가깝다. 때때로 비틀거리긴 해도 철학자 유이치로의 사색은 쭉 이어질 것이다.

'야오야 오야오야'와는 내가 농사일을 시작한 무렵부터 스무 해 넘도록 관계를 이어 오고 있다. 유기농산물을 파는 가게로는 나가노현에서 가장 오래된 곳이다. 거기에 매달 에세이를 기고하고 있다. 에세이라기보다 푸념이라 하는 게 맞겠지만, 어쨌든 이것은 정신 위생에도 적잖이 도움이 되어 감사하게 생각하고 있다. 더구나 원고료도 받는다.

그런데 본디 수단이어야 할 자본이나 노동(경제라 바꿔 말해도 좋다)이 어째서 사회의 목적이 되어 버린 것인지, 본래의 위치로 돌려놓으려면 어찌해야 하는지 등에 대해서는 그 무렵에는 아직 아는 바가 없었다. 일본인을 전부 수전노라고 할 수는 없다. 얼마간의 안정된 수입을 추구하는 사람이 대다수다. 아마도 사회 구조적으로 경제가 목적이 되고 있는 게 아닐까 하는 막연한 생각밖에 떠오르지 않앉다. 이에 대해서 세키 히로노 씨는 「지구온난화와 포스트 공업 사회」(야마자키 농업연구소 회보 『고』耕 112호, 2007년 4월) 라는 글에서 다음과 같이 지적했다.

포스트 공업 사회로의 가치 전환을 과제로 미국이나 유럽에서는 녹색당이 결성되어 활동해 왔다. 양대 정당에 좌지우지되는 미국에서도 녹색당은 지자체장을 내는 등 무시 못할 존재가 되었으며, 랠프 네이더를 대통령 후보로 낸 것도 인상적으로 기억될 것이다. 다만 녹색당은 기존 정당 정치의 연장선상에 있는 당이어서는 안 될 것이다. 19세기 이후 정당 정치의 배경에는 산업혁명과 공업화에 의해 점점 증대되는 부의 배분을 둘러싼 계급 및 계층 간의 투쟁이 있었다. 그런 계급투쟁의 첨병이라는 점에서는 소련의 공산당과 미국의 공화당은 한 패거리다. 따라서 소련 공산당의 권위 상실이나 미국 양대 정당제의 쇠퇴는 바로 포스트 공업화로의 시대 전환을 알리는 것이라 할 수 있다.

당 제도가 이미 시대에 뒤처져서 바람직하지 않게 되었다고 한다면 장차 어떤 전망을 그려 볼 수 있을까? 주민 운동을 하는 사람에서부터 NGO 관계자, 연구자, 나아가 예술 관계자까지 스스로를 백(우)도 적(좌)도 아닌 녹색이라고 여기는 사람들의 포럼을 꾸려 보면 어떨까?

경제의 기본적인 세 요소는 자본, 노동, 토지다. 이것을 당파에 대입해 보면 자민당과 대부분의 민주당은 자본, 공산당과 사민당은 노동, 녹색당은 토지의 논리나 관점을 대표하게 된다. 이것을 인간의 삶의 방식으로 요약하면 '자본=자민당과 민주당=돈벌이', '노동=공산당과 사민당=역시 돈벌이', '토지=녹색당=거주'가 될 것이다. 따라서 녹색당의 입장은 무릇 산다는 것은 무엇인가, 인간은 어떻게 살아 왔는가 또는 살고 있는가를 생각하는 입장이라고 할 수 있을 것이다. 다만 녹색당도 경제 활동을 부정하지는 않는다. 그저 인간에게는 사는 것이야말로 근본이라고 생각하는 것이다.

이상은 내가 졸업 논문을 쓰면서 생각해 본 것을 참으로 알기 쉽게 표현하고 있다.

취직

엉터리이긴 해도 어찌어찌 졸업 논문을 마무리하고 취직을 하게 되었다. 책방에서 발견한 히로세 다카시의 저서 『도쿄에 원자력 발전소를!』(JICC출판국, 1981)을 고향으로 향하는 열차 안에서 읽었다. 소비자도 되도록 생산 현장 가까이에 있어야 한다는 나의 발상과 비슷한 제목이었던 데다 대학 시절 은사이신 미즈구치 선생이 왜 탈원전에 매달렸는지에도 관심이 있었기 때문이다. 세미나에서 화제로 올린 적은 없지만, 선생의 연구실 문에는 탈원전 집회의 포스터가 붙어 있었다. 나에게는 '원자력 발전은 마뜩찮지만 에너지는 어쩐단 말인가?' 정도의 생각밖에 없었다. 그러나 『도쿄에 원자력 발전소를!』을 읽고 생각이 바뀌었다. 공해는 어디까지나 한 지방의 문제지만 원전 사고와 방사능 오염은 한 나라 또는 세계 차원의 파멸로 이어진다는 것을 알게 되었다. 그 후 그것은 체르노빌이나 후쿠시마 원전 사고로 입증된다. 나는 취직이 결정되어 고향에 돌아가던 열차 안에서 암담한 기분이 들었다.

일터는 지역 수산시장이었다. 아침잠이 많은 내가 하

필이면 아침이 가장 이른 수산시장에 취직하다니. 게다가 방사능 문제를 알게 된 후로 해양 오염 때문에 끝내는 생선도 먹지 못하게 되는 건 아닌가 하는 불안도 싹트고 있었다. 수산시장에 취직한 것은 우선은 본가와 가까웠기 때문이다. 대학 선배나 동기들도 도쿄 쓰키지 시장이나 지방의 수산물 도매 시장에 취직하는 경우가 많았다. 수산 시험장이나 교직도 염두에 두긴 했지만, 공무원처럼 딱딱한 일은 하고 싶지 않았고 공부하기도 싫어서 맨 먼저 목록에서 지워 버렸다. 송어 양식장은 가족 경영이 대부분이라서 구인 같은 건 하지 않는다는 걸 이미 졸업 논문 쓸 때부터 알고 있었다. 스스로 뭔가 일구어 보려는 창업자 정신 같은 건 꿈도 꾸지 못했다. 그러나 유통에는 다소 흥미를 느꼈고 월급쟁이 생활도 경험해 보고 싶어서 일단 가까운 시장에 취직한 것이다. 진학도 취직도 되는대로 한 셈이다. '일단'의 반복과 같은 인생이다.

첫해는 나가노시 근무라서 가까운 아파트에서 출근했다. 자동차 면허는 봄 방학 때 급하게 땄다. 아니나 다를까 매일 아침 지각했다. 처음에는 냉동 새우 담당이었다. 홋카이도의 단새우나 도화새우가 유일한 국내산으로, 대부분은 수입품이었다. 아시아산 양식이 많았는데, 맹그로브 나무를 베어 내고 만든 양식장의 실태는 나중에야 알았다. 시장에서 일하지만 생산 현장에 대해 아는 게 없었다. 소비자가 아시아의 새우 양식장에서 어떤 일이 벌어지고 있는지 알아야 할 이유는 더더욱 없다. 싼지 비싼지, 큰지 작은지, 규격을 충족했는지, 보기에 어떤지. 맛은 별반 차이가 없으므로 때깔이 제일 중요했다. 유통은 오히려 생산자와 소비자를 떼어 놓는다는 것을 알게 되었다.

농산물을 포함한 대부분의 식품은 중앙 도매 제도에 의해 유통되고 있었다. 주로 도쿄의 쓰키지 시장 같은 대도시의 중앙 시장에서 값이 매겨진 뒤 지방의 시장으로 흘러드는 구조였다. 생산 현장 쪽은 도쿄의 시장에서 되도록 높은 값을 받으려고 노력한다. 거기서는 차별화와 표준화가 동시에 진행된다. 형태나 당도, 지방이 낀 정도 등의 기준으로 평가된다. 또 규격화된 균질한 상품을 대량으로 그리고 안정적으로 공급할 수 있는지 여부도 중요하다. 이는 당시 막 떠오르던 대형 유통업계의 요청이기도 했다. 그 결과, 지방의 산지는 단일 작물 재배monoculture를 강화해 나갔다. 그것을 '산지 형성'이라고 했다. 당시까지만 해도 산지 직송이나 직판장 같은 게 별로 없었다. 신슈에서 수확된 채소가 도쿄를 거쳐 전국에 퍼져 각 지역의 소매점이나 슈퍼에 다른 현의 물품이 진열되는, 요즘에는 흔히 볼 수 있는 광경도 이런 유통 구조가 있기 때문에 가능한 것이다. 이런 사실들을 알게 되자 유통에 대한 관심이 급속히 옅어져 버렸다. 원전 문제에 대한 불안감도 해소될 기미가 보이지 않았다.

마침 그런 때에 책방에서 쓰치다 아쓰시의 저서 『석유 문명의 다음은 무엇인가』(노분쿄農文協, 1981)를 발견했다. 이 책을 읽고 나서야 농업을 내 직업으로 삼으려고 생각하게 되었다. 쓰치다 씨는 열역학 연구자로, 이 책은 세계사를 에너지의 관점에서 분석한 것이었다. 인력人力에서 축력畜力으로, 그리고 석탄에서 석유로 옮겨 가 오늘날의 석유 문명에 이른다. 원자력 발전은 석유를 대체하지 못한다. 원자력은 전기밖에 생산하지 못하며, 채굴에서 정제, 가공 등 모든 과정에서 석유를 필요로 한다. 또 '화장실 없는 아파트'라고 불리듯이 핵폐기물 처리장이 없다. 석유는 연료로서뿐 아니라 다양한 소재에 쓰이고 있다. 우리의 일상은 석유 제품으로 넘쳐 난다. 이 정도로 다양한 용도를 지닌 석유를 대체할 수 있는 건 없다.

　근래에 피크 오일이 화제인데, 석유 산출량이 최고점을 이미 넘겼는데도 세계의 석유 수요는 중국과 인도 등을 중심으로 늘고만 있다. 원유 가격은 점차 오를 것이다. 그러나 엔트로피학회의 설립자 중 한 사람이기도 한 쓰치다 씨는 대체 에너지에는 비판적이다. 그 대부분이 석유 없이는 개발될 수 없다고 한다. 석유는 제 에너지를 사용해서 스스로를 더 길어 낼 수 있지만, 대체 기술은 제 산출 에너지만으로 스스로를 재생산할 수 없다. 또 엔트로피란 한마디로 폐열·폐물을 말한다. 에너지 문제를 떠나 폐열이 지구의 열순환 시스템의 허용량을 넘기지 않을까 하는 우려로 읽혔다. 지구온난화로 이산화탄소가 문제시되고 있지만, 폐열 역시 큰 문제인 것이다. 원자력 발전 자체는 이산화탄소를 거의 배출하지 않을지도 모르지만, 60퍼센트 이상의 폐열을 온배수溫排水*로 바다에 방출한다. 결국 인간은 어리석은 존재이므로 핵을 봉해 두지 못하며, 언젠가는 전 지구적으로 핵 오염이 확산될 것이라 예상된다. 장기적으로 보면 폐열은 이상 기후를 유발하고, 사막화를 가속화하며, 식량 위기라는 형태로 인류를 위협할 것이다.

★ 원자력 발전소에서 냉각에 사용된 후 바다로 배출되는 물로, 취수 때보다 온도가 높다.

참으로 두려운 미래다. 농적 생활과 사회를 되살리는 수밖에 없다는 생각이 들었다. 일이 글렀다는 사실을 알고도 아등바등 뭔가 해 보려 하는 것 또한 인간이다. 우선은 스스로의 생활을 바꿔 나가는 데서 시작해야 하지 않을까 싶었다. 그 무렵의 나는 일종의 가해 망상에 사로잡혀 있었다. '사람에게 위해를 가하지 않는 직업이 있을까?' 하고.

책을 더 뒤져 보니 쓰치다 다카시의 『공생의 시대: 쓰고 버리는 시대를 넘어』(주신샤樹心社, 1985)라는 책이 눈에 들어왔다. 저자 이름이 낯익다 싶어 살펴보니 쓰치다 아쓰시 씨의 동생이었다. 그 역시 공업 문명의 한계를 깨닫고 교토 대학 공학부 조교수를 그만둔 후 농적 사회를 지향하며 '쓰고 버리는 시대를 생각하는 모임'을 꾸리고 다양하게 활동하고 있었다. 그는 책에 스스로의 체험을 바탕으로 "몸을 버리고 나서야 떠오를 수 있는 여울 있으니"라고 썼다. 석유 문명의 중추인 공학부 조교수 자리까지 버리고 '농'과 관계하며 살기를 택한 것이다. 아쓰시 씨의 책에서 충격을 받았다면 다카시 씨의 책에서는 용기를 얻었다.

이렇게 해서 겨우 농업으로 눈을 돌리게 된 나는 농가 출신이기도 한지라 아무래도 농업의 열악함은 알고 있었다. 학창 시절에 여름 방학을 맞아 집에 돌아가면 어머니가 옥수수를 키워 농협에 출하하고 있었다. 경작 면적이 줄어든 탓에 밭에 뭐든 키워야 해서 농협의 권유로 옥수수를 재배했다. 그해는 운 나쁘게도 풍작이어서 가격이 폭락했다. 포장용 상자 비용도 남지 않을 정도로 적자였다. 그런 모습을 쭉 지켜봐 온 터라 나 역시 곧장 취농하지 않고 3년간 시장에서 일한 셈이다. 역시 불안감이 따라다녔지만, 많진 않아도 안정된 수입이 있었다. 대학 때까지는 장래의 꿈은 물론이고 수입도 없어서 정신적으로 꽤 불안정했다. 텔레비전 드라마에서처럼 청춘이라 하면 밝은 인상을 풍기는 말 같지만, 그것은 순전히 거짓말 아닐까? 적어도 내게 청춘은 생활도 정신도 불안정하고 넘쳐 나는 에너지만 헛도는 어두운 시기로밖에 여겨지지 않았다. 얼굴은 웃고 있어도 마음속 깊이 기쁨을 맛본 적은 없었다. 오직 취해 있을 때만 모든 걸 잊을 수 있었다. 그런 시기였다. 취직해 안정된 수입을 얻게 되어서야 정신적으로 꽤 안정되었다. 그것을 버리면서까지 취농을 할 각오는 되어 있지 않았다. 나가노 시내의 유기농 농산물 공동 구입 그룹에 상담을 하러 갔는데, 농업만으로 생계를 꾸리기는 아직 어렵다고 했다.

그 후 마쓰모토로 전근해 본가에서 통근하게 되었다. 시장 일은 아침이 이른 것은 물론이고 휴일마저 적다. 내 담당은 염장 식품인 어란 관련 상품이었다. 어란이라고 하면 명란젓이나 연어알, 청어알 등이다. 초문어나 양념 문어, 젓갈도 취급했다. 역시 대부분이 수입품이다. 변함없이 아침이면 언제나 지각했다. 주위에 폐를 끼쳤으며, 상사에게 괴롭힘을 당하기도 했다. 이미 일에 대한 열의를 잃었기 때문인지도 모른다. 그러나 일에 전혀 흥미가 없었던 것도 아니다. 재미있는 일도 있었다. 성의를 다해 좋은 상품을 권하면 그 나름대로 고객의 신뢰도 얻는다. 그러나 장래가 너무나 뻔해서, 내 인생은 이대로 괜찮은가 하는 의문을 씻을 수 없었다. 안정되었기 때문에 오히려 장래가 뻔히 내다보였다. 일요일에는 피곤에 절어서 내내 잠만 잤다. 기분 전환에도 서툴러 일 이외의 것을 생각할 여유도 없이 갑갑한 나날이 이어졌다.

마쓰모토로 전근한 지 4년이 다 되어 가던 때였다. 매년 3월이면 희망 부서로 옮겨 가고 싶다는 의사를 밝힐 수 있었는데, 이미 기업 사회에 이골이 난 탓인지 어디든 상관없다고 적어 냈다. 그랬더니 모두들 가장 꺼리는 슈퍼 담당으로 배속되었다. 이것이 계기가 되었다. 어떤 계기가 있지 않고는 도저히 회사를 그만둘 용기가 없었다. 새 출발의 첫 걸음은 터무니없이 크게 느껴지기 마련이다. 첫 직장이라서 나름대로 애착도 갔다.

부서 이동이 결정된 다음 날 동료에게 그만두고 싶다는 뜻을 전하고 훌쩍 교토행 열차를 탔다. '쓰고 버리는 시대를 생각하는 모임'의 쓰치다 다카시 씨를 만나 보고 싶었기 때문이다. 교토역 앞의 여관에 예약한 뒤에 쓰치다 씨에게 전화를 걸었다. 저녁 무렵인데도 바로 만나 주었다. 다음 날에는 소개받은 '쓰고 버리는 시대를 생각하는 모임'의 안전 농산 공급 센터로 갔다. 이야기를 들어 보니 '농협보다 농협답게, 생협보다 생협답게'를 모토로 삼아, 출자 금액과 관계없이 1인 1표의 의결권을 가진 협동조합식의 회사라고 했다. 쓰치다 씨 등이 모임을 출범시켰을 당시에는 리어카를 끌고 폐품을 회수하며 농가에서 사들인 계란이나 채소 등을 취급했단다. 그 후 규모가 커져서 공급 센터까지 생긴 것이다. 나보다 젊은 직원의 방에서 하룻밤 자고 다음 날에는 이 모임이 운영하는 실험 농장을 견학하기 위해 나라로 향했다. 신슈와 달리 따뜻한 날씨 덕분에 이미 다양한 채소가 재배되고 있었다. 조금 거들었는데 피로가 몰려와 그만 욕조에서 잠들어 버리는 바람에 걱정을 끼쳤다. 쓰치다 씨도 일부러 와 주셔서 늦게까지 이야기를 나누었다. 여러 가지 이야기를 들었지만 거의 기억하지 못한다. 돌아보건대, 쓰치다 씨라는 사람이 있고 실제로 '쓰고 버리는 시대를 생각하는 모임'이라는 게 있다는 걸 확인한 것만으로 만족했던 것 같다. 다만 쓰치다 씨가 "결혼은 되도록 일찍 하는 게 좋습니다. 가족이 있으면 무엇을 하든 신용을 얻지요"라고 말한 것은 똑똑히 기억한다. 유감스럽게도 결혼은 20년도 더 뒤의 일이 되고 말았다. 결혼은 직장에 다닐 때 하는 게 제일 좋다고 말하기도 하지만, 이미 관두기로 한 처지라 불가능한 일이었다.

취농

드디어 취농했다. 스물여덟 살 때였다. 서둘러 채소의 씨를 뿌렸다. 그러나 아무리 기다려도 싹이 트지 않는다. 매일 아침 가 봐도 조금도 변화가 없다. 슬슬 초조해지기 시작했다. 발아에 통상 열흘에서 2주쯤 걸린다는 사실에 놀라고 말았다. 그리고 이런 당연한 일에 놀라는 내 감각에 더욱 놀랐다. 이래서는 수확까지 엄청난 시간이 걸리는 건 아닌가 싶었다. 실제로 수확이 가장 빨리 되는 것이라 해도 두세 달은 걸린다. 한 해에 한 번뿐인 것은 당연하다. 쌀이 되었든 뭐가 되었든 한 해에 한 번뿐이라면 앞으로 40년간 재배한다 해도 40번밖에 안 되는 것이다.

시장에서는 원하는 게 있어서 전화로 주문하면 다음 날에는 물건이 도착한다. 그것을 잘 팔아 치우면 바로 매출이 오른다. 그렇게 날마다 매출을 올리면 월 매출 목표 도달도 어렵지 않다. 매일 눈에 보이는 숫자라는 형태로 결과를 낼 수 있었다. 이런 감각이 내 몸에 배어 있었던 것이다. 씨를 뿌리고 다음 날에 채소를 팔러 갈 수 있다고 생각한 건 아니지만, 몸의 감각으로는 그렇게 느끼고 있던 것이 아닐까? 수확이 수입으로 이어지기는 쉽지 않다는 생각이 들었다.

그래서 정기적인 수입을 얻기 위해 신문 배달에 나섰다. 또 아침을 일찍 시작해야 하는 일이다. 이따금 늦잠을 잤지만, 어지간한 경우가 아니고서는 보급소 주인에게 주의를 듣는 일은 없었다. 내가 너무 늦으면 본인이 직접 배달하기도 했다. 월 4~5만 엔이라고는 해도 큰 도움이 되었다. 집과 약간의 논밭이 있으면 사람 한 명 살아가기에는 이 정도의 수입으로도 충분하다는 것을 알게 되었다. 자유 시간이 늘어난 점도 기뻤다. 스스로 모든 것을 계획하고 실행해야 하지만 그마저 재미있었다. 부모나 큰아버지 내외에게 배워 가며 조금씩 깨달아 갔다.

그 무렵에 생각한 것을 과장해서 말하자면 '인류의 퇴화와 예속', 그러니까 인류는 퇴화한 끝에 문명에 예속되어 있는 것은 아닐까 하는 것이었다. 내가 중학생이던 1970년에 열린 오사카 만국박람회의 캐치프레이즈인 '인류의 진보와 조화'를 비꼰 것이다. 농가 출신인데도 스스로 먹을 것 하나 마련하지 못하니, 이것은 역시 '인류의 퇴화와 예속'이라 할 수밖에 없지 않은가?

우선은 자급을 기본으로 하는 유기농법을 생각했다. 이런저런 책을 읽어 보니 그것이 가장 바람직해 보였다. 수입도 당장 많아지지는 않을 것 같으니 지출을 줄이려면 자급이 기본이다. 닭이나 염소도 길렀다. 거두어들인 채소는 트럭에 싣고 팔러 다녔다. 자유 시간이 있었기 때문에 이런 저런 곳에 얼굴을 비쳤다. 점차 지인이 늘어 갔다. 지역에는 정말로 다양한 사람이 살고 있다는 사실을 알게 되었다. 농사 외에도 해 보고 싶은 것은 많았다. 당시에 가장 관심이 있었던 것은 원자력 발전 등 환경 문제였다.

그러나 그 무렵에 내가 사는 나가노현 서부에는 유기농업을 하는 사람이 아무도 없었다. 사쿠시를 비롯해서 나가노현 동부에는 제법 많은 사람이 유기농업을 하고 있었다. 그것은 사쿠종합병원의 의사 와카쓰키 도시카즈가 있었기 때문일 것이다. 일찍부터 농민에게서 널리 발병하는 기이한 병을 조사해 그것이 농약에 의한 것임을 밝혀내 경종을 울리던 그다. 아즈미노 인근은 벼농사 중심이라서 채소만큼 농약을 치지 않아도 되었기 때문인지 유기농업을 하고 있는 사람은 없었다. 그런 지역에서 유기농업을 시작하기란 만만찮은 일이었다. 지금은 유기농법도 하나의 농법으로 인정받고 있지만, 당시만 해도 기인에 별종 취급을 받기 일쑤였다. 이웃들은 대학까지 나와 놓고 농사를 짓는다니 아깝다고 입을 모았다. 근처의 보육원 아동들에게 "이상한 아저씨!" 소리를 들은 적도 있다. 대낮부터 논밭에 나와 있는 젊은이는 어디에도 없으니 당연할지도 모르겠다. 그러나 아이들이 그런 생각을 할 리는 없고, 아마도 부모가 이야기하는 것을 들은 모양이다. 절로 어깨가 움츠러들었다. 실제로 스스로도 이상한 구석이 있다고 생각한지라 반박하기도 어려웠다. 그러나 '너희의 장래 환경을 지켜 줄 수 있을지도 모르는데 말이야' 하는 생각이 들기도 했다.

유기농업에 대한 아버지의 반발이 가장 큰 골칫거리였다. 농사를 짓는 사람들에게 자신의 농법은 인격과 같이 중요한 것인 듯했다. 아버지는 전후의 식량난과 식량 증산 시대의 세대로, 농약과 화학비료를 사용해 좀 더 많은 수확을 얻는 것이 농법의 목적이었다. 그 기본인 농약과 화학비료를 부정하는 것은 그때까지 자신이 일구어 온 농법과 인격을 부정하는 것으로 여겨졌을지도 모른다. 아버지는 내가 애써 길러 놓은 채소에 시시때때로 농약을 뿌려 댔다. 실제로 병해충이 많았기 때문이기도 할 것이다. 당시에 내 기술은 정말이지 미숙했다. 그러나 유기농을 부정하는 것은 역시 내 인격과 삶을 부정하는 것이므로 갈등은 종종 싸움으로 번졌다. 이래서는 당분간 유기농 같은 건 하기 어려울지도 모르겠다고 생각했다. 어쩔 수 없이 가공용 토마토를 길러 농협에 출하하기로 했다. 가공용 토마토는 대개 농약과 화학비료를 제법 써서 보통 10아르당 8톤 정도를 수확하는데, 나는 농약과 화학비료 사용량을 절반가량 줄여서 5~6톤을 수확할 수 있었다. 그토록 하고 싶었던 유기농법이 생각대로 되지 않자 나는 점차 사회 문제에 맞서는 쪽으로 옮겨 갔다.

주민 운동

그 무렵 어머니가 소속된 종교 단체가 기획한 히로시마 평화 학습 여행이 있었다. 한 번은 가 보고 싶었으므로 나도 참가했다. 히로시마의 원자폭탄 자료관은 충격적이었다. 돌아와서는 '마을 사람들이 겪은 전쟁 체험기'를 엮고 싶어서 '호타카마치 전쟁 체험을 이어 말하는 모임'을 꾸려 원고를 모집했고, 곧바로 쉰 명 넘게 기고해 주어 1987년에 『호타카마치의 15년 전쟁』(교도출판사鄕土出版社)이라는 책까지 나왔다. 판매 부수도 순식간에 2천 부를 넘겼다. 얼마나 많은 사람이 전쟁 체험을 전할 필요성을 느끼고 있었는지 알 수 있었다. 그러나 어째서 전쟁 직후에 바로 이런 움직임이 일지 않았는지는 의문이다. 같은 마을에 개인적으로

끈덕지게 전쟁 체험기를 모아 자비로 출판하는 사람이 있었다. 남태평양의 섬에서 끔찍한 체험을 하고 구사일생한 사람이다. 비참한 체험이 전쟁 체험기를 몇 권이나 내게 한 원동력이 된 것일까? 울분과 분노가 심했을 것이다.

　　당시에는 오이타현 나카쓰시의 작가 마쓰시타 류이치 씨가 중심이 되어 발행하던 『풀뿌리 통신』을 읽고 있었다. 전국의 여러 주민 운동에 대한 보고가 실려 있었는데, 거기서도 꽤 영향을 받았다. 그러나 가장 재미있었던 것은 뭐니 뭐니 해도 마쓰시타 씨의 수필이었다. 나날의 생활 속에서 느낀 희로애락이 적나라하게 쓰여 있었다. 세키 히로노 씨를 알게 된 것도 이 잡지를 통해서였다. 『야만으로서의 이에家* 사회』(오차노미즈쇼보御茶の水書房, 1987)가 소개되어 있었다. 그 해설을 읽고 빠져들어서 당장 책을 구해 읽어 보니 아주 스케일이 큰 역사서이자 사상서였다. 이후로 마쓰시타 씨와 세키 씨의 책에 푹 빠졌다. 또 한 사람, 농업과 관련해서는 모리타 시로 씨의 책에 심취했다. 이만큼 일본의 마을과 농민에게 다가가 농을 고찰한 사람도 없다고 생각한다. 자각하지 못하는 사이에 농민을 농 바깥에서 세뇌시키는 사상을 하나하나 까발려 간다. 나는 정말 좋은 책들

* 1898년에 시행된 메이지 민법이 정한 가족제도를 가리킨다. 이에는 호주와 가족원으로 구성되며, 호주에게는 이에를 통솔할 권한이 주어졌다. 하지만 호주가 권한을 남용해 가족원의 권리를 침해할 위험성이 있어 1947년에 폐지되었다.

을 만났다고 생각한다. 무엇이 '좋은 책'인지는 사람마다 다르겠지만, 나에게는 사회의 구조나 문제점을 가르쳐 주는 책이 좋은 책이었다.

전쟁 체험기가 간행되어 한숨 돌렸다고 생각하던 차에 이번에는 소련에서 체르노빌 원전 사고가 터졌다. 그 방사능 물질은 일본에도 내리쏟아졌다. 즉각 반원전 운동이 현 내에서도 확산되었다. 대형 버스 두 대를 빌려 이카타 원전 반대를 위해 시코쿠 전력 회사가 있는 다카마쓰에 항의하러 갔다. 각지에서 반원전 그룹이 만들어졌으며, 공부 모임도 많이 꾸려졌다. 가나가와현에서 호타카마치로 이주해 온 난부 마사토 씨와 만난 것도 반원전 집회에서였다. 난부 씨와는 그 후로 '에너지 절약·저비용 벼농사 실험 논'을 함께 지었다. 신규 취농 I턴*의 시작이었다. 그는 바이올린 교실과 가정교사를 겸하며 농사를 짓는 '반농반X'의 선구자이기도 했다.

어느덧 버블 시대에 접어들고 있었다. 원전뿐 아니라 리조트 개발 붐이 지방을 덮쳤다. 아즈미노에서도 대규모 개발이 계획되었다. 그 핵심은 당시의 건설부가 기획한 '국영 알프스 아즈미노공원'이었다. 이 공원은 환경부 관할인

★ 인구 환류 현상의 하나. 출신지에서 다른 지방으로, 특히 도시에서 지방으로 이주하는 것을 가리킨다.

국립공원이나 국가 지정 공원처럼 자연 보호를 목적으로 한 것이 아니라 어디까지나 개발 목적의 도시 공원이었다. 히다산맥 기슭의 마을 산을 매수해 도시 주민을 위한 레저 시설을 지으려는 것이었다. 더구나 그 위쪽에서는 나가노현이 현영 공원을 계획하고 있었다. 로프웨이를 중심으로 하는 테마파크 같은 시설이었다. 그 연결 도로로서 마쓰모토에서 이토이가와를 잇는 4차선 고규격도로까지 내려고 했다. 공원 주변에는 민간 골프장이나 대규모 리조트 시설을 지을 계획까지 세웠다. 그러나 주민의 반대로 현영 공원 계획은 대폭 변경되었고, 버블 붕괴로 인해 민간 리조트 계획은 무산되었으며, 골프장도 최종적으로는 백지화되었다. 국영 공원과 고규격도로 건설 계획만 그대로 진행되었는데, 그 무렵에는 1991년에 결정된 나가노 올림픽을 위한 공공사업에 나가노현은 물론이고 중앙도 힘을 쏟기 시작했다.

올림픽 공공사업도 문제투성이였다. 연결 도로는 농림 예산, 활강 코스의 도착 지점은 사방沙防 예산이라는 식의 보조금 유용이 공공연하게 이루어졌다. 시민단체 '올림픽이 필요 없는 사람들 네트워크'의 에자와 마사오 씨 등이

유치비 반환 소송까지 진행했다. 그러나 당초부터 사법계와 경찰을 비롯한 모든 조직이 올림픽이라는 미명하에 국가의 편을 들고 있었다. 에자와 씨를 모셔 공공사업과 재정 문제에 대한 심포지엄을 열었는데, 그때는 우리 집에까지 오밤중에 말 없이 끊는 전화가 수차례나 걸려 왔다. 악천후 속에 강행한 도로와 다리 건설 공사에서는 토사가 붕괴되어 많은 사람이 죽었다. 지역민은 위험하다고 안 나갔지만, 홋카이도나 도호쿠 지방에서 돈을 벌러 온 사람들이 많이 죽었다. 시찰 나온 건설장관은 대뜸 "이것은 천재天災다"라고 말했다.

결국 이 나라에 민주주의 같은 건 없었던 것이다. 법도 무력했다. 국영 공원은 계획에서 수십 년이 지난 지금도 누가 언제 어디서 누구와 무엇을 논의해 결정한 일인지 조금도 알려져 있지 않다. 건설 내용도 직전까지 밝혀지지 않았다. 언론도 일절 보도하지 않는다. 우리가 모르는 어딘가에서 우리의 미래가 결정되고 있다는 점에서는 전쟁 때와 조금도 다르지 않다고 생각했다.

그리고 이 무렵부터 정치를 바꾸지 않고서는 안 된다는 생각이 들기 시작했다. 그것은 바꿔 말하면 세금의 흐름, 돈의 흐름을 바꾼다는 의미이기도 했다. 금융이나 돈에 뭔가 근본적인 문제가 있는 건 아닐까 하는 생각이었다. 골프장 난립 등은 버블의 부정한 돈이 원인이라고밖에 생각되지 않았다.

한편 '에너지 절약·저비용 벼농사 실험 논'은 실패로 돌아갔다. 아버지의 반대도 있어 집 근처는 포기하고 마을 반대편에 있는 논을 빌렸다. 처음에는 채소 이동 판매로 시작했는데, 유기농법으로 벼농사를 어떻게든 지어 보고 싶었다. 고령화로 인해 언젠가는 지역 농지를 지키려면 수전水田*을 지어야 하는 게 아닐까 하는 생각도 들었다. 채소의 경우 수입은 쌀보다 좋아도 면적이 한정되어 있기 때문이다. 불경기不耕起 모내기나 잉어를 활용한 제초도 시도해 봤지만 실패했다. 수확이 전무한 논도 있었다. 제초의 어려움을 새삼 절감했다. 오리농법을 시도한 것도 이 무렵인데, 하우스에서 새끼 오리를 기르면 고양이가 몰래 들어와 다 죽여 버리기 일쑤였다. 또 산자락의 작은 계단식 논을 이용해 보기도 했다. 일종의 수전 지키기 운동인 셈인데, 참여하려는 사람들은 바로 찾을 수 있었다. 주로 주민 운동으로 알게 된 동료들이었다. 자연농법을 하는 사람도 있었다. 써

레질하지 않은 굳은 논에 봉으로 구멍을 파서 모를 심었다. 잠자리 유충에게 손을 물리면 아팠다. 수확량은 적었지만 다들 즐겁게 일했다. 논일은 되도록 여럿이서 하는 편이 즐겁다. 가을에는 잠자리가 하늘을 가득 메우다시피 날아다녔다. 논을 갈지 않으면 생물이 훨씬 더 풍성해질지도 모른다고 생각했다.

당시 내 논밭은 마을 바깥의 동서남북에 자리 잡고 있었다. 마을을 에워싸고 있었던 것이다. 주민 운동에도 바빴다. '국영 알프스 아즈미노공원 친구의 모임'이라는 단체를 꾸려 활동했다. '친구의 모임'이라는 이름은 공원의 취지나 목적이 불분명하므로 찬반을 말할 단계가 아니라는 의견에서 비롯되었다. 공원 사업소와도 몇 차례 이야기해 봤지만, 전부 비공개로 언론을 들이지 않는 것을 조건으로 걸고 있었다.

선거

'정치를 바꿔야만 한다'는 생각에 1998년에 갓 결성된 민주당에 입당했다. 주민 운동을 함께하던 오이카와 료이쓰 씨가 꾀어냈다. 전공투 출신으로 스와중앙병원 원장으로 있다가 참의원 의원이 된 이마이 기요시 씨의 지부였다. 그 무렵에는 세키 히로노 씨의 편저 『볼페런을 읽다』(마도샤窓社, 1996)에 충격을 받은 터라 볼페런의 강연회를 열면 어떨까 하고 건의했더니, 마침 참의원 선거를 앞둔 시기이기도 해서 간 나오토 대표도 함께 부르기로 했다. 네덜란드인 저널리스트 카럴 판 볼페런은 『인간을 행복하게 하지 않는 일본이라는 시스템』(마이니치신문사毎日新聞社, 1994)을 비롯한 여러 저서와 '어카운터빌리티'(설명 책임)라는 말로 유명한데, 결국 그가 하고자 하는 말은 일본 정치 문제의 근원은 투명한 의사 결정 기관이 없다는 것, 그것이 기능하지 않는다는 것이라고 나는 이해하고 있다.

그리하여 '간 나오토·볼페런 대담 집회: 일본은 어떻게 변할 수 있을까?'를 열고 내가 사회를 맡았는데, 600명 가까운 청중이 몰려 긴장한 탓에 제대로 해내지 못했다. 일부러 와 주신 볼페런 씨나 청중에게 아주 미안했다. 민주당에 크게 기대하고 있진 않았지만, 그래도 볼페런 씨를 시민 집회의 형태로 불러 준 것은 감사히 생각하고 있다.

그 후 올림픽도 끝나고 2000년의 지사 선거는 익찬 체제* 아래에서의 무풍 선거가 되리라 점쳐졌지만, 웬걸 다나카 야스오가 입후보해 당선되었다.

　올림픽 때는 소수 의견이라면 들은 체도 안 하던 현민들이 이단의 작가를 지사로 뽑아 버린 것이다. 어째서 그랬는지 지금도 모를 일이다. 내가 선거에 적극적으로 관여한 것은 이때가 처음이었다. 다나카가 마침 고등학교 동기이기도 해서 내가 선거 지원단장을 두 번 맡았다. 다나카는 반대 운동이 일던 댐이나 고규격도로, 폐기물 처리 시설을 전부 멈추게 했다. 올림픽으로 막대한 빚을 떠안아 현 재정이 파탄 난 것도 한 가지 요인이었을 것이다.

　그러다 주민 운동에서 거의 놓여나 겨우 농업에 전념할 수 있는 환경이 마련되었다. 그런데 현의회나 여러 이권단체의 세력은 여전히 강했다. 다나카 지사는 '유리벽 지사실'이나 '현민 의견 현장 청취', '어디든 지사실' 등을 통해 직접 민주주의에 가까운 개혁을 추진해 나갔다. 누구든 지사에게 면전에서 의견을 말하거나 제언을 할 수 있었다. 이것은 의회의 맹반발을 샀다. 그는 2002년 7월에 현의회 불신임 결의를 받고 9월의 재선거에서 압승한 뒤로는 의회 개혁에 초점을 맞추었다. 그리고 나도 2003년 4월의 현의

---

* 태평양전쟁 당시 다이세이요쿠산카이(大政翼贊會)라는 정치 결사를 중심으로 일본 군부의 방침을 그대로 따르며 국민을 총동원한 체제를 말하는데, 넓은 의미로는 군사적·정치적 권력을 장악한 개인이나 조직의 행동에 아무런 비판도 가하지 않는 풍조를 일컫기도 한다.

회 의원 선거에 입후보하기로 결의했다. 다나카가 지사 재선거에서 승리해 기세가 올랐다. 개혁파가 꽤 당선되었지만 유감스럽게도 나는 낙선했다. 그래도 미나미아즈미군 선거구에서는 개혁파가 둘로 나뉘었는데도 많은 표를 얻어 한 사람이 당선되었다. 이때는 이미 민주당을 탈당한 뒤였으므로 어떤 조직도, 자금도, 경험도 없이 하나하나 맞서가는 시민 운동형 선거였다. 직접 민주주의적 개혁에 찬동하고 있었으니 선거에 입후보한 것도 지금 생각해 보면 모순이지만, 의회에 대한 분노에 추동된 걸지도 모른다.

지방의원은 무소속이 대부분이지만 실질적으로는 자민당 지지인 경우가 많다. 전후의 자민당 독재 토건형 이권 체제는 자민당과 지방의원의 협력 관계에 의해 유지된 것이 아닌가? 자민당은 지방의원만 잘 구워삶으면 된다고 생각했겠지만, 지방의원 쪽도 여당과 이어져 있으면 이권 유도로 당선된다고 믿고 있었을지도 모른다. 지방의회는 거의 행정적 승인 기관으로 변해 있었다. 소수 의견이나 반대 의견이 대변되는 일은 좀처럼 없었으며, 가끔 당선되는 시민파 의원은 공격을 받아 쓰러지든가 묵살되었다.

다나카 야스오는 직접 민주주의적인 여러 방법과 제

도를 도입함으로써 여기에 바람구멍을 뚫었다. 그러나 제도만으로 개혁을 할 수는 없다. 그것은 수장에게 감성이 있을 때 비로소 기능한다. 다나카에게는 목소리 없는 목소리에 귀를 기울여 시대의 과제를 읽어 내는 감성이 있었다고 생각한다. 다나카가 만든 '지역발 기운 돋우기 지원금 제도'나 '신규 취농 가정 돌봄 지원 제도'는 아직도 살아남아 지역을 떠받치고 있다. 나도 '수양부모'로서 마을 아이 셋을 보살폈다.

그러나 다나카는 도발하기를 좋아하는 성격이라서 처음에는 그가 펼친 현정縣政이 흥미롭고 친근하게 느껴졌지만 너무 지나쳐 곧 질려 버렸나 보았다. 결국 세 번째 선거에서는 반反다나카로 똘똘 뭉친 반대 진영의 별 두드러지는 공약도 없는 상대에게 패배했다.

첫 선거 당사자의 경험은 힘들었지만 재미있기도 했다. 주민 운동이 개별 과제로 모이는 데 비해 선거에서는 다양한 사람이 다양한 생각으로 모인다. 자연히 다른 의견을 가진 사람도 많을 수밖에 없다. 이런 상황에서 의견을 수렴할 지혜나 여유가 내게는 없었다. 주민 운동에서는 뭐가 되었든 반대만 하면 되었지만 선거에서는 다른 의견을 어떻게 수렴해 대안을 제시하고 제언을 하는지가 중요하다. 연설도 골칫거리였다. 외려 지원 연설을 해 주는 이들의 이야기가 압도적으로 능숙하고 재미있었다. 자신감은 더 잃었지만 아버지의 반대를 무릅쓰고 시작한 일이기도 해서 많은 사람들이 보수도 없이 손수 협력해 주었다. 도중에 때려치울 수도 없었다. 어쨌든 마지막까지 해내기는 했다.

농법

낙선한 후에는 선거 공약이기도 했던 환경 보전 농업의 추진에 힘을 쏟았다. 2004년 4월에는 후쿠오카현의 후루노 다카오 씨를 모셔 '누구나 할 수 있는 오리농법'이라는 강연을 열었다. 100명 가까운 사람이 모였다. 양조장과 협력해 오리농법으로 생산한 무농약 술쌀로 술을 빚기도 했다. 네 곳의 농가가 맡아 주었다. 내 경우에는 쌀값 일부를 현물로 받기도 해서 술을 실컷 마셨다. 혼자 마시면 재미없으니 학생들을 초대해 잔치도 베풀었다. 하룻밤에 쉰 병쯤 마신 적도 있다. 쌀술 만들기는 벌이는 별로 안 되어도 취미로는 최고다. 너무 마셔 댄 탓인지 당뇨에 걸려 어처구니가 없었다. 유기농가 체면이 말이 아니다. 당시 내가 사무국장을 맡고 있던 '아즈미노 오리 모임'의 캐치프레이즈는 '술과 안주가 동시에 나오는 논'이다. 물론 안주는 오리고기다.

　　오리농법의 걸림돌은 제 역할을 마친 오리를 어떻게 처분할까 하는 것이었다. 아주 맛있는 고기인데 도축해 주는 데가 별로 없다. 닭고기 가게들이 죄다 없어진 바람에 닭을 도축해 주는 곳을 지역에서 찾아볼 수가 없다. 언젠가는 이바라키현까지 가지고 갔는데, 너무 멀어서 한 번으로 질려 버렸다. 현 내에도 해 주는 곳이 있긴 한데 물새라서 그런지 깃털이 좀체 빠지지 않아 환영받지 못한다. 오리 농가끼리 매년 모여 직접 처리했지만, 법률상으로는 일단 금지되어 있다. 물론 판매도 불가능하다. 도축 시설을 마련하는 것이 과제인데, 적지 않은 자금이 필요해서 좀처럼 진행되지 못했다. 그러나 2013년에 오리 모임의 사무국장인 쓰무라 다카오 씨가 도축 시설을 지은 덕에 오리고기 판매도 가능해졌다. 오리농법은 무농약 제초 기술 중에서 아주 좋은 방법이다. 그러나 여우 방제용 전기 울타리를 두르거나 까마귀 또는 솔개에게서 새끼 오리를 지키기 위해 낚싯줄을 쳐야 한다. 그렇게 해도 여우가 들어와 하룻밤 사이에 새끼 오리가 전멸하는 일도 있다. 그래서 논에 풀어 놓은 뒤로는 긴장을 놓을 수 없는데, 동네 아이들에게는 재미있는 산책 코스라서 평판이 좋다. 지역 소학교 중에서는 수업에 오리농법 체험을 포함시키는 곳도 있다. 도축을 함께했는데, 오리가 불쌍하다며 눈물을 흘리는 아이도 있었다. 하지만 "오리들도 벌레나 풀을 많이 먹고 이렇게 커진 거란다" 하고 설명하면 언제 울었냐는 듯 깃털을 쥐어뜯었다.

나는 독농가는 아니다. 농사는 되도록 편하게 짓고 싶다. 취농하고 가장 먼저 시도한 것은 후쿠오카 마사노부의 자연 농법이다. 갈아엎지 않고 쌀과 보리를 연속해서 재배한다. 생각하기에 따라서는 그저 씨만 뿌리는 농법이다. 이것은 멋지게 실패로 돌아가 1년 만에 관두었다. 최근에는 오리농법도 품이 많이 들어 면적을 줄였다. 대신에 윤작을 도입했다. 쌀이 끝나면 가공용 토마토, 그다음에는 보리, 또 그다음에는 콩 농사를 짓고 다시 쌀로 돌아가는 식이다. 전부 무비료·무농약이다.

가공용 토마토는 사이타마현의 다카하시 소스와 계

약을 맺고 재배하고 있다. 수확량은 일반 농법의 절반쯤 되지만 가격을 두 배로 받아 수입은 비등하다. 경비라 해 봤자 흙을 덮는 용도로 사용하는 멀치mulch값 정도이고, 노동력도 꽤 줄었다. 보리와 콩은 NPO 법인인 '무시비·무농약 재배 조사연구회'라는 데서 사 준다. 유기질 비료도 거의 쓰지 않게 되었다. 대체로 퇴비를 만드는 데는 시간이 오래 걸리는 데다 고되었다. 식물을 비료로 사용해 보려고 이래 저래 시도해 봤지만 연꽃도 유채꽃도 실패했다. 나처럼 흐리터분한 사람이 퇴비를 사용하는 것은 애초에 무리가 아닐까 싶기도 했다. 그런 때에 마침 '무시비·무농약 재배 조사연구회'와 만난 것이다. 오카다 모키치가 제창한 자연 농법이 세 갈래로 나뉘었는데, 그중 하나가 무시비·무농약 재배 조사연구회다. 겉보기에는 보통의 논밭과 별로 다르지 않지만 핵심은 완전히 다르다. 비료는 유기물까지 일절 사용하지 않으며, '이어짓기'가 기본이다. 다만 땅을 잘 가는 듯하다. 수탈 농법이 아닌지 물으니 "흙의 힘을 더 믿어 보세요"라는 답이 돌아왔다. 이것은 이미 종교라는 생각이 들었다. 실제로 종교 법인을 모체로 두고 있었는데, 그 농법까지 종교인지 여부는 둘째치고 어쨌거나 대뜸 믿을 수는 없는 노릇이었다. 그러나 돌려짓기의 효과는 모리타 시로 씨도 강조하던 바였으며, NPO 법인 '민간 벼농사 연구소'에서도 권하고 있다. 황폐해진 토지의 관리를 종종 의뢰받곤 했는데, 그런 곳을 논으로 만들면 한두 해 동안은 잡초가 전혀 자라지 않고 비료도 필요가 없다는 것은 이미 경험한 바다. 돌려짓기를 비료 없이 해 보고 싶다고 하니 연구회 측에서도 좋다고 양해해 주었다. 보리나 콩은 기계만 있으면 이렇게 편한 게 또 없을 정도다. 수확량도 관행 농법과 별 차이가 없다. 쌀은 제초만 잘해 주면 20~30퍼센트 줄어드는 정도에 그친다. 생식용 토마토의 무시비 이어짓기도 실험해 보고 있는데, 잘되고 있는 데다 맛도 좋다. 농업의 불가사의함에 새삼 놀라는 중이다.

자치와 돈

선거가 끝나고 세키 히로노 씨를 모셔서 '민주주의의 재정의'라는 주제로 강연회를 열었다. 여기에도 100명 넘는 사람이 들으러 왔다. 스위스의 정치를 소개하며 민주주의를 되묻는 내용이었다. 온통 놀라운 이야기였다. 지역 자치가 제자리를 찾으니 정부나 정당의 역할은 한정적이다. 예컨대 비례대표로 일정한 수의 의석을 확보한 정당은 모두 입각해 내각을 구성한다. 야당이 없는 것이다. 권력 투쟁만 되풀이하는 나라들과는 전혀 딴판이다. 대통령이 있긴 한데 같은 열차에 타고 있어도 못 알아볼 만큼 보통 사람 같단다. 권한이 별로 없는 것이다. 주민 투표 같은 아래로부터의 민주주의가 철저하다. 지자체와 이것이 모여 이루어지는 칸톤이 대부분의 권한을 쥐고 있다. 외교까지도 주 단위로 할 수 있다. 직접 민주주의의 나라라 불리는 까닭이다.

그러고 보면 일본에서도 에도 시대까지는 지역사회의 자치 능력이 비교적 높았던 것 같다. 메이지 시대의 근대화와 중앙 집권 정부에 의해 마을 자치가 점차 파괴된 것은 아닐까? 근대화는 일찍이 끝났고, 세계화도 끝을 고하고 있는 오늘날에야말로 지역사회에서 시작되는, 누구나 참여할 수 있는 자치가 절실하다.

기본소득에 관한 세키 씨의 강연을 도쿄에서 두 번 듣고 더글러스의 사회신용론을 접한 후로는 '본디 수단일 뿐인 돈이 어째서 사회나 인생의 목표가 되어 버렸는가' 하는, 언제나 내 머리 한구석에 자리 잡고 있던 의문이 풀리는 듯했다. 세키 씨는 "사람들은 경제를 자연 현상처럼 자명한 사실이라 믿을 뿐, 경제가 어디까지나 제도의 산물이라는 것을 깨닫지 못한다"라고 썼다. 제도가 잘못되었거나 인간이 제도의 노예가 되어 있다면 그런 제도는 부수고 다시 만들면 된다. 기본소득을 통해 경제 민주주의를 실현하는 길은 순탄치 않으리라 생각하지만, 나가노현 나카가와 마을의 소가 이치로 촌장은 마을 홈페이지의 '촌장의 메시지'에서 기본소득을 "국가 차원에서 실시하기에 앞서 더 작은 형태로 실증·실험할 수는 없을까? 우리 나카가와 마을이 그 무대가 된다면 더없는 영예일 것이다. 마을 발행 지역통화(지방정부 통화)를 통해 농지를 지키는 촌민이나 고령자를 돌보는 마을 사람들에게 매월 일정액을 지불할 수는 없을까?"라고 적었다. 돈이라는 제도의 변혁을 아우른 지역 자치로 새로운 나라를 만들려면 오랜 시간이 필요할지도 모르지만, 의외로 일찍 실현될 수도 있다.

이 책에 나오는 '수송 문명에서 거주 문명으로의 전환'은 거주하는 것, 생활하는 것을 일의 목적으로 삼은 농가에 보다 가까운 생각이며, '경제학적 문명에서 지리학적 문명으로의 전환'은 다이쇼부터 쇼와 초기에 걸쳐 신슈에서 '풍토산업론'을 주창한 지리학자 미자와 가쓰에를 떠올리게 한다. 세키 씨는 "지리학자의 눈에 모든 지역은 개성 있는 표정을 갖고 있으며, 이런 지역의 개성을 파악하는 일이야말로 지리학의 과제다"라고 썼다. 미자와 또한 '풍토'라는 것은 대기와 대지가 만나는 데서 성립되는 '더 이상 대기도 대지도 아닌, 기후도 토질도 아닌 독립된 접촉면'을 가리키며 이 접촉면, 즉 풍토의 특징이야말로 '지역의 개성'이자 '지역의 힘'의 원천이라고 했다. 같은 아즈미노 내부를 조금만 이동해도 지형과 기상, 작물 재배 방식과 생활양식에서 큰 차이가 나타난다. 따라서 미자와의 시대에는 지역이 자연과 좀 더 밀착된 데서 오는 더 다양한 생활양식이 존재했을 것이다.

나오며

2010년 10월 1일, 간 나오토 총리는 TPP 교섭 참가 검토의 뜻을 표명했다. 그리고 마에하라 세이지의 "1.5퍼센트를 지키기 위해 98.5퍼센트가 희생되고 있다"라는 발언이 있었다. 나는 거꾸로 GDP의 1.5퍼센트로 국토가 유지되고 있다는 데 놀랐다. 신슈의 산속 깊은 곳에서는 농경지가 길을 따라 있어 면적은 얼마 되지 않지만, 그 험한 땅이 근사하게 경작된 광경을 보고는 같은 농가로서 그 고생이 떠올라 눈시울이 뜨거워졌다. TPP 논쟁에서 농업을 일본의 짐짝 취급하던 사람도 있었지만, 이것은 사람이 제 몸을 짐짝이라 하는 것만큼이나 어리석은 주장이다. 농업을 보조금이 보호하고 있다고 말할 사람이 있을지도 모르지만, 그렇게 보면 자동차 산업 또한 그물처럼 촘촘한 도로망이나 다리의 건설 및 유지 관리를 필요로 하며, 신호나 교통 법규, 교통경찰, 구급차 등 막대한 사회 인프라 없이는 성립되지 못한다. 이것만 해도 전후에 얼마나 많은 비용이 들었을까? 앞으로도 그 유지·관리에 엄청난 돈이 들어갈 것이며, 엔고로 수출이 줄면 정부는 대규모 환율 개입을 통해 엔저 유도를 꾀할 것이다. 수출 산업과 농업, 도대체 어느 쪽이 짐짝일까?

2011년 3월 11일, 시의 농산물 가공 시설에서 다른 가게 사람들 10여 명과 함께 된장을 담가 집으로 가지고 돌아와 이층 방에서 쉬고 있을 때 흔들흔들하는 큰 진동이 꽤 길게 이어졌다. 이후 텔레비전 앞에 붙박인 상태가 며칠간 이어졌다. 쓰나미의 맹위도 충격적이었지만, 후쿠시마 원전 사고는 최악이었다. 어쩌면 아즈미노에서 살지 못하게 되는 건 아닌가 하는 두려움마저 엄습했다. '신규 취농 가정 돌봄 지원 제도'로 만난 마을 아이 한 명은 규슈로 피난을 가고, 다른 아이 한 명은 취농을 단념했다. 그리고 교체라도 하듯이 후쿠시마에서 피난 온 30대 젊은이 한 사람과 나와 동세대인 다른 한 명, 총 두 명이 취농했다.

개인적으로도 큰 변화가 있었다. 2013년 농적 생활을 찾아 도쿄에서 아즈미노로 이주한 사람과 나이 쉰여섯에 결혼했다. 어느 결혼 피로연에서 알게 된 쉰다섯 살의 그와 만난 지 고작 5개월 만의 일이었다. 그리고 지금은 신혼(만혼?) 생활이 한창이다. 만혼 혹은 비혼은 농촌에서도 큰 문제다. 하지만 기본소득이 실현되면 변화가 있을 것이며, 또 지금은 다양한 가족 형태를 시험하는 시대인지도 모르겠다.

개인적으로도, 일본이나 세계도 격동의 수년을 보냈다. 후쿠시마 원전은 폐로는커녕 사고의 수습조차 전망이 보이지 않으며, 어떤 예단도 허락지 않는 상황이다. 세계 경제의 침체 양상도 뚜렷하니 격동은 앞으로도 계속될 것이다. 그러나 세계화의 시대는 이미 끝났으며, 경제학적 문명에서 지리학적 문명으로의 전환의 시대가 시작되고 있는 것은 분명하다.

●특별 기고에 덧붙여 – 세키 히로노

후지사와 씨는 농가 출신이어서 지금 농업에 종사하고 있는 게 아니다. 그는 가업을 한 번 버렸다. 그리고 넓은 세상에 나가 사회의 여러 모순을 깨닫던 중에 자신이 납득할 수 있는 삶의 방식을 찾아 나섰다. 그 결과, 자신이 납득할 수 있는 삶의 방식으로서 새로이 농과 만난 것이다.

앞의 글에서 볼 수 있듯이 실패도 많이 겪었다. 그러나 무너지지 않았다. 근성으로 버틴 게 아니다. 성공이냐 실패냐가 아니라 스스로 납득할 수 있는지 여부가 그의 가치 기준이라서 실패 같은 것에 개의치 않았던 것이리라. 그리고 그의 사고방식 자체가 농사와 닮았다. 그는 참을성 있게, 그리고 정성껏 자신의 사상을 길러 간다. 여기서 생활과 사상은 하나가 되며, 그는 농적 생활자이자 농적 사상가다. 그리고 오늘에 이르는 그의 궤적은 농업에서 농으로 관점이 전환되는 경위의 모범적 사례일 것이다.

후지사와 씨가 고등학교에 입학했을 무렵에 오일 쇼크가 세계를 덮쳤다. 그리고 이후 일본 사회는 전쟁에서의 부흥이나 고도 경제성장과 같은 자명한 목표를 잃고 폐색 상태와 같은 깊은 혼란에 빠졌다. 그럼에도 한편에서는 1970년대 이래로 후지사와 씨처럼 시행착오를 겪으며 나라의 새로운 모습을 모색하고 스스로 실험적인 삶을 시도하는 사람들이, 특히 지방을 중심으로 비약적으로 늘고 있다. 표면적인 경색과 혼란에도 불구하고 한쪽에서는 새로운 일본이 생겨나고 있는 것이다.

옮긴이의 말

이 책은 일본의 농업 전문 출판사인 노분쿄農文協에서 창립 70주년을 기념하며 펴낸 시리즈인 '지역의 재생'(전 21권) 가운데 한 권인 『글로벌리즘의 종언』グローバリズムの終焉을 완역한 것이다.

대표 저자인 세키 히로노는 저널리스트 출신의 평론가이자 사상사 연구자로, 1982년에 평론집 『플라톤과 자본주의』를 펴낸 이래로 서구 근대 문명 비판을 중심에 두고 정치사상사, 교육론, 과학기술론 등 다양한 주제의 논고를 발표했으며, 특히 근년에는 공공통화와 국민배당을 골자로 한 사회신용론의 입장에서 경제사를 독해하는 작업을 해 왔다. 한국에서는 지난해 여름에 타계한 언론인이자 생태사상가인 김종철 선생이 2009년부터 본인이 발간하던 『녹색평론』 지면에 저자의 글을 수차례에 걸쳐 꾸준히 소개한 바 있다.

이 책은 저자가 최근까지 가져 온 문제의식의 총결산으로, 세계 무역의 단초를 제공한 콜럼버스의 항해가 오늘날 '수송 문명'의 석유나 원자력에 대한 의존이라는 문제로까지 이어지고 있다는 것을 장기 역사적 시각에서 톺아보고 있다. 저자는 지역에 뿌리내린 '농' 사상을 바탕으로 성장의 한계, 에너지 문제, 금융자본주의의 문제, 은행권의 모순 등을 비판하며 기본소득(국민배당)에 의한 관리 경제로의 이행을 주장한다.

경제와 농정을 둘러싼 시대 상황이 시시각각 변하고 있는 터라 시의성을 얼마간 잃은 듯한 서술도 없지 않지만, 오늘날의 정치와 경제, 사회의 문제를 근원적으로 고찰하고 있는 저자의 메시지는 아직도 유효한 것으로 보인다.

글로벌리즘의 종언
: 경제학적 문명에서 지리학적 문명으로

2021년 10월 24일   초판 1쇄 발행

지은이	**옮긴이**
세키 히로노·후지사와 유이치로	최연희

펴낸이	**펴낸곳**	**등록**
조성웅	도서출판 유유	제406-2010-000032호 (2010년 4월 2일)

주소
서울시 마포구 동교로15길 30, 3층 (우편번호 04003)

전화	**팩스**	**홈페이지**	**전자우편**
02-3144-6869	0303-3444-4645	uupress.co.kr	uupress@gmail.com

	페이스북	**트위터**	**인스타그램**
	facebook.com /uupress	twitter.com /uu_press	instagram.com /uupress

편집	**디자인**
인수, 김진희	이기준

제작	**인쇄**	**제책**	**물류**
제이오	(주)민언프린텍	(주)정문바인텍	책과일터

ISBN 979-11-6770-009-4 03330

글로벌리즘의 종언
: 경제학적 문명에서 지리학적 문명으로

2021년 10월 24일   초판 1쇄 발행

지은이   **옮긴이**
세키 히로노·후지사와 유이치로   최연희

펴낸이   **펴낸곳**   **등록**
조성웅   도서출판 유유   제406-2010-000032호 (2010년 4월 2일)

                  주소
                  서울시 마포구 동교로15길 30, 3층 (우편번호 04003)

전화   **팩스**   **홈페이지**   **전자우편**
02-3144-6869   0303-3444-4645   uupress.co.kr   uupress@gmail.com

                  페이스북   **트위터**   **인스타그램**
                  facebook.com   twitter.com   instagram.com
                  /uupress   /uu_press   /uupress

편집   **디자인**
인수, 김진희   이기준

제작   **인쇄**   **제책**   **물류**
제이오   (주)민언프린텍   (주)정문바인텍   책과일터

ISBN 979-11-6770-009-4 03330